KB275946

디자인씽킹 for 컨셉노트

강경희 · 신호진 지음

BM (주)도서출판 성안당

Foreign Copyright:
Joonwon Lee
Address: 3F, 127, Yanghwa-ro, Mapo-gu, Seoul, Republic of Korea
            3rd Floor
Telephone: 82-2-3142-4151, 82-10-4624-6629
E-mail: jwlee@cyber.co.kr

디자인 씽킹 ^{for} 컨셉 노트

2016. 10. 10. 초 판 1쇄 발행
2022.   5.   2. 초 판 3쇄 발행

저자와의
협의하에
검인생략

지은이 | 신호진, 강경희
펴낸이 | 이종춘
펴낸곳 | BM (주)도서출판 성안당

주소 | 04032 서울시 마포구 양화로 127 첨단빌딩 3층(출판기획 R&D 센터)
     | 10881 경기도 파주시 문발로 112 파주 출판 문화도시(제작 및 물류)
전화 | 02) 3142-0036
     | 031) 950-6300
팩스 | 031) 955-0510
등록 | 1973. 2. 1. 제406-2005-000046호
출판사 홈페이지 | www.cyber.co.kr
ISBN | 978-89-315-5463-2 (13000)
정가 | **23,000원**

이 책을 만든 사람들
책임 | 최옥현
진행 | 조혜란
기획 · 진행 | 앤미디어(master@nmediabook.com)
본문 · 표지 디자인 | 앤미디어
홍보 | 김계향, 이보람, 유미나, 서세원, 이준영
국제부 | 이선민, 조혜란, 권수경
마케팅 | 구본철, 차정욱, 오영일, 나진호, 이동후, 강호묵
마케팅 지원 | 장상범, 박지연
제작 | 김유석

■ **도서 A/S 안내**

성안당에서 발행하는 모든 도서는 저자와 출판사, 그리고 독자가 함께 만들어 나갑니다.
좋은 책을 펴내기 위해 많은 노력을 기울이고 있습니다. 혹시라도 내용상의 오류나 오탈자 등이 발견되면 **"좋은 책은 나라의 보배"**로서 우리 모두가 함께 만들어 간다는 마음으로 연락주시기 바랍니다. 수정 보완하여 더 나은 책이 되도록 최선을 다하겠습니다.
성안당은 늘 독자 여러분들의 소중한 의견을 기다리고 있습니다. 좋은 의견을 보내주시는 분께는 성안당 쇼핑몰의 포인트(3,000포인트)를 적립해 드립니다.
잘못 만들어진 책이나 부록 등이 파손된 경우에는 교환해 드립니다.

디자인 씽킹 for 컨셉노트

강경희 · 신호진 지음

도대체
컨셉이 뭐야?

취직 후 신입 시절부터 지금까지 꽤 자주 듣던 질문이 있습니다.

"이번 제품 개발 컨셉은 무엇인가요?"

"진행하는 디자인의 컨셉은 뭡니까?"

"이번에는 좀 다른 컨셉으로 해보는 게 어떨까요?"

"한마디로 무슨 말이 하고 싶은 거죠?"

"그래서 너의 컨셉은 뭔데?"

"……."

회의나 보고하는 자리에서 특히 위와 같은 질문을 더 자주 듣습니다. '컨셉'이라는 용어는 평소에도 거리낌 없이 자주 사용했기 때문에 대충 감은 오는데 딱 꼬집어 설명하기에는 한없이 낯설게만 느껴졌습니다. 대학에서 디자인을 전공하며 디자이너로서 형태에 관한 학문은 나름 체계적으로 배웠지만 시각적인 형태의 기능을 핵심이나 메시지로 전달하는 컨셉에 관한 교육은 상대적으로 약했습니다. 그래서 실무에서는 항상 많은 아쉬움과 부딪쳐야 했죠. 입사 후 첫 번째 회의를 끝내고 자리에 돌아와 가장 먼저 시작한 일은 컨셉에 대한 기본 개념부터 다시 한 번 짚어 보는 것이었습니다. 헤매고 있다면 기본으로 돌아가 다시 시작해야 한다고 생각했기 때문입니다.

컨셉은 더 이상 경영 서적에서만 찾을 수 있는 특정 영역이 아닙니다. 마케팅, 디자인뿐만 아니라 창업을 구상하거나 자기 계발을 위한 투자, 파티를 열거나 여행을 계획하는 것에 이르기까지 포지션에 따라 그 의미가 다양하게 변화하고 확산되어 하나의 길을 찾기가 쉽지만은 않습니다. 그리고 새로운 것을 쫓아 다양한 논의로 전개한 서적이나 팔리기 위한 세일즈 중심의 비책을 운운하는 정보는 많습니다. 하지만 저처럼 시작부터 헤매는 사람들을 위해 이론적으로만 알고 있는 컨셉을 실무 영역으로 끌어들여 차이를 좁히고 싶었습니다. 잡다한 것에 매달리지 않고 기본 개념만 붙잡아도 힘들이지 않고 효율적인 사고를 할 수 있기 때문입니다. 그래서 기본 공식이 필요하다고 생각했습니다. 실제로 흩어져 있는 정보를 정리하고 어떻게 컨셉을 만들어야 하는지에 관한 고민을 시작했죠. 그러다 보니 마케팅의 기초적인 얼개를 바탕으로 '컨셉 트리'가 나왔습니다.

컨셉 트리가 컨셉을 도출하는 데 무조건 필요한 공식이라고 생각하지는 않습니다. 일본의 HR Institute 연구소에서 개발된 컨셉 매트릭스가 있고, 국내에서는 컨셉 하우스, 컨셉 툴, 컨셉 휠 등 컨셉 도출을 위한 다양한 시도와 연구가 이어지고 있습니다. 컨셉의 명수라고 하는 사람들에게는 자신만이 쌓아온 노하우를 바탕으로 이러한 도구가 필요하지 않다고 생각할지 모르겠습니다. 또한, 무를 사르듯이 공식에 대입한다고 해서 번뜩이는 컨셉이 나오지 않는다는 것도 잘 알고 있습니다. 하지만 이 책은 전문가의 풍부한 경험에서 비롯된 컨셉 응용서가 아닙니다. 수학의 구구단처럼 기초적이며 폭넓게 응용할 수 있도록 기본적인 마케팅에 초점을 맞춰 명확하게 설명하고자 하였습니다. 여기서 설명하는 '기본'은 초보자를 위한 내용이라기보다 미술에 비유하면 '선 긋기 연습'이라고 할 수 있을 것입니다. 초보자는 물론이고 천재 화가 빈센트 반 고흐와 고갱 역시 매일 가장 먼저 시작하는 작업이 '선 긋기 연습'이었다고 합니다. 기본은 스펙트럼을 넘나들며 더욱 유연하게 창의적인 발상을 할 수 있도록 돕습니다. 숙련된 경험자도 엉뚱한 실수를 하며 관성에 의해 가끔은 잘못된 판단도 하기 마련입니다. 그렇기 때문에 초보자뿐만 아니라 컨셉을 충분히 알고 있는 사람도 선 긋기 연습을 하듯이 자신만의 생각의 굴레에서 벗어나 기본에서 시작하는 일이 무엇보다 중요합니다. 또한 자유롭게 떠다니는 생각을 머릿속에 머물지 않고 밖으로 끌어낼 수 있도록 단계별로 디자인 씽킹을 통한 표현 발상법을 더해서 마케팅과 표현의 상호보완 관계를 통해 그 가치를 더욱 높일 수 있을 것입니다.

직관에만 의존하며 컨셉의 어려움을 토로하는 디자이너 후배들을 위해 집필을 시작했습니다. 하지만 컨셉을 창조하는 과정을 기초 단계부터 밟아가다 보면 디자이너, 마케터뿐만 아니라 인생에서 매번 부딪히는 실패와 오류를 피하고자 하는 사람들에게도 도움을 줄 것입니다. 이 책이 담고 있는 내용이 실무자 관점에서 턱없이 부족하리란 것은 잘 알고 있습니다. 그럼에도 불구하고 어렴풋이 컨셉을 아는 많은 사람에게 쉽고 재미있게 읽혔으면 좋겠습니다. 그로 인해 컨셉을 이해하고 활용할 수 있는 여러분만의 멋진 '도구'로 남길 바랍니다.

강경희

화성에서 온 기획자,
금성에서 온 디자이너

어렴풋이 아는 것만으로도 무리 없이 세상을 살아갈 수 있습니다. 하지만 새로운 것이 끊임없이 쏟아져 나오고 발전해 나가는 지금을 때로는 더듬거리며 사는 듯합니다. 그래서 이 책은 일상을 더듬는 와중에 계속 부딪쳤던 스스로의 질문에서 시작했습니다.

우리는 세상을 보는 창의 모양이 각자 다른 다양한 시각을 가졌습니다. 디자이너는 디자이너의 시각으로, 마케터는 마케터의 시각으로, 경영자는 경영자의 시각으로 열심히 일합니다. 이렇듯 다양한 시각이 모여서 풍부한 논증과 검증이 이루어지고 최선의 결과를 도출해냅니다. 하지만 다양성이 '효율적인 커뮤니케이션을 가져오는가?'라고 묻는다면 사정은 달라질지도 모르겠습니다.

컨셉은 음악의 모티브^{Motive: 동기}와 같습니다. 모티브는 두 마디로 악곡을 형성하는 기본 단위를 말합니다. 멜로디, 리듬, 화성으로 색채를 드러내는 가장 작은 단위죠. 두 마디의 멋진 모티브가 완성되면 반복, 모방, 대비, 변화, 확장 등을 통해 음악의 감정을 표현하고 의미를 전달하는 기반이 만들어집니다. 컨셉 역시 여러 사람이 다양한 이야기와 아이디어를 중심으로 변주합니다. 가치를 다듬고, 기능을 실현하고, 디자인을 입히고, 소비자에게 알리는 일련의 과정을 풍부하고 일관성 있게 유지하는 것입니다.

컨셉은 이미 광고·마케팅뿐만 아니라 다양한 분야에서 널리 사용하는 보편적인 용어가 되었습니다. 그래서 과거와는 다르게 현재의 컨셉은 한마디로 정의하기에는 너무 많은 것을 포괄하죠. 같은 개념이라도 업종이나 업태에 따라 다르게 말하기 때문에 커뮤니케이션에 혼선이 생길 수 있습니다. 그러므로 다양성 안에서 서로를 이해할 수 있는 하나의 올바른 개념이 필요합니다.

지금까지 컨셉은 주로 마케팅 관점에서 다뤄져왔습니다. 하지만 브랜드는 단지 제품의 실체만을 의미하지 않습니다. 색, 이미지, 향 모든 것이 브랜드 이미지에 포함됩니다. 이에 따라 컨셉 개발 단계에서 디자이너가 참여하는 경우도 많으며 서비스 디자인의 경우 제품 개발 단계에 디자이너의 적극적인 개입이 필요합니다. 보통 컨셉을 떠올릴 때 하나의 개념을 떠올리지만 이제는 단어가 아닌 이미지도 반드시 포함해야 할 것입니다. 컨셉 개발 단계에서 이루어지는 디자인 발상법과 크리에이티브 컨셉이 더욱 중요하게 여겨지는 사례, 그리고 브랜드 개발 스토리에서 소홀히 이루어지는 크리에이티브 컨셉 등 컨셉은 디자인 관점에서 재정리할 필요가 있습니다.

신입 시절에는 암호와 같은 실무 용어 사이에서 헤매었지만 몇 년이 지나고 나니 체화된 단어 덕택에 그럭저럭 적응했습니다. 대화는 문제없었지만 그 단어들을 모두 정확히 알고 있는 것은 아니었습니다. 특히 컨셉은 더욱 그랬습니다. 그래서 대단한 발상이나 깊이 있는 혜안보다 컨셉이 무엇인가를 현재에 맞게, 알기 쉽게 정리해서 가끔 초심으로 돌아가고 싶을 때 들춰보고 싶은 길라잡이 같은 책을 만들고 싶었습니다.

이 책은 컨셉이란 도대체 무엇인지에 관한 개념을 정리하는 Part 1을 거쳐, 컨셉을 제대로 이해하기 위해 컨셉 트리를 이용한 컨셉 추출법을 디자인 발상법과 함께 Part 2에서 알아봅니다. 이후 다양한 사례를 통해 컨셉을 응용하는 방법은 Part 3에서 익힐 수 있습니다. 각각의 사례에는 컨셉 트리를 통해 하나의 개념이 어떻게 변주되는지 살펴볼 수 있습니다. 이렇게 각 파트를 살펴보고 컨셉에 대한 개념을 정리했다면 실전에서 놓치기 쉬운 컨셉 체크리스트를 통해 Part 4에서 컨셉의 조건을 다시 한 번 점검합니다. 마지막 인터뷰에서는 다양한 분야의 산전수전을 겪은 컨셉 전문가들이 실무에서 컨셉을 어떻게 활용하고 있는지, 생생한 노하우와 조언을 담았습니다.

어제의 정답이 오늘의 오답이 되기도 합니다. 그럴 때일수록 기본이 중요합니다. 모티브-컨셉으로 시작해 작은 악절[Phrase: 짧지만 최소한의 감정과 의미 표현을 할 수 있는 즉흥 연주]과 큰악절[Period]을 그리고, 아름다운 마음의 울림까지 주는 일에 조금이나마 도움이 되었으면 합니다.

신호진

컨셉: 차별화된 가치

제품
컨셉
제품
가치
제품이 가지는
핵심적인 특성
카테고리
차별화
필요성
포지셔닝
컨셉
소비자
가치
소비자에게
제시하는 약속
카테고리 니즈
브랜드 인지
브랜드 태도
구매 의도
크리에이티브
컨셉
커뮤니케이션
가치
약속의
표현 아이디어
직설
뒤집기
은유/비유
상징
과장
비교 등

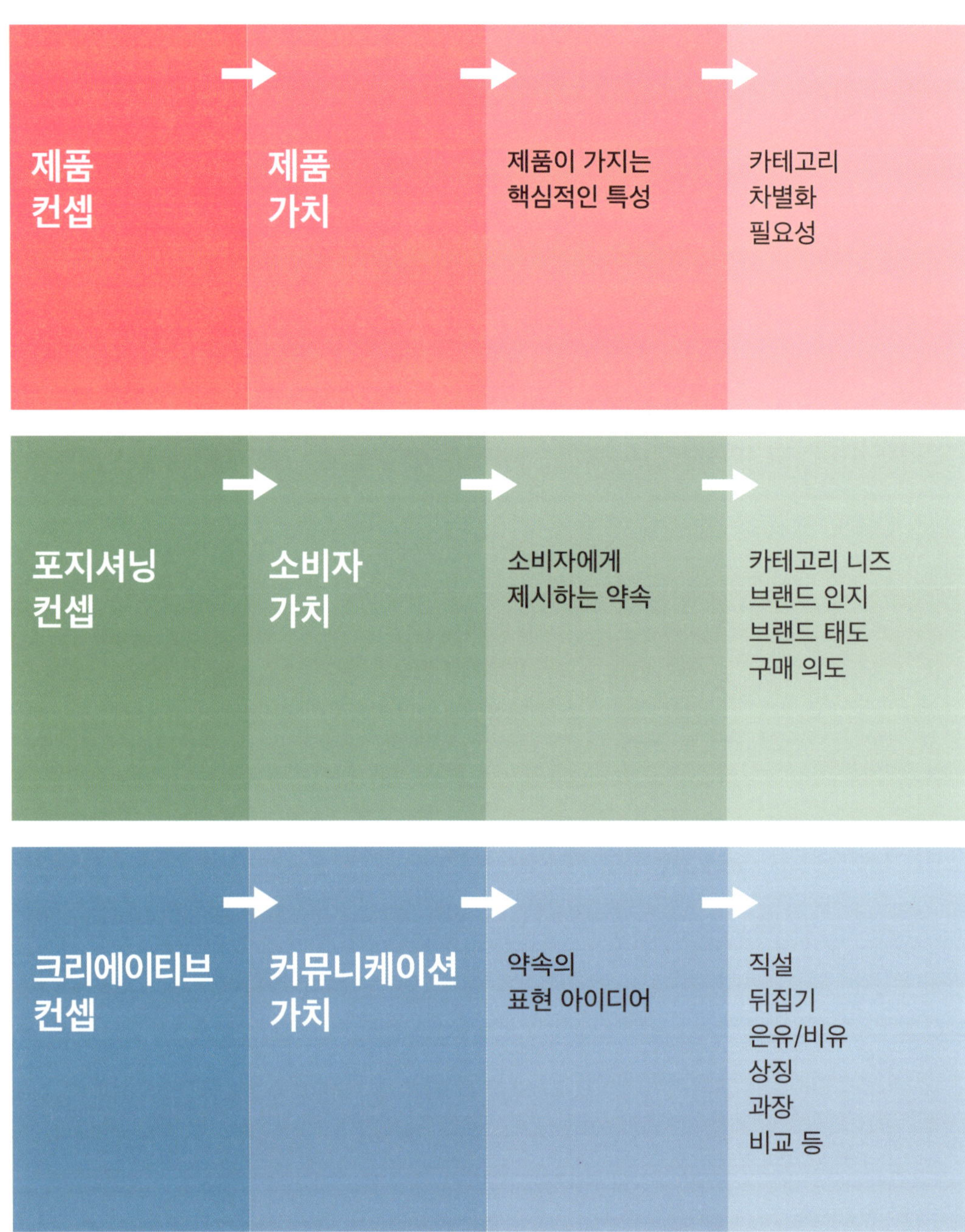

제품 컨셉이란

다른 제품과 비교하여 제품이 어떤 차별화된 가치를 가지게 할지 정하는 것입니다. 제품이 지니는 가장 강력한 장점이 무엇인지 파악하여 그 가치를 한마디로 요약한 것이죠. 제품 컨셉은 기술력이나 투자 비용, 희귀성만으로 판단하지 않고 현재 시장에서 소비자를 움직이는 가장 중요한 포인트를 찾는 것이 중요합니다. 특히 브랜드 매니저들은 제품 컨셉을 통해 포지셔닝 컨셉과 크리에이티브 컨셉을 추출해야 합니다.

포지셔닝 컨셉이란

제품 컨셉과 크리에이티브 컨셉을 잇는 중간 다리 역할로 소비자들의 머릿속에 어떻게 하면 효과적으로 기억될 수 있을지를 고민하는 단계입니다. 광고, 디자인 등 소비자와의 커뮤니케이션에 앞서 상대방이 얼마나 알고 있는지, 관심이 있는지를 분석한 다음 말하고자 하는 핵심을 분명히 해야 합니다.
소비자가 새로운 제품에 대한 필요를 아예 인지하지 못하거나 부족하면 제품군에 대한 필요를 형성해야 하고, 브랜드 싸움이라면 브랜드를 인지시켜야 합니다. 무엇이 문제인가에 따라 브랜드에 대해 좀 더 우호적인 태도를 형성하기 위한 전략을 짤 수 있고, 제품 구매를 위한 직접적인 전략을 계획할 수도 있습니다.

크리에이티브 컨셉이란

제품을 알리고 설득하기 위한 것입니다. 화려한 패키지, 먹음직스러운 이미지의 광고, 귀에 착 달라붙는 한 줄의 광고 카피, 라디오에서 들려오는 노랫말이 될 수 있습니다.
보통 과거의 컨셉 도출 과정을 살펴보면 제품 컨셉, 포지셔닝 컨셉, 크리에이티브 컨셉 등이 순차적으로 도출되어 사용되었습니다. 하지만 IDEO에 의해 디자인 씽킹 등으로 발전된 현재는 아이디어 자체가 뛰어나 처음부터 크리에이티브 컨셉이 전반적으로 제품을 이끌어나가는 경우도 많습니다. 디자인을 중시한 애플, 뱅앤올룹슨 등은 형태가 내용을 앞서는 대표적인 예입니다. 이렇듯 제품의 장점을 표현하는 수단에 불과했던 크리에이티브 컨셉의 역할은 점차 커지고 있습니다.

나는 컨셉에 대해
얼마나 알고 있을까?

컨셉에 대해 본격적으로 살펴보기 전, 컨셉에 대해 얼마나 알고 있는지 스스로 평가해보는 시간을 가집니다. 객관적인 항목별 평가를 통해 자신에게 부족한 부분이 무엇인지 알고 이를 바탕으로 책을 읽는다면 더욱 유용할 것입니다. 평가 결과가 너무 낮게 나왔다고 낙심할 필요는 없습니다. 기본부터 차근차근 알아가기 위해 이 책을 펼친 것이니까요. 생각보다 점수가 높게 나왔다면 그동안의 생각을 정리한다는 마음으로 Part 1로 넘어가세요.

자, 그럼 시작해 볼까요?

말해줘! Yes or No

- 컨셉의 시작은 효과적인 목표 설정에서 비롯된다. ☐Yes / ☐No

- 디자인 씽킹은 디자이너에게만 해당되는 방법론이 아니다. ☐Yes / ☐No

- 어떤 문제를 풀거나 기회를 잡기 위해 정보를 수집하여 분석하는 것이 가능하다. ☐Yes / ☐No

- 시드와 니즈의 의미에 대해 알고 있다. ☐Yes / ☐No

- 자유롭게 발상하고 창의적으로 표현할 수 있다. ☐Yes / ☐No

- 컨셉을 통해 차별화된 가치를 인식시키는 것을 목표로 한다. ☐Yes / ☐No

- 컨셉에 대한 개념과 구체적인 사례들을 예로 들어 설명할 수 있다. ☐Yes / ☐No

- 매슬로우의 다섯 가지 욕구 계층 이론을 설명할 수 있다. ☐Yes / ☐No

- 실무에서 사용하는 제품 컨셉, 마케팅 컨셉, 크리에이티브 컨셉의
  의미와 연관관계를 설명할 수 있다. ☐Yes / ☐No

- 기획을 위해 다양한 용어(3C, SWOT, 4P, STP 등)를 정리할 수 있다. ☐Yes / ☐No

- 생각이나 아이디어를 구체화하기 위한 다양한 도구나 방법론을 알고 있다. ☐Yes / ☐No

- 이론적으로 알고 있는 컨셉과 실무에서 사용하는 컨셉의 차이를 좁힐 수 있다. ☐Yes / ☐No

- 컨셉을 통해 부서 간 이해관계를 조정·통합하며, 새로운 방향을 제시할 수 있다. ☐Yes / ☐No

- 실무자 간의 컨셉에 대한 의미와 해석의 차이로 일어나는 커뮤니케이션의 충돌을 극복할 수 있다. ☐Yes / ☐No

- 아이디어와 컨셉의 차이를 알고 있다. ☐Yes / ☐No

- 컨셉은 진화할 수 있다. ☐Yes / ☐No

- 무조건 차별화된 속성을 드러내면 좋은 컨셉이다. ☐Yes / ☐No

- 크리에이티브 컨셉이 전체 컨셉을 이끌 수 있다. ☐Yes / ☐No

- 컨셉에도 필요충분 조건이 있다. ☐Yes / ☐No

- 나만의 컨셉 도구를 가지고 컨셉을 도출할 수 있다. ☐Yes / ☐No

테스트 결과

Yes의 수가 15개 이상일 경우

기존의 생각을 정리할 수 있도록 도와줄 유용한 참고서가 될 거예요

이미 많은 것을 알고 있는 당신. 머릿속 생각을 잘 정리하여 컨셉 트리를 자유자재로 활용한다면 자신만의 방법을 정립할 수 있겠군요. 다양한 사례를 통해 실전에 강한 마케터, 디자이너가 되어 봅시다.

Yes의 수가 8개 이상 14개 미만일 경우

조금만 더 노력하면 컨셉을 내 것으로 만들 수 있겠네요

어렴풋이 알 것 같으면서도 손에 잡히지 않는군요. 관심은 많은데 실력이 늘지 않아 고민되기도 하겠네요. 지금까지 알고 있는 컨셉을 조금 더 체계적으로 공부할 수 있을 것입니다. 컨셉 트리를 단계적으로 밟아가며 표현에 맞는 적당한 방법론을 활용한다면 실력이 향상될 거예요.

Yes의 수가 8개 미만일 경우

우리 함께 노력해서 초보 딱지를 떼보는 게 어떨까요?

컨셉에 대한 개념뿐만 아니라 마케팅 지식도 부족한 당신! 어떻게 시작해야 할지 막막하죠? 그렇다고 너무 걱정하지 마세요. '시작이 반'이라는 말이 있습니다. 어느 역할이 주어지든 컨셉의 역량은 필수 조건입니다. 그러므로 이 책을 통해 차근차근 익힌다면 실무에서 컨셉을 응용하고 기존에 놓치기 쉬웠던 생각을 정리하는 방법을 배울 수 있을 것입니다. 자, 그럼 지금 당장 다음 장으로 넘어가 컨셉에 대한 공부를 시작하는 것은 어떨까요?

도대체
컨셉이
뭐야?

Draw your boa snake in your head.

1 Part.

당신의 머릿속에 보아 뱀을 그려라

가장 유용한 도구는 컨셉

도대체 컨셉이 뭐야?

한 그루의 나무를 위해 씨앗을 심다

당신의 머릿속에
보아 뱀을 그려라 ❶①

컨셉, 시작은 관찰에서부터

우리는 아침에 일어난 순간부터 잠들 때까지 많은 것을 보고 경험합니다. 여러분은 혹시 오늘 아침 출근길에 지나친 지하철역 안에 몇 개의 광고가 있었는지, 동료가 어떤 신발을 신고 왔는지, 잠시 들렀던 카페의 신제품은 무엇이었는지, 퇴근길 옆 가로수에 몇 그루의 나무가 있었는지 모두 기억하나요?

컨셉은 경험에서 비롯됩니다. 경험이란 단지 이미지와 글을 보는 것에서 그치지 않습니다. 즉, 흘려보내는 다양한 이미지와 글자 속에서도 '내 것'으로 만들 수 있는 것을 의미합니다. 경험은 호기심 어린 '관찰'에서 시작하는 것이죠. 광고인 박웅현은 '일상은 창의성의 바탕이 된다.'고 이야기합니다. 그의 이야기처럼 봄이 오면 꽃이 피는 것을 당연하게 생각하지 않는 마음과 관찰에서 통찰력이 생깁니다.

그렇다면 일상은 어떻게 관찰해야 할까요? 예전에 국내에서 열린 'Seat In Art'라는 작은 의자 전시장을 방문한 적이 있습니다. 보통 의자는 사람이 편하게 걸터앉기 위해 만든 가구라고 생각하는데 이 전시는 예상을 뒤엎고 다소 충격적으로 다가왔습니다. 다리가 하나뿐인 의자, 등받이가 꽃으로 뒤덮인 의자 등 소재도 나무뿐만 아니라 플라스틱, 금속, 하물며 자연 그대로를 옮겨 놓은 듯한 돌로 만들어진 의자도 있었습니다. 기존의 고정관념을 깨는 전시로 의자의 보편성 즉, 기능을 넘어 심미적인 사유의 사물로 발전되고 있음을 보여주었습니다. 해당 전시의 컨셉처럼 보편적인 '의자'의 개념에서 벗어나 작가가 경험하고 관찰한 다양한 시각적 현상을 예술로 표현하여 관람객과 소통했습니다.

'시이불견 청이불문視而不見 聽而不聞'은 많은 사람이 보지만 보지 못하고, 듣지만 듣지 못한다는 말입니다. 일상 속에서 '보는 것'은 일반 사람에게는 그저 시청視聽일 뿐이고, 창의적인 사람에게는 견문見聞이 됩니다. 그러므로 창의적인 생각을 위해서는 흔하고 사소한 대상을 자세히 들여다보는 '관찰'의 자세가 필요합니다. 관찰은 대상을 통해 새로운 생각을 가지고 몰랐던 원리를 깨우치게 합니다. 하지만 무턱대고 아무거나 보기보다는 '무엇을', '왜' 관찰하려 하는지에 대해 생각하는 것이 더욱 중요합니다.

관찰은 단순히 대상을 '보는See' 것이 아니라 자신의 모든 감각을 붙잡아 '바라보며Look', '무엇'과 '왜'에 관해 생각하는 것입니다. 그리고 이러한 과정에서 더욱 '새로운 것을 찾을 수Look For' 있죠. 사과가 떨어지는 것을 보고 만유인력의 법칙을 생각한 뉴턴Isaac Newton이나 욕조에 물이 넘치는 것을 보고 부력의 법칙을 발견한 아르키메데스Archimedes처럼 같은 것을 보고도 다른 생각을 하기 위해서는 항상 호기심 어린 관찰이 필요합니다. 그런 다음 새로운 각도로 바라볼 수 있는 태도가 형성되는 것이죠.

기록만이 기억을 지배한다

관찰만큼 중요한 것이 있습니다. 바로 기억하는 것입니다. 관찰을 통해 다져진 식견을 마음과 머리로 잘 '기억'하고 정리를 통해 기억을 '기록'하는 것이 중요합니다. 동양 미술은 다음과 같은 단계를 거치며 작품을 완성해나간다고 합니다. 먼저 형사形似라고 하여 표현하고자 하는 대상을 관찰한 다음 외형을 정교하게 묘사합니다. 이후 전신傳神 또는 신사神似라고 하여 대상이 담고 있는 정신이나 사상을 표현합니다. 단지 눈에 보이는 것만 표현하였다면 동양화가 우리에게 주는 감동은 크지 않을 것입니다. 동양화가는 우리가 미처 담지 못한 대상의 참뜻과 정신을 관찰하고 기억하여 그것을 온전히 담아냈기 때문에 마음이 움직일 수 있는 것입니다. 컨셉도 마찬가지입니다. 발신자가 수신자의 마음을 움직이기 위해서는 형사形似를 통해 관심을 유도하고 전신傳神을 통해 가치를 이해시켜야 합니다.

창의적인 사람이 되기 위해서는 생각한 재료들을 잘 담아 버무릴 수 있어야 합니다. 관찰을 통해 수확한 재료의 퀄리티를 드러내는 것이 바로 기억입니다. 결국 느낀 것을 저장하여 적재적소에 꺼내어 버무리는 사람이 창조적이라고 할 수 있습니다. 그러기 위해 기록은 반드시 필요합니다. 오늘부터라도 카메라를 들고 밖으로 나가 일상에서 벗어나 보는 것은 어떨까요? 컴퓨터 앞에만 앉아 있기보다 노트와 펜을 들고 나가 새로운 일상을 경험하고 기록해 보세요. 머릿속에 여러분만의 보아 뱀을 그릴 수 있는 창의적인 사람으로 거듭날 것입니다.

가장 유용한 도구는 컨셉 ❶❷

컨셉, 왜 중요할까?

여러분은 포멜로^{Pomelo}가 무엇인지 알고 있나요? 이 생소한 단어가 무엇인지 히스 형제의 저서 《스틱》의 내용을 인용하여 설명하겠습니다.

설명 1 포멜로란 감귤류 가운데 가장 큰 과일로, 매우 두꺼운 껍질이 있으나 부드러워 손으로 까기 쉽다. 속살은 연노란색에서 붉은 산호색에 이르기까지, 과즙이 풍부한 것에서 약간 메마른 것까지, 그리고 달콤한 것에서 새콤하고 톡 쏘는 맛에 이르기까지 매우 다양하다.

설명 2 대부분의 포멜로는 매우 두껍고 부드러운 껍질을 지닌 거대한 그레이프루트다.

설명 1, 2 중에서 어떤 것이 포멜로에 대해 좀 더 이해하기 쉽나요? 설명 2는 머릿속에 먼저 그레이프루트라는 연상을 불러온 다음 거대하고 두꺼우며 부드러운 껍질을 상상하게 합니다. 설명 1처럼 포멜로의 특성에 대해 나열하기보다 설명 2처럼 빠르고 쉽게 포멜로의 개념을 설명하면 다른 사람에게도 간단하게 이해시킬 수 있습니다. 포멜로에 관한 지식이 쓸모가 있겠냐만은 머릿속에 분명한 이미지를 심은 것만은 알 수 있습니다.

컨셉도 마찬가지입니다. 좋은 컨셉이 중요한 이유는 사람들의 머릿속에 하나의 강력한 이미지를 심어주기 위한 개념이 필요하기 때문입니다.

대부분 사람들은 각자 다양한 업무에 종사하고 많은 사람과 함께 일합니다. 그래서 가끔 온 가족이 함께 즐기던 오락 프로그램였던 '가족오락관'의 게임 '방과 방 사이' '몸으로 말해요'처럼 원활한 소통이 이루어지지 않아 엉뚱한 일들이 생기곤 합니다. 게임과 실무에서 일어나는 해프닝의 공통점은 하나의 단어나 문장을 서로에게 전달할 때, 한 사람이라도 잘못 알아듣고 다른 식으로 전달하면 마지막 사람은 전혀 다른 뜻으로 받아들이게 된다는 것입니다. 그러므로 우리는 이러한 복잡한 업무, 협업하는 많은 사람의 머릿속에 공통된 하나의 이미지를 심어야 합니다. 그래서 개념을 정의하고, 범주를 제한하고, 속성들을 공유해야 하죠. 컨셉은 하나의 목표를 정하고 그것을 위해 나아가고자 하는 구성원끼리 반드시 공유해야 하는 개념입니다. 게다가 좋은 컨셉은 명확하고 강력해서 특성을 나열하는 것만이 아니라 적절한 이미지와 카피를 통해 머릿속에 하나의 연상을 '착' 달라붙게 합니다. 수많은 연상과 유혹과 광고 속에서 사람들의 머릿속에 각인시키기 위해 지금 이 순간에도 경영자는 경영 컨셉을, 마케터는 브랜드 컨셉을, 개인은 퍼스널 컨셉을 고민하고 있습니다.

1-01
포멜로는 이렇게 생겼습니다.

도대체 컨셉이 뭐야? ❶❸

수수께끼 같았던 컨셉의 실체, 그리고 정의

컨셉은 '개념'으로 해석하지만, 개념만으로는 의미가 분명하지 않기 때문에 국내에서는 컨셉 자체로 사용하는 경우가 더 많습니다.

컨셉^{Concept}의 어원은 '함께'라는 뜻의 라틴어 접두사 'Con-'에 '잡다'라는 뜻의 접미사 '-cept'로 이루어져 있습니다. 여럿을 붙잡아 하나로 만든 것이라는 뜻처럼 컨셉은 제품과 서비스가 다양한 방법으로 소비자에게 전달될 때도 제품의 이름, 제품에서 연상되는 이미지, 제품과 연관된 이야기 등을 하나로 묶는 기능을 합니다.

여러 가지를 하나로 묶어 방향성을 전달하는 신통방통한 역할 덕분에 컨셉은 마케팅뿐만 아니라 다양한 분야에서 사용된 지 오래입니다. 컨셉만큼 혼란을 주는 용어가 없을 정도로 말이죠.

컨셉이란 '차별화된 가치'입니다. 컨셉은 다양한 분석과 다듬어지지 않은 아이디어 사이에서 얻어진 것으로 좋은 씨앗에 비유할 수 있습니다. 씨앗에 '핵'이 있듯이 좋은 컨셉도 차별화된 가치를 가집니다. 하지만, 단순히 다른 것들과 구분되는 특징을 가졌다고 해서 모두 컨셉이 될 수는 없습니다. 컨셉은 다른 것들이 줄 수 없는 가치를 줄 수 있어야 합니다. 강력하게 차별화되지 않으면 컨셉력$^{컨셉의 힘}$이 약하기 때문에 소비자를 만족시킬 수 없습니다. 또한 그 씨앗에서 많은 나무줄기가 뻗어 나올 수 있도록 비전을 제시해야 하며, 다른 사람들이 쉽게 모방할 수 없어야 합니다.

컨셉을 정의하는 다양한 말들이 있지만, 결국 컨셉은 차별화된 가치를 전달하기 위해 다음의 OO를 채워야 합니다. 'OO[브랜드명]는 OO[제품 범주]로서 OO[차별화된 가치]를 가지고, OO[타깃]의 OO[욕구]를 충족한다.' 이 칸을 채우기 위해 컨셉이 무엇인지 좀 더 자세히 알아보고, 컨셉은 어떤 프로세스를 거쳐 추출되는지, 컨셉은 고객의 어떤 니즈를 만족시켜야 하는지를 차근차근 알아보겠습니다.

마케팅에서의 컨셉

마케팅에서는 컨셉이 제품 개발 프로세스에 따라 세분화됩니다. 보통 용어를 정확히 구분하지 않아 아이디어와 컨셉을 같은 의미로 쓰기도 하고, 제품 컨셉, 브랜드 컨셉, 크리에이티브 컨셉을 구분하지 않은 채 뭉뚱그려 컨셉이라고도 합니다. 그래서 본 책에서는 가장 혼용해서 쓰고 있는 마케팅에서의 컨셉 용어를 정리해보았습니다.

마케팅에서 컨셉은 컨셉 개발과 정립, 전달의 3단계를 거치면서 각각 제품 컨셉, 포지셔닝 컨셉, 크리에이티브 컨셉으로 발전해나갑니다.

제품 컨셉이란 제품 개발 단계에서 사용하는 '해당 제품만의 독특한 아이디어'입니다. '친환경 트렌드가 반영된 바닥재 개발이 목표라면 바닥재에 진짜 나무 칩을 넣으면 어떨까?'처럼 아이디어의 출발점이 곧 제품 컨셉입니다. 이러한 아이디어는 기술로 실현할 수 있는지 검토되고, 시장 분석을 통한 소비자 니즈를 포함해야 합니다. 즉, 아이디어가 분석적으로 다듬어진 단계를 말합니다. 포지셔닝 컨셉은 제품 컨셉이 조금 더 확장된 개념입니다. 제품 컨셉이 제품 개발 방향을 제시하여 제품 개발에 관여하는 내부 구성원 간에 합의를 이루거나 마케팅 활동의 통일성을 유지하기 위한 의미라면, 포지셔닝 컨셉은 제품 출시 단계에서 아이디어를 구체화하는 것으로써 소비자들이 제품을 구매할 것인지, 아닌지를 검토하고 시장에서 경쟁력이 있는지 비교 우위를 정하는 단계입니다. 씨앗이 어디에 자리 잡을 것인지, 어떤 시장에서 어떤 방법으로 싹 틔울 것인지가 추가된 것이죠. 나무 칩을 넣은 바닥재가 나무 무늬만 흉내 낸 바닥재와 구분되어 소비자에게 쉽게 인식되기 위해 '진짜 나무 칩을 넣었다'로 변경됩니다. 그래서 제품 컨셉이 크리에이티브 컨셉으로 변화되기 전 전략적 발판을 만듭니다. 크리에이티브 컨셉은 소비자들에게 제품을 알리고 설득하기 위한 것입니다. 광고 컨셉, 디자인 컨셉, 홍보 컨셉 등이 크리에이티브 컨셉에 속하죠. 멋진 이미지, 촌철살인의 강력한 카피, 멋진 제품 그 자체가 될 수도 있습니다. 만지고 느낄 수 있는 모든 수단이 크리에이티브 컨셉의 재료가 됩니다. 포지셔닝 컨셉에서 '진짜 나무 칩을 넣었다.'를 좀 더 귀에 쏙 들어오도록 '진짜 나무를 깔고 살자!'라는 카피와 나무가 바닥재에 포함되는 모습을 연출한 광고가 바로 크리에이티브 컨셉입니다. 제품 컨셉은 제품 자체를 개발하는 단계에서 주로 사용되어 내부 구성원들의 통합을 위해 쓰이고, 크리에이티브 컨셉은 외부 집단^{소비자나 이익 집단}을 위해 주로 쓰이기 때문에 다른 것으로 오해하기 쉽지만 세 가지 모두 기본 줄기를 유지하면서 진화해야 하므로 사실 같은 것으로 볼 수 있습니다.

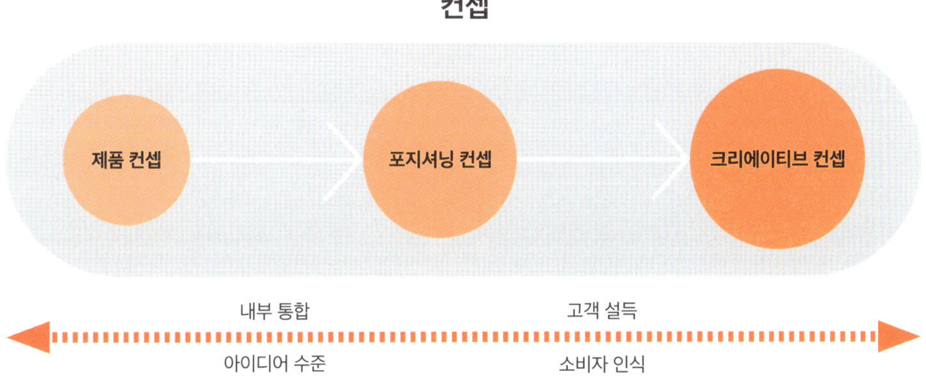

브랜드 컨셉^{Brand Concept}은 제품에만 한정되는 제품 컨셉과 분명하게 구분되는 것으로 고객 마음속에 심고 싶은 구체적인 의미를 말합니다. 제품 컨셉, 포지셔닝 컨셉, 크리에이티브 컨셉을 더한 개념으로 쓰이며, 잘 정의된 브랜드 컨셉은 특정 제품 범주에서 내부 구성원의 목표가 되고, 소비자 마음을 장악할 수 있는 주요한 개념입니다. 그러므로 브랜드를 관리한다는 것은 단순히 브랜드명을 관리하는 것이 아니라 브랜드 컨셉을 전략적으로 관리하여 브랜드 자산을 강화하는 것으로 볼 수 있습니다. 그래서 보통 '컨셉'이라고 하면 '브랜드 컨셉'을 일컫는 경우가 많습니다.

컨셉의 요소

모터쇼에 전시된 멋진 '컨셉카'에도 컨셉이라는 말이 쓰입니다. 이렇게 미술, 음악, 문학, 연극 등에서도 폭넓게 쓰이는 컨셉은 마케팅 컨셉과는 조금 다르게, 작가가 작품을 통해 나타내고자 하는 주제나 생각을 나타냅니다. 컨셉츄얼^{Conceptual}하다는 것은 컨셉, 즉 주제를 위해 전개 방식이나 형식을 관습을 따르지 않고 새로운 것을 창조하여 사용하거나 새로운 형식을 통해 관객에게 작품이 말하려는 것이 무엇인지 '생각'하는 역할을 말합니다.

이렇듯 컨셉은 여러 분야에서, 특히 마케팅 개발 과정에서 널리, 그리고 조금씩 다른 의미로 사용되지만, 각 분야에서 사용하는 컨셉의 의미에는 공통점이 있습니다. 순수 예술에서든 마케팅에서든 컨셉에는 표현, 가치, 이해, 설득, 통합의 다섯 가지 요소가 포함됩니다. 표현, 이해, 통합은 컨셉의 보편적인 역할에서 비롯된 것이고 가치와 설득은 상업적인 목적의 컨셉에서 뚜렷하게 드러납니다. 마지막 두 가지가 추가되는 이유는 제품이나 서비스가 구매자가 사용자에게 주는 느낌, 정서적 만족감을 설득해야 하는 데 있기 때문입니다. 단순히 포멜로가 무엇인지 사람들에게 개념적으로 설명하기 위해서는 표현, 이해, 통합의 요소만이 필요하지만 팔리는 포멜로, 가지고 싶은 포멜로를 설명하기 위해서는 포멜로에 특별한 가치와 설득 요소를 추가해야 합니다.

출처: 제품 컨셉 평가 선정 _ 다 기준 의사결정 접근법

필립 코틀러는 일찍이 소비자는 제품을 구매할 때 제품의 컨셉을 구매한다고 했습니다. 그래서 컨셉은 표현, 이해, 통합, 가치, 설득의 요소가 모두 포함되어야 합니다. 결국 컨셉을 추출할 때뿐만 아니라 컨셉의 씨앗이 줄기를 뻗어 나가는 와중에도 거듭해서 컨셉의 요소가 있는지 확인해야 합니다. 이를 위해, '단순하게 핵심을 전달하고 있는가?[표현]' '차별화되었는가?[가치]' '고객 중심적인가?[이해]' '스토리가 있는가?[설득]' '일관성 있는가?[통합]'의 질문으로 확인해 볼 수 있습니다.

한 그루의 나무를 위해 씨앗을 심다 ❶④

좋은 토양을 고르고 좋은 씨앗을 심기 위한 컨셉의 중요성

흔히 컨셉은 '시즈Seeds'에서 출발한다고 합니다. 씨앗이라는 뜻의 시즈는 그 의미에 맞게 현재 가지고 있는 기술의 뒷받침, 제품 컨셉, 형태, 즉 컨셉이 아이디어일 때 그것을 현실화할 기술력을 이야기합니다. 발전된 시즈는 고객 마음속에 잠자고 있던 욕구를 끌어내는 혁신을 가져옵니다. 고객만족도를 조사하지 않기로 유명한 애플의 스티브 잡스Steve Jobs가 아이폰, 특히 아이패드 제작에 관한 프레젠테이션을 했을 때 경쟁사조차 부정적인 시각이 강했습니다. 그러나 그의 결단력이 오히려 새로운 시장을 창출했고 강력한 팬덤을 구축했습니다. 이렇듯 아이디어나 생산자의 꿈이 강하게 반영된 컨셉을 '시즈 지향 컨셉'이라고 합니다.

일반적으로 씨앗이 잘 자라기 위해서는 특별함이나 우월한 DNA가 자랄 수 있는 토양이 필요합니다. 마케팅 분야에 종사하는 사람이라면 '고객과 시장의 니즈를 정확하게 파악해야 한다.'는 말을 귀에 못이 박이도록 들었을 것입니다. 즉, 고객이 원하는 것을 정확하게 파악하여 제품이나 서비스를 제공해야 한다는 뜻입니다. 그래서 씨앗을 뿌려 잘 자라게 하려면 농토를 정하고^{분양}, 옥토를 고르고^{내·외부 분석}, 적당한^{목표} 씨앗^{제품이나 서비스}을 심어야 합니다. 니즈와 시즈는 상호보완적인 관계에 있으며 적절한 조화를 이뤄야 합니다.

'이카라'라는 제품은 TV에 연결하면 노래방이 되는 '언제 어디서든 노래할 수 있는 기계'가 제품 컨셉이고, 다른 회사 제품과 차별화하기 위해 마케팅 전략 방향을 결정하는 과정이 포지셔닝 컨셉입니다. 기타 모양의 제품 디자인과 모델인 일본 아이돌 모닝구 무스메는 크리에이티브 컨셉입니다. 어디서나 노래할 수 있는 기계의 기능에서부터 소비자들의 머릿속에 밝고 즐거운 이미지의 걸 그룹 모닝구 무스메의 모델 이미지를 심어 주는 것까지, 컨셉은 씨앗에서 출발하여 커다란 나무가 되어 열매를 맺도록 큰 줄기를 형성합니다.

실무에서 제대로 쓸 수 있어야 진정한 컨셉이다, 컨셉 프로세스

컨셉에 대해 정확히 아는 것도 중요하지만 고객의 사랑을 받으며 일상생활 속에 녹아들 수 있게 해야 더욱 의미가 있습니다. 존재 이유가 살아있는 컨셉을 만들기 위해서는 컨셉 프로세스를 잘 이해하고 적용하는 것이 중요하며, 실무에서는 더욱 중요합니다. 그동안 컨셉이 두꺼운 경영 서적이나 마케팅 서적에서 '개념, 본질'이라는 애매한 용어로 사용된 탓에 사람들은 컨셉이 무엇인지 혼란스러워했습니다. 또한 컨셉은 개발자나 마케터 어느 한쪽으로 치우친 경험과 노하우를 바탕으로 발전해왔습니다. 과거에는 개발자, 마케터, 디자이너의 역할이 분명해 제품 컨셉이 정해진 이후 제품 디자인, 홍보물 제작이 이루어졌고 이러한 일을 분업하는 경우가 많았기 때문입니다. 물론 다양한 상호 활동으로 업무를 확실하게 나누기 어려웠지만 적어도 제품의 기능을 실현하는 개발자[연구원]는 제품 컨셉을, 제품 패키지나 홍보물을 관리하는 디자이너는 크리에이티브 컨셉을 다루는 것이 일반적이었습니다.

실제로 현장에서, 특히 앞으로의 현장에서 컨셉은 파트별로 분업할 수 없습니다. 튼튼한 뿌리에서 줄기와 잎사귀, 그리고 향기로운 꽃으로 하나의 씨앗에서 발아한 다양한 것들이 큰 나무처럼 유기적으로 이어져야 하기 때문입니다.

성공한 제품이나 서비스, 브랜드는 처음부터 하나의 분명한 형태를 이룹니다. 제품은 브랜드로, 서비스는 UX로 진화하여 컨셉을 발견할 때부터 모든 과정을 여러 분야의 전문가와 함께 합니다. 제품은 기능과 혜택이 아니라 그 안에 담긴 이야기와 이미지, 인식으로 무장했고, 서비스 또한 사람들의 불편을 해소하는 것에서 문제점을 적극적으로 찾아 나서고 행동을 디자인하는 형태로 변화했습니다. 따라서 마케터는 크리에이티브 컨셉을, 그리고 디자이너는 제품 컨셉을 더욱 이해해야 합니다. 다음 파트에서는 제품 컨셉에서 크리에이티브 컨셉으로 발전하는 과정을 살펴보며 마케터와 디자이너가 어떻게 컨셉을 개발하는지, 어떻게 유기적으로 관계를 맺는지 알아보겠습니다.

서비스 디자인 컨설팅 모듈 구성
(Service Design Consulting Module)

서비스 디자인의 여덟 가지 모듈			
서비스 이해 단계	**서비스 분석 및 원칙 수립 단계**	**서비스 컨셉 및 아이디어 개발 단계**	**서비스 평가 및 실행 단계**
Module 1 클라이언트 분석 Client Audit	**Module 3** 서비스 맥락 분석 Service Context Audit	**Module 5** 서비스 컨셉 개발 Service Concept Development	**Module 7** 서비스 평가 Service Evaluation
• 인터뷰(Interview) • 설문조사(Questionnaire) • 벤치마킹(Benchmarking) • 이해관계자맵 (Stakeholders Map) • 비즈니스 모델 캔버스 (Business Model Canvas)	• 에스노그라피(Ethnography) • 섀도잉(Shadowing) • 심층 인터뷰 (In-Depth Interview) • 고객 경험 지도 (Customer Journey Map) • 터치포인트 맵핑 (Touchpoint Mapping) • 역할자맵(Actors Map)	• 마인드맵(Mind Map) • 이슈 카드(Issue Cards) • 레고 플레이(Logo Play) • 그룹 스케칭(Group Sketching) • 브레인스토밍(Brain Storming) • 서비스 이미지(Service Image)	• 서비스 프로토타입 (Service Prototyoe) • 유즈 케이스(Use Cases) • 휴리스틱 분석 (Heuristic Evaluation) • Oz 마법사(Wizard of Oz) • 사용성 테스트(Usability Test)
Module 2 서비스 대외 요소 분석 Service Providers Audit	**Module 4** 서비스 원칙 수립 Service Principle Development	**Module 6** 서비스 아이디어 구체화 Service Idea Generation	**Module 8** 서비스 실행 Service Delivery
• 인터뷰(Interview) • 이해관계자맵 (Stakeholders Map) • 서비스 이스케이프 (Service Escapes) • 생태 지도(Ecology Map) • 가치 사슬(Value Web)	• 친화도 분석(Affinity Diagram) • 동기 분석 틀 (Motivation Metrix) • 인터랙션 테이블 (Interaction Table) • 그룹 스케치(Group Sketch)	• 퍼소나(Persona) • 터치 포인트 매트릭스 (Touch Point Metrix) • 시스템맵(System Map) • 서비스 블루포인트 (Service Bluepoint) • 스토리보드(Storyboard) • 경험 프로토타입 (Experience Prototype) • 증거 만들기(Evidencing)	• 가이드라인(Guideline) • 템플릿(Template) • 상세 서비스 (Service Spectication) • 역할 대본(Role Script) • 과업 분석표(Test Analysis Grid)

서비스 디자인 프로세스를 살펴보면 서비스 자체를 개발하고, 디자인하는 것을 알 수 있습니다.

출처: 디자인db(http://www.designdb.com/)

실전! 좋은 컨셉은 어떻게 만들어질까?

어디로 갈 것인가? 발상의 시작

나는 누구인가, 내가 하려는 것은 무엇인가?

목표에 도달하기까지 머리로 설계하고 건축하라

크리에이티브 컨셉의 중요성

Will you go? Start of ideas.

Part. 2

어디로 갈 것인가? 발상의 시작 ❷❶

전략은 우리가 A 지점에서 B 지점으로 갈 수 있는 길을 보여주는 지도다.
– 데이비드 오길비(David Ogilvy)

컨셉의 방향성

루이스 캐럴^{Lewis Carrol}의 동화 '거울 나라의 앨리스^{Through the Looking-Glass}' 속 주인공 앨리스는 붉은 여왕과 함께 한 방향으로 계속 달리고 있었습니다. 끝없는 달리기에 지친 앨리스는 숨을 가쁘게 몰아 쉬며 붉은 여왕에게 물었습니다. "왜 우리는 열심히 뛰고 있는데 같은 자리를 맴도나요?" 붉은 여왕은 앨리스에게 이렇게 대답합니다. "세상은 나보다 더 빨리 달려서 같은 속도로 달려 봐야 항상 제자리야." 공진화라고도 하는 '붉은 여왕 효과^{Red Queen effect}'는 멈추면 뒤처지고 마는 바쁜 현대인의 달리기를 뜻하는 경제학, 생물학 용어입니다.

공진화: 여러 종 사이에서 일어나는 상호 관계를 통한 진화적 변화를 말합니다.

지금 무엇을 꿈꾸고 있나요? '무엇을 구매하겠다.'라는 구체적인 꿈에서부터 '무엇을 이루고야 말겠다.'는 추상적인 꿈까지 각자가 욕망하는 것은 매우 다양합니다. 우리는 경쟁을 위해 달리기도 하지만 원하는 것, 지금보다 나은 미래, 발전과 진화를 위해서 목표 의식을 가지고 열심히 뛰고 있습니다.

컨셉 도출은 '무언가를 이루고자 하는 욕망'에서부터 시작합니다. 즉, '목표'를 설정하는 것이죠. 목표는 개인이나 집단이 의식적으로 얻고자 하는 사물이나 상태를 말하며, 장래에 어떤 시점에서 달성하려고 시도하는 것을 말합니다.

에드윈 로크$^{Edwin\ Locke}$가 처음으로 연구한 목표 설정 이론에서 목표는 행동 방향을 결정하는 기능을 수행하여 동기를 유발하는 행동 지표가 됩니다. 목표는 방향성을 가지고 행동을 조절하기 때문에 목표를 설정하는 것은 사람들에게 동기를 부여하고 행동을 끌어내는 것, 두 가지 면에서 효과적이고 중요합니다.

물리학에서 사물을 움직이기 위해서는 힘을 가해야 할 뿐만 아니라 방향성도 필요합니다. 마찬가지로 컨셉도 힘만 있고 방향성이 없다면 무의미한 움직임일 뿐입니다. 즉, 컨셉이 방향성을 가진 힘이라면, 목표는 컨셉이 나아가야 할 목적지이자 종착지와 같습니다.

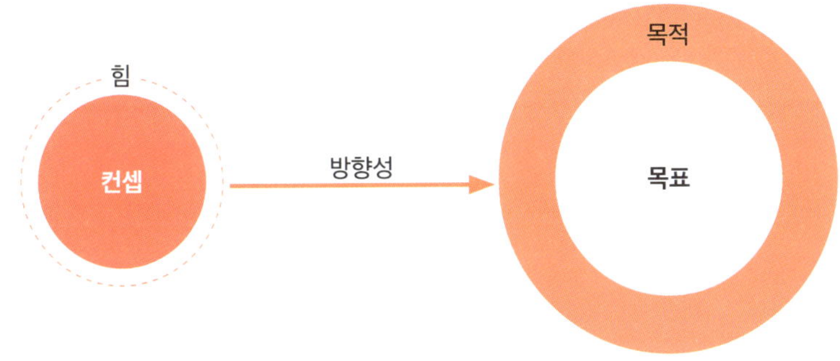

효과적인 목표 설정

우리는 해결해야 하는 수많은 목표에 당면해 있습니다. 짝사랑하는 사람이 있다면 사랑의 쟁취가 목표이고, 파티를 주최한다면 '최소 100명이 참여하는 참여도 높은 파티를 만들겠다.'가 목표입니다. 같은 맥락으로 새로운 제품에 관한 컨셉을 구상 중이라면 '신제품이 3개월 안에 시장에서 5% 점유율을 차지할 수 있도록 하겠다!'와 같은 목표를 떠올릴 것입니다. 새로운 서비스를 제공하려면 서비스 목표, 창업을 하려면 창업 목표가 필요합니다.

종종 목적과 목표를 혼동합니다. 목적[Goal]은 궁극적으로 달성하고자 하는 지향점이며, 목표[Objective]는 목적을 이루기 위해 구체적으로 실행해야 하는 것을 말합니다. '행복하자!'라는 목적이 있다면 '많은 사람을 만나서 네트워크를 구축한다.' '사랑하는 사람과 결혼한다.'처럼 달성해야 할 목표가 설정됩니다. 여름에 대비해 다이어트를 계획할 때 '건강한 다이어트'라는 목적이 있다면 '굶지 않고 단백질 위주의 건강한 식단으로 바꾼다.' '무리한 운동보다 유산소 위주의 운동을 한다.' 등의 목표를 설정할 수 있습니다. '수영장에서 뽐낼 수 있도록 단기간에 매력적인 몸 만들기'가 목적이라면 '저녁 식사는 무조건 샐러드로 한다.' '개인 트레이너와 함께 근력 운동을 한다.' 등 이전과 다른 목표가 설정되기도 하죠. 이처럼 목표는 전략을 수반해야 하고, 목적은 프로젝트나 의도의 시작점이므로 다르게 사용하는 것을 주의해야 합니다.

실무적인 목표, 마케팅 목표

인생에서는 다양한 목표를 주도적으로 설정하지만 기업에서는 사업 단위의 중장기적인 목표에서 브랜드 전략 등 단기적인 목표가 설정된 경우가 많습니다. 사업을 한다는 것은 비전을 가지고 목표를 수행하는 과정이기 때문입니다. 미션을 가지고 이를 수행하기 위한 이상을 구성하는 것은 기업의 존재 이유이기 때문이지요. 그래서 디즈니는 가족에게 꿈의 세계를 창조한다는 미션을, 구글은 전 세계 정보를 어디서든지 접속할 수 있다는 미션을, 3M은 풀리지 않는 문제를 혁신적으로 해결한다는 미션을 가지고 이를 달성하기 위한 목표를 수행하며 소비자들과 가치를 영위하고 있습니다.

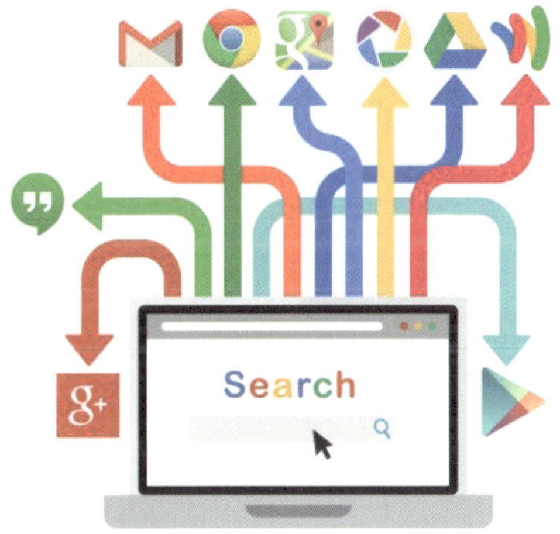

2-01

Google Search

모두 하나로 연결하는 구글의 비전은 이제 사물 인터넷으로 사업을 확장하는 방향성이 되었습니다.

2-02

대표적인 사물 인터넷인 구글 무인 자동차에 탑승해 기념 촬영을 하고 있는 구글 리더들로, 왼쪽부터 에릭 슈미트, 래리 페이지, 세르게이 브린입니다.

기업 목표는 미션과 비전 아래 수립됩니다. 예를 들어, 국민의 풍요로운 식생활을 만든다는 미션은 국내 1위 식품회사라는 비전으로 수립되고 이러한 비전을 이루기 위해 몇 년까지 얼마의 수익을 창출하겠다는 목표가 설정됩니다. 이렇게 기업의 목표는 연간 또는 분기별로 쪼개지거나 각 사업 단위로 쪼개지기도 합니다. 여러 분야의 사업을 펼치는 기업이라면 사업 단위로 목표를 설정합니다. 각 사업 단위 수준의 전략은 다시 시장 세분화, 표적 시장 결정, 포지셔닝, 마케팅 종합 전략 관리로 나뉘어 목표를 달성하기 위한 세부 전략을 구성합니다.

각 사업 단위 수준 평가는 기업 평가로 이어지는 등 유기적으로 진행됩니다. 쉽게 말해 각 사업 결과들이 모여 기업의 결과가 되는 것이죠. 사업별 목표는 기업의 큰 목표 아래에 있고 우리가 만들고자 하는 컨셉 또한 이러한 방향과 맞아야 합니다.

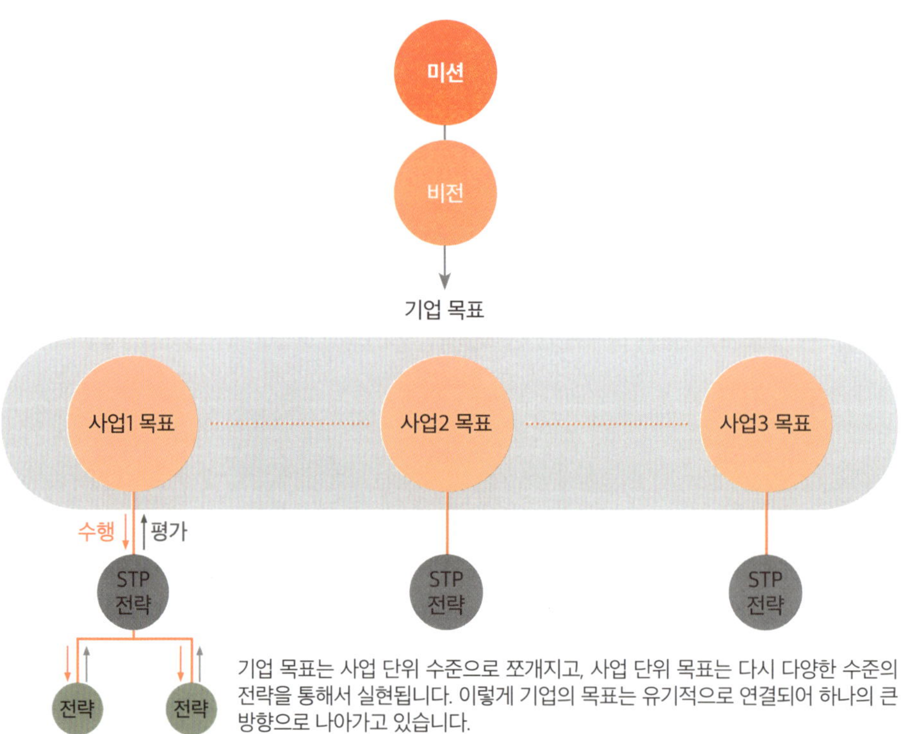

기업 목표는 사업 단위 수준으로 쪼개지고, 사업 단위 목표는 다시 다양한 수준의 전략을 통해서 실현됩니다. 이렇게 기업의 목표는 유기적으로 연결되어 하나의 큰 방향으로 나아가고 있습니다.

유명 컨셉츄얼리스트인 이와마 히토시는 '자신이 세운 목표는 타인도 똑같이 생각한다.'면서 더 높은 목표 설정이 승부를 결정한다고 강조합니다. 성장하기 위해서는 기존과 다른 노력을 기울여 창출된 변화가 필요합니다. 앨리스와 붉은 여왕이 필사적으로 달리던 것처럼 목표 설정은 좀 더 전략적이고 치열하게 이루어져야 하지요. 형식적이며 추상적이거나 남들과 똑같이 해서도 안 되며 사실적이고 구체적이어야 합니다. 사업 단위 목표가 이미 정해져있더라도 단번에 많이 팔 것인지 장기적이고 지속적으로 팔 것인지, 팔리지 않더라도 독보적인 위치를 차지할 것인지 이미지를 좋게 할 것인지 등을 다양하게 고려해야 합니다.

물론 정해진 목표가 없을 수도 있습니다. 하지만 어떤 기업이든, 단체이든, 학교의 수업이든 목표를 발견해야 합니다. 다음에 알아볼 시장 조사, 자사 분석 등을 통해 컨셉이 가야 할 목적지를 구체화할 수 있습니다. 좋은 이미지를 위해 이미지를 제고할지, 3분기에 얼마 정도 판매할지, 판매를 촉진할지 등 전략 구성과 선택을 통해 목표를 설정할 수 있죠. 반드시 기억해야 할 점은 컨셉의 방향이 가리키는 곳, 그것이 곧 목표 설정이고 출발점이라는 것입니다.

 크리에이티브
노트

Design Thinking!
브레인스토밍에서부터 컨셉 프레젠테이션까지!

세계적인 기업들은 지금 '디자인 씽킹(Design Thinking)'에 주목하고 있습니다. 월스트리트저널 등은 디자인 씽킹의 중요성에 대해 이야기하면서 최근 스탠퍼드 대학과 같은 유수의 경영 대학원에서 디자인 씽킹 과정을 도입한다고 밝혔습니다.

디자인 씽킹은 디자이너의 역량을 뜻하는 디자인 용어가 아닙니다. 'Thinking(사고)'을 'Design(설계)'하는 것으로, 최종 소비자가 경험하게 될 해결책을 중심으로 사고하는 과정을 뜻합니다. 즉, 정리되지 않은 생각들을 여러 사람들이 발산과 수렴이라는 과정을 거쳐 특정 형태로 만드는 것입니다.

디자인 씽킹이라는 단어가 대두된 지 꽤 많은 시간이 흘렀습니다. 국외에서는 스티브 잡스의 의뢰로 '마우스'가 개발되었고, 국내에서는 이마트의 안전한 '카트'가 개발되었습니다. 현대카드 또한 카드 디자인뿐만 아니라 경영 전반에 걸쳐 디자인 씽킹을 도입한 성공적인 사례입니다. 이렇게 디자인 씽킹은 디자이너뿐만 아니라 마케터, 나아가 다양한 직종의 사람들이 하나의 문제를 다각도로 탐색하는 것으로써 학문적으로, 실무적으로 더욱 발전하고 있습니다.

2-03
뱅크 오브 아메리카의 '잔돈은 넣어두세요' 프로젝트
물건을 구매할 때 달러 단위로 반올림하고 잔돈은 저금통에 넣는 사람들의 습관에서 착안한 저축 상품입니다.

2-04

포드의 하이브리드 자동차 퓨전의 계기판
경제 속도로 운전하면 녹색 잎사귀가 자랍니다.

2-05

IDEO와 현대카드 협업 시리즈
카드 디자인뿐만 아니라 회사의 장기 전략을 세우고 운영 시스템도 개선한 것으로 알려져 있습
니다.

디자인 씽킹이 주목받는 이유는 기업들이 전통적인 마케팅 프로세스로 한 번에 무결점 솔루션을 도출할 수 있을 것으로 기대했고 그렇게 해왔지만, 요즘처럼 트렌드 주기가 짧고 변덕스러운 소비자 마음을 사로잡기가 나날이 힘들어지는 환경에서는 다른 프로세스로 접근해야 할 필요가 있습니다. 짧은 기간에 국내의 디자인 씽킹이 사회 전반에서 활용되기에는 아직 경직된 기업 문화로 인해 어렵지만, 전통적인 마케팅 프로세스에 다양한 디자인 씽킹 방법을 적용하고, 다방면으로 모색하는 움직임이 필수라는 것은 모두 공감하고 있습니다.

이 책에서는 전통적인 마케팅 프로세스에 창의적으로 문제에 접근할 수 있는 다양한 디자인 씽킹 방법들을 소개합니다. 전통적인 마케팅 프로세스와 제시된 디자인 씽킹 방법들이 정확하게 일치하지 않지만, 디자인 씽킹 프로세스 자체가 '공감 → 문제 정의 → 대안 수립 → 시제품 제작 → 테스트' 단계의 끊임없는 연속으로, 프로젝트 성격이나 상황에 따라 선택적으로 적용하거나 변형하여 유연하게 사용합니다. 정형화된 프로세스에 머무르지 말고 이 책에서 소개하는 다양한 방법론들을 함께 적절히 사용하면 더욱 유연하고 창의적으로 컨셉을 개발해나가는 데 도움이 될 것입니다.

이번에는 IDEO에서 문제를 정의하거나 아이디어를 도출하는 방법으로 가장 많이 사용하는 방법인 '마인드맵'과 '브레인스토밍'에 대해서 알아보겠습니다.

떠오르는 생각을 정리하자 - 마인드맵

'아이디어 구름'이라고도 하는 마인드맵은 영국의 유명한 심리학자 토니 부잔(Tony Buzan)이 고안한 시각적 발상 도구입니다. 한 가지 목표나 주제를 가지고 머릿속에 연상되는 단어, 이미지를 빠르게 그리는 것이죠. 생각의 흐름을 제한하지 않고 자유롭게 발상할 수 있어 마케터, 디자이너, 교육자, 작가처럼 유연하고 창의적인 생각을 요구하는 사람들이 주로 사용합니다.

IDEO의 톰 켈리(Tom Kelley)는 창조적인 흐름(Creative Flowing)을 위한 여섯 단계 중 첫째로 마인드맵을 꼽았습니다. 또한, 얼마 전 '불편한 진실'이라는 다큐멘터리로 전 세계에 지구온난화의 위험을 알린 미국 제45대 부통령 앨 고어(Al Gore)도 《타임지》와의 인터뷰에서 모든 작업의 중심에 마인드맵과 포스트잇 노트를 활용한다고 강조하기도 했습니다.

보잉(Boeing)의 디자인 엔지니어들은 그룹 미팅에서 마인드맵을 이용해 아이디어를 얻는다고 합니다. 아래 사진에서 회의실을 가로지르는 종이 지도가 참 인상적이지 않나요? 이처럼 마인드맵은 키워드들을 한눈에 볼 수 있고 도식화된 이미지를 통해서 여러 가지 키워드를 어떤 방향으로 연결할지 파악할 수도 있어 매우 유용합니다.

마인드맵은 주제가 명확해야 합니다. 중심 주제를 잘 잡아야 머릿속에 떠다니는 관련 정보를 나열하기 쉽죠. 큰 나무에서 가지가 뻗어나가듯 메인 주제로부터 카테고리별로 세부 내용을 그려나갑니다. 명확한 주제를 잡았다면, 마인드맵을 그리는 방법은 간단합니다. 문장이든 이미지든 생각나는 것을 모두 적습니다. 옵션, 위험성과 장점 등 떠오르는 것을 카테고리에 따라 확장하고, 전체적인 그림을 바라보면서 평가하는 과정을 거칩니다. 어떤 옵션은 수많은 단점과 하나의 장점을 가지기도 하고, 그 반대일 수도 있습니다. 이렇게 마인드맵을 그려 놓고 보면 어떤 결정을 내리는 것이 가장 현명한지를 알 수 있습니다.

2-06

앨 고어의 사무실 – Handforged 사진에서 세 개의 모니터와 빼곡히 쌓인 서류들도 놀랍지만 모니터 위의 마인드맵 노트가 인상적입니다.

2-07

창의적인 영감을 얻기 위해 보잉 사 엔지니어들이 사용하는 대형 마인드맵입니다.

마인드맵 순서

01. 중심 정하기: 목표나 주제를 정한 다음 페이지 가운데에 적는다.

02. 생각 뻗어 나가기: 가운데 키워드를 중심으로 머릿속에 연상되는 생각과 이미지들을 여과 없이 언어로 적는다.

03. 정리하기: 뻗어나간 키워드 중 몇 가지 소 주제를 정해 공통적인 생각을 묶고, 주제별로 다른 색상으로 정리한다.

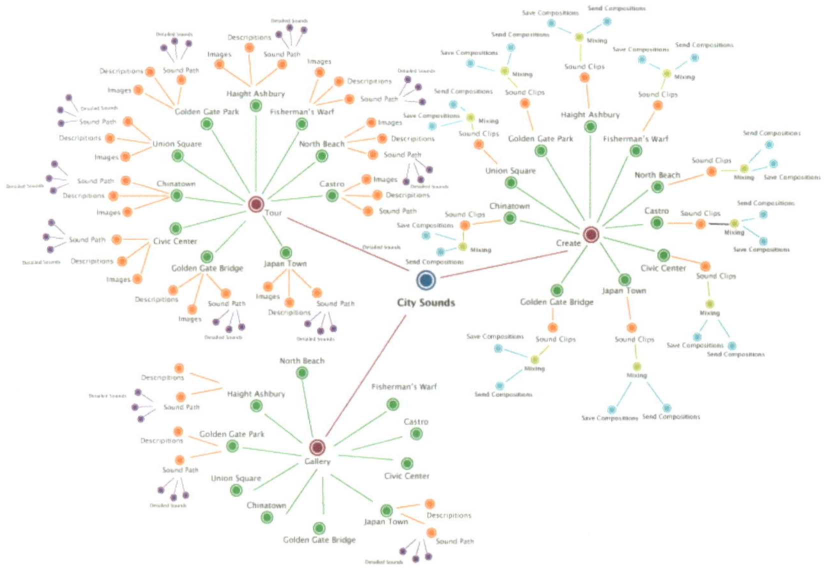

2-08
'도시의 소리'라는 투어 프로그램을 주제로 한 마인드맵입니다.

다른 사람과 생각을 더하자 - 브레인스토밍

마인드맵이 뒤섞인 생각을 지도처럼 나타낸 것이라면, 브레인스토밍은 문제의 해결책이나 아이디어를 얻기 위해 여러 사람이 생각나는 대로 아이디어를 쏟아 내는 자유로운 연상법입니다.

최초로 브레인스토밍을 만들고 활용한 사람은 미국의 유명한 광고 회사 BBDO(Battern, Barton, Durstine and Osbom)의 사장 오즈번(Alex F. Osbom)입니다. 브레인스토밍은 특정한 문제나 주제에 대해 두뇌에서 마치 폭풍이 휘몰아치듯 생각나는 아이디어를 모두 나열하는 사고 방법입니다. 오즈번은 사람들에게 제멋대로 거침없이 생각하도록 격려함으로써 참신하고도 우수한 아이디어를 얻을 수 있다고 설명합니다. 또한, 다양한 사람들이 함께 아이디어를 내기 때문에 연상 작용과 경쟁의식에 의한 자극이 상대적으로 작용하여 아이디어 산출이 증대된다고 합니다. 이러한 특성으로 인해 브레인스토밍은 토론과 구분됩니다. 상대방을 의식해서 정답만을 말할 필요가 없고 엉뚱하고 비논리적인 발언도 때론 환영받을 수 있습니다. 이처럼 자유로운 생각을 공유하는 것이 브레인스토밍의 핵심입니다. IDEO에서는 브레인스토밍을 시작하기 전에 참신한 아이디어를 도출하기 위해서 따라야 할 몇 가지 기본 원칙을 만들었습니다. 다음 페이지에 브레인스토밍에서 지켜야 할 기본적인 원칙을 설명하였습니다.

성공적인 아이디어는 개인의 천재성보다 집단의 창의성을 통해 탄생한다고 합니다. 목표 설정 단계에서 주제에 대해 깊이 있는 사고가 필요한 경우에는 마인드맵을, 풍부한 아이디어가 필요한 경우에는 브레인스토밍을 사용하여 문제를 정의하면 좋습니다.

2-09
IDEO에서는 프로젝트에 참여하는 사람들이 모여 서로의 생각을 자유롭게 나누며 아이디어를 만들어가고 있습니다.

브레인스토밍을 위한 다섯 가지 원칙

01.　서로의 아이디어를 판단하지 않는다.

02.　상대방의 생각과 발상을 포용하고 인정한다.

03.　정해진 양은 없으므로 적극적으로 참여한다.

04.　상대방이 제시한 아이디어도 발전시킨다.

05.　상대방이 제시한 아이디어에 자신의 생각을 덧붙여 새로운 아이디어를 만들어 본다.

2-10

브레인스토밍에 참여한 사람들이 포스트잇을 이용하여 한눈에 알아볼 수 있도록 기록하고
키워드를 통해 분류해 나가는 과정입니다.

브레인스토밍 방법

01. 구체적인 주제와 사회자를 정한다.

02. 참여한 사람들이 서로의 얼굴을 볼 수 있도록 의자를 배치한다.

03. 포스트잇이나 화이트보드, 커다란 종이를 준비하여 누구나 볼 수 있는 위치에 배치한다.

04. 사람들이 이야기하는 모든 것을 기록하고 하나의 키워드로 요약한다.

05. 자극할 수 있도록 시간에 제한을 둔다.

06. 브레인스토밍 결과는 모두가 공유할 수 있도록 기록한 것을 정리하여 나누어준다.

생각을 비틀어 발상하자 - 스캠퍼

마인드맵과 브레인스토밍을 통해 사고의 폭을 넓혔다면 몇 가지 생각 중 일곱 가지 질문을 통해 실행할 수 있는 최적의 답을 찾는 발상법인 '스캠퍼(Scamper)'를 이용하여 아이디어를 한 단계 더 심화할 수 있습니다. 이 기법 또한 미국의 광고 대행사 BBDO 오즈번 사장의 저서를 통해 알려졌죠. 처음에는 75개에 이르는 세부적인 체크리스트였지만 계속 검토와 보완을 통해 발전시켰습니다. 자유로운 분위기 속에서 다양한 의견을 통한 아이디어 발상 기법이 브레인스토밍이라면, 스캠퍼는 아이디어의 옥석을 가려내고 진화시키는 방법이라 할 수 있습니다. 스캠퍼의 일곱 가지 핵심 질문은 다음과 같습니다.

스캠퍼의 일곱 가지 질문

01.   S(Substitute, 대체): A 대신 B를 쓰면 어떨까?

02.   C(Combine, 결합): A와 B를 합치면 어떨까?

03.   A(Adapt, 응용): A를 B에 적용하면 어떨까?

04.   M(Modify, 변형): A의 생각을 변형하고, 키우고, 줄이면 어떨까?

05.   P(Put to Other Use, 다르게 활용): A를 B 용도가 아닌 C 용도로 사용하면 어떨까?

06.   E(Elimination, 제거): A를 구성하는 것 중 하나를 빼면 어떨까?

07.   R(Reverse, 재구성, 뒤집기, 재배열하기): AB를 BA로 바꾸면 어떨까?

2-11

빙수 시장의 판도를 바꾼 인절미 빙수는 S(Substitute, 대체)를 위해 탄생한 제품입니다. 팥을 인절미로 바꾸면서 팥을 싫어하는 사람, 특이한 제품을 즐기는 사람의 두 가지 시장을 사로잡았습니다.

2-12

C(Combine, 결합)를 통해 탄생한 마법천자문은 어린이들에게 한자를 이야기 형식으로 재미있게 기억시키는 획기적인 형식으로 사랑받았습니다.

2-13

스마트 워치도 C(Combine, 결합)를 통해 스마트폰을 시계와 합치면서 웨어러블 기기 시장을 선도하고 있습니다.

2-14

전신 수영복은 상어 표피를 수영복에 적용한 제품입니다. A(Adapt, 응용)를 통해 만들어진 이 제품은 수영 선수들에게 선풍적인 인기를 얻고 실제로 기록에 영향을 미쳤습니다.

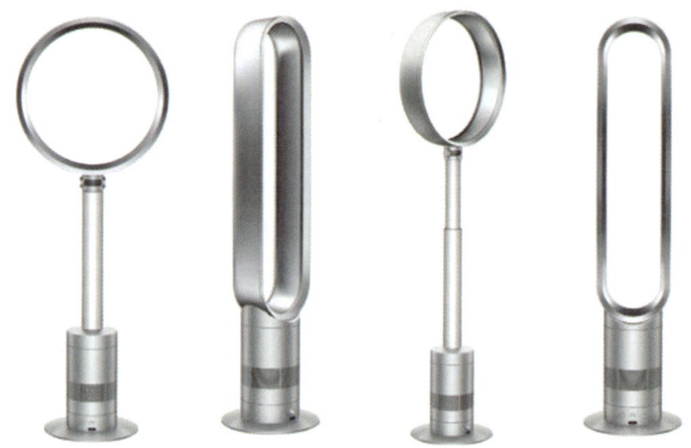

2-15

날개 없는 선풍기는 E(Elimination, 제거)를 통해 선풍기 날개를 없애서
안전성과 아름다움의 두 마리 토끼를 잡았습니다.

2-16

태블릿 PC 또한 편의성을 극대화한
M(Modify, 변형)의 수정, 변형, 확대의
예입니다.

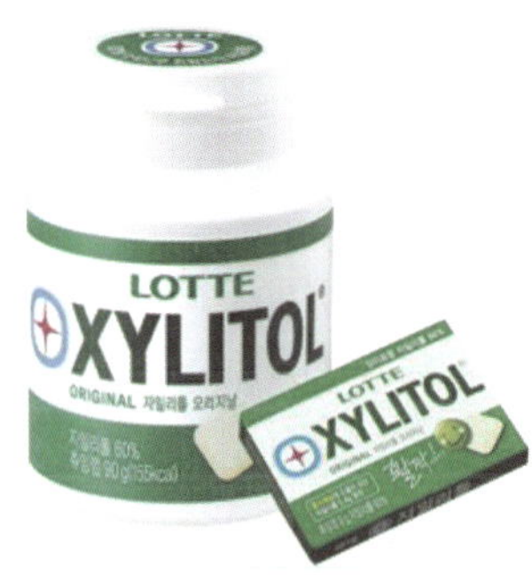

2-17

자일리톨 껌은 껌의 용도를 치아 건강이라는 컨셉으로 새롭게 적용한
P(Put to Other Use, 다르게 활용하기)의 예입니다.

2-18

R(Reverse, 뒤집기, 재배열하기)은 카카오톡 바로가기 기능이 추가된 효도폰, 양면 스캔을 할 수 있는 양면 스캐
너가 대표적인 예입니다. 기존 제품에서 순서나 모양 등을 반대로 하거나 다시 배열하면서 새로운 아이디어를 도
출할 수 있습니다.

시각적인 아이디어 촉매제를 사용하자 - 이미지 스케치

이미지 스케치는 전하고 싶은 메시지를 유기적으로 결합하고 변형하여 다양한 언어를 쏟아 내는 시각적 발상법입니다. 기본적으로 프로젝트와 관련된 관찰 자료나 이미지 리서치를 통해 분석한 자료에서 영감을 얻기도 하지만 엉뚱하게 새로운 문화(음악, 독서, 공연, 음식 등)나 자연, 과학을 접하면서 생각의 한계를 뛰어넘는 이미지를 만들기도 합니다.

따라서 이미지 스케치에서는 제한된 틀에 갇히지 않고 예술, 과학, 사회, 자연, 철학, 미디어 등의 분야를 다양하게 넘나들며 이질적인 요소로부터 새로운 아이디어를 발견하고 끌어내는 것이 중요합니다.

이미지 스케치는 보통 종이와 연필을 이용하여 빠르게 드로잉하기도 합니다. 전달하려는 작업자의 생각과 느낌을 더욱 명확하게 표현하고 싶을 때는 소재에 제약을 두지 않고 콜라주를 통해서도 자유롭게 해석하고 표현할 수 있습니다.

스스로 받은 영감을 통해 창의적으로 발상하는 도구이기 때문에 자신만의 시각적인 언어로 충분히 학습하고 개발합니다. 따라서 개인적으로 이미지 스케치를 한 다음에 팀원과 함께 의견을 나누는 경우가 많습니다.

이미지 스케치 방법

01. **기본 재료들을 만든다**
음악을 듣고, 영화를 감상하고, 책을 읽으며 글을 써 본다. 도서관에서 찾은 자료나 인터넷에서 캡처한 이미지 파일을 모으거나 즐겨 찾기(북마크)에 추가해 언제든지 찾도록 한다.

02. **카메라와 스케치북을 지니고 다닌다**
평소에도 길을 걷다 우연히 마주친 신기한 제품이나 진열장, 거리의 포스터들을 촬영하거나 아티스트와의 만남으로 아이디어가 갑자기 떠오를 때 스케치북에 러프하게 스케치한다.

03. **집중해서 스케치한다**
수집한 자료들과 아이디어를 토대로 집중해서 드로잉을 시작한다. 브리프 내용을 숙지하고 프로젝트 목표를 분명하게 잡은 다음 다양한 각도로 그린다.

04. **스케치를 검토한다**
다양한 스케치를 검토하고 실행할 수 있는 아이디어를 채택한 다음 특징을 심화한다.

2-19
스튜디오 INSITE는 영국 '브라이튼으로 이동하는 진짜 이유'라는 주제로 음악
축제, 자전거 도로, 주택 등 떠오르는 이미지를 자유롭게 스케치하였습니다.

2-20
스튜디오 INSITE의 다양한 이미지 스케치

상황은 어떻게 흘러가고 있는가, 지금 무슨 일이 벌어지고 있는가? ❷❷

흐름을 알고 뛰어들자

뛰어난 아이디어로 만든 좋은 제품이라고 해서 반드시 성공할까요? 답은 이미 알고 있으리라 생각합니다. 자사 분석과 함께 상황 분석이 필요한 이유는 바로 이 때문입니다. 자신 또는 자사에 대해 잘 알고 있어도 시대 상황에서 벗어나거나 시장 상황과 맞지 않으면 결과는 미리 정해져있습니다. 마케팅은 변화되는 환경에 대응해야 합니다. 환경은 고객에게 영향을 미치고 고객의 니즈도 환경으로부터 영향을 받았기 때문에 이를 위한 신상품이나 제품 리뉴얼이 필요한 것입니다.

실제로 이 개념은 실무에서 환경, 배경, 자료, 상황 등으로 혼용됩니다. '환경Environment'은 달라지는 상황 중 특정 상황이며, '배경Background'은 제품이나 서비스의 탄생 배경이죠. 결국 상황 분석은 '끊임없이 변화하는 환경을 분석하는 것'으로 이해하면 쉽습니다.

왜 환경, 배경 대신 상황을 분석해야 할까요? 이것은 과거, 현재, 미래까지 변화하는 환경을 읽어야 하는 데 의의가 있습니다. 현재 환경뿐만 아니라 미래 환경까지도 예측하여 경쟁사보다 먼저 시장 기회를 선점해야 하며, 나아가 그것이 너무 이른 것인지 늦은 것인지도 분석해야 하기 때문입니다. 아무리 좋은 컨셉도 트렌드에 휩쓸려 짧은 순간에 사라지거나, 너무 빨리 출시되어 사라지는 비운의 제품으로 회자되기도 합니다.

트렌드 주기가 짧아지는 만큼 상황은 너무 빠르게 변하므로 쉽지만은 않죠. 목표가 뚜렷하고 제품을 차별화해도 이미 시장에는 같은 제품이 존재하거나 준비 중일 경우가 많습니다. 또한 심하게 차별화하여 소비자에게 외면받을 경우도 있죠.

너무 뒤처지지도 너무 앞서가지도 않기 위한, 상황 분석

시장에서는 영원한 강자도, 약자도 없습니다. 우리는 정확한 의사 결정을 위해 이 모든 환경에 대해 상호보완적으로 맥락을 짚어가며 그 역할과 위치를 이해해야 합니다. 상황 분석은 크게 정치, 경제, 사회, 문화를 읽는 '거시 환경 분석'과 경쟁자, 소비자, 내부를 분석하는 '미시 환경 분석'으로 나눌 수 있습니다.

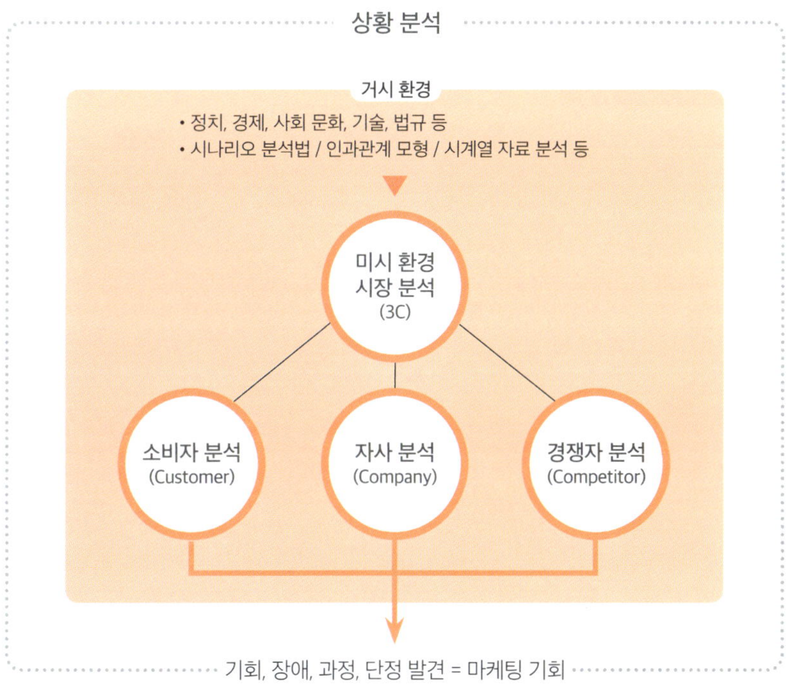

통제하기 어려운 외부 환경 분석, 거시 환경 분석

거시 환경 분석은 기업 입장에서 통제할 수 없는 외부 환경을 말합니다. 정치, 경제, 사회, 문화, 기술, 법규 등 광범위한 환경 요인으로 다양한 기회를 제공하고 위기나 위협을 줄 수도 있습니다.

그중 '시나리오 분석 기법'은 가장 많이 사용하며, 미국의 랜드 연구소에서 개발해 많은 미래학자, 경영학자 등에 의해 발전한 전략 수립 방법입니다. 미래에 어떤 일이 일어나고 그 일이 발생하면 어떻게 될 것인가에 관한 시나리오를 작성하는 것입니다. 현재에서 출발했을 때, 결과를 미리 정하고 역으로 추측하는 두 가지 방법으로 나뉩니다.

2-21

석유회사 쉘은 시나리오 분석 기법으로 75년 이상 생존해온 30개 기업을 분석하여 1973년 에너지 위기로 경쟁업체가 무너질 때 다가올 위협 요소에 대해 대처해 업계 선두를 차지할 수 있었습니다.

석유회사 쉘은 1960년대 미국이 호황일 때도 버텨온 75년 이상의 30대 기업을 선정하여 분석했습니다. 분석을 통해 오래도록 생존한 기업은 모두 재난을 예측하고 대비했다는 것을 알게 되었습니다. 쉘 또한 앞으로 불황이 다가올 수 있다는 가정에 따라 어떤 형태의 재난이 다가올지를 분석하는 시나리오를 계획했습니다. 쉘은 현재 상황만을 고려하는 다른 기업의 대책과는 다르게 장기적으로 최악의 환경 변화를 예측하는 노력을 아끼지 않았죠. 그리하여 1973년 에너지 위기가 발생해 경쟁업체 대부분이 무너져내리는 재난 속에서 쉘은 순식간에 업계의 선두자리를 차지할 수 있었습니다.

시나리오 분석 기법의 가장 가까운 예로 당장에 주어진 실무 과제에 적용하면 현재를 기준으로 사건을 전개하면서 시나리오를 계획할 수 있고, 반대로 과제에 해당하는 목표를 중심으로 미래에서 현재를 분석하며 시나리오를 계획할 수도 있습니다. 이처럼 미리 '문제'를 발견하고 대응할 수 있는 것이죠.

이외에도 인과 관계 모형, 시계열 자료 분석 등 다양한 방법이 있습니다. 좋은 컨셉은 운을 따르지 않습니다. 당연하게 생각하는 현재의 정지된 '환경'을 분석하는 것에서 나아가 다가올 미래에 대응하여 운을 불러들이는 컨셉을 만들어야 합니다.

* 인과 관계 모형: 현상 속 여러 변수 가운데 시간적으로 선행되는 원인 변수들을 독립 변수로 하고 결과 변수를 종속 변수로 하여 그 사이 인과 관계(Causality)를 밝히기 위한 연구 모형을 이야기합니다.
* 시계열 자료 분석: 경기 변동과 같은 연구에 사용하며 통계 수치를 시간 흐름에 따라 일정 간격마다 기록한 통계 계열을 시계열 데이터라고 합니다. 이 계열의 시간상 변화에는 여러 원인에 기인한 변동이 포함되어 있습니다.

출처: 두산백과

양보다는 질, 시장 분석

거시 환경 분석은 가장 큰 범위의 상황 분석입니다. 그다음 시장 분석, 경쟁자 분석, 소비자 분석 등의 순서로 이루어집니다. 시장 분석을 시작하기 전에 먼저 '시장'을 이해해야 합니다. Marketing^{마케팅}은 Market^{시장}에서 ~ing$^{하는\ 것}$입니다. 고객이 모인 곳이 시장이라면 그 범위가 매우 넓기 때문에 시장 분석은 철저하게 양^{Quantity}이 아닌 질^{Quality}을 추구해야 합니다. 자원에는 한계가 있기 때문이죠.

경쟁 시장에서는 이미 잘 알려져 있고 경쟁이 매우 치열해서 피를 흘리며 싸워야 하는 레드 오션$^{Red\ Ocean}$인지, 경쟁이 없는 독창적인 시장인 블루 오션$^{Blue\ Ocean}$인지를 분석하여 시장 규모와 매력 등을 파악할 수 있습니다. 세상에는 다양한 사람들이 있듯이 시장에도 다양한 나이와 직업, 가치관과 원하는 것이 모두 다른 소비자들이 있습니다. 블루 오션이라고 해서 시장의 매력도가 높은 것은 아닙니다. 새로운 시장은 그만큼 알려지지 않은 위험을 안을 수밖에 없습니다. 제품이 경쟁에서 우위를 차지하는 기업이라면 레드 오션에서의 승부도 나쁘지 않습니다.

스타벅스는 치열한 레드 오션인 커피 시장에서 작은 차별화를 시도해 매출을 올립니다. 모든 커피전문점이 쿠폰에 도장을 찍으며 고객을 유치할 때 스타벅스는 O2O$^{Online-to-Offline}$, 즉 멤버십 카드 모바일 애플리케이션 서비스에서 선주문을 받고 결제하는 새로운 수단을 제시했죠. 대기 시간을 단축하고 더욱 체계적인 혜택을 제공하면서 고객의 지갑을 열 수 있었습니다. 스타벅스처럼 획일적인 제품 개발에서 벗어나 고객이 진정으로 원하는 니즈가 있는 시장^{Marketing}을 찾고 행동하는 것^{ing}이 가장 중요합니다.

2-22
스타벅스 로고

2-23

미국 캘리포니아 애너하임의 디즈니랜드 지역 다운타운 디즈니(Downtown Disney)에 새로운 컨셉으로 오픈한 스타벅스(Starbucks) 매장입니다. 스타벅스는 획일적인 쿠폰 발행에서 벗어나 모바일 멤버십 카드로 체계적인 혜택을 제공하여 고객의 니즈를 사로잡았습니다.

함께라서 더욱 발전할 수 있다, 경쟁사 분석

우리가 1억 분의 1의 경쟁 속에서 탄생했듯이 경쟁은 태초부터 받아들여야 하는 환경이자 숙명입니다. 제품이나 서비스도 마찬가지입니다. 무수한 경쟁사들과 환경의 영향을 받죠. 과열된 경쟁 환경은 지치기도 하지만 항상 나쁜 것만은 아닙니다. 기존 시장의 범위를 확대하거나 경쟁을 통해 얻은 차별화로 시장의 매력도를 증대시키면서 유통 과정은 활기를 띠기 때문이죠. 그리고 경쟁자로 인해 자사 경쟁 우위 강화 효과도 생깁니다. 이처럼 경쟁은 고객에게 양질의 제품을 저렴한 가격에 공급하는 시장 원리인 동시에 경쟁사를 능가하여 경쟁에서 우위를 차지해야 하는 중요한 환경 요소 중 하나입니다. 경쟁의 범위를 잘못 규정한 기업은 좀 더 큰 범위에서 이루어질 수 있는 경쟁에 대비하지 못해 손해를 보거나 뒤처질 수 있습니다. 또한 경쟁에서 승리하고자 수립한 마케팅 전략도 소용없어집니다. 그렇다면 경쟁 환경은 어떻게 분석해야 좁지도, 넓지도 않을까요?

마이클 포터가 말하는 다섯 명의 경쟁자

보통 경쟁자라고 하면 해당 제품과 같거나 비슷한 제품을 생산하고 판매하는 기업만을 생각합니다. 그러나 경쟁의 범위는 그리 단순하지 않습니다. 좁게는 동종 제품을 생산하고 판매하는 기존 경쟁자뿐만 아니라 신규 진입자, 공급자, 구매자, 대체품이 될 수 있는 제품 모두 경쟁자에 포함되죠.

마이클 포터[Michael Poter]는 해당 업계의 경쟁 상황을 좌우하는 다섯 가지 경쟁 요인[5 Force Model]을 바탕으로 경쟁자에 관해 자세하게 제시했습니다. 마이클 포터의 다섯 가지 경쟁 요인은 서로 영향을 주면서 시장 환경을 만들어갑니다. 이러한 경쟁 환경은 해당 업계가 얼마나 매력적인지 판단하는 기준이 되기도 하죠. 기존 경쟁자와 신규 진입자는 보통 경쟁자라고 떠올리는 요인이지만, 공급자와 구매자는 교섭력을 기준으로 추가된 개념입니다. 공급자는 가격 인상과 품질 조정 등을 통해 구 **교섭력: 시장에 미치는 영향력을 말합니다.** 매자에게 교섭력을 행사할 수 있습니다.

마이클 포터가 제시한 다섯 가지 경쟁 요인

01. 기존 경쟁자: 자사의 직접적인 경쟁자

02. 신규 진입자: 새롭게 진입하는 기업 또는 미래에 경쟁자가 될 수 있는 기업

03. 공급자: 자사의 재화나 서비스의 생산에 기여하는 공급자

04. 구매자: 자사의 재화나 서비스를 소비하는 구매자

05. 대체품: 형태는 다르지만 자사가 제공하는 가치와 비슷하거나 유사한 가치를 제공하는 것

구매자는 계속해서 중요해지는 경쟁 요인이며, 대형마트, 슈퍼마켓, 편의점 등이 되기도 합니다. 구매자가 교섭력을 지니면 해당 업체에게 가격 인하나 품질 향상 등을 요구할 것입니다. 최근 이마트와 홈플러스의 가격 경쟁으로 인해 납품 업체 사이에 시장 구조의 문제를 일으키기도 했지만, 어쨌든 제품 차별화가 불가능하거나 공급자 정보가 많은 경우 구매자 교섭력은 높아질 수밖에 없습니다.

마지막으로 대체품^{서비스} 업자는 직접 경쟁하지 않지만 기업의 판매와 수익에 영향을 줍니다. 나이키의 경쟁자는 기존 경쟁자인 아디다스, 뉴발란스 등이 될 수 있고 신규 진입자인 새로운 업체가 될 수도 있지만, 예상외로 게임 회사인 닌텐도가 될 수도 있습니다. 점점 운동보다 게임에 몰두하는 추세이므로 업계 1위의 나이키 매출에 문제가 생긴다면 이때는 아디다스 등 동종 업계의 위협보다는 닌텐도가 더욱 중요한 경쟁 상대가 되는 것이죠.

이처럼 다양한 요인에 따라 경쟁은 여러 가지 형태를 보여줍니다. 또한 시장 점유율별로 시장을 이끌어가는 선도자, 도전자, 추종자, 틈새 공략자 등으로 나눌 수 있습니다. 하지만 어떤 관점으로 경쟁을 바라보든지 변화하는 상황에 따라 단발적이지 않은, 장기적인 시장 분석이 이루어져야 합니다.

* 선도자: 가장 큰 시장 점유율을 차지하며 해당 산업을 선도 역할을 하는 기업입니다.
* 도전자: 2, 3위 기업으로, 선도자와 경쟁자를 공격합니다.
* 추종자: 시장 선도자를 모방하거나 응용해 적절한 시장 규모와 위치를 지키고자 하는 기업을 말합니다.
* 틈새 공략자: 특화된 시장을 노리는 기업을 말합니다.

2-24
나이키의 경쟁자가 될 수 있는 닌텐도

기회를 포착하여 유리한 위치를 선점하는 방법

정치, 경제, 사회 문화, 기술 법규 등 거시 환경 분석에서부터 다양한 관점으로 시장 분석을 하는 것은 결국 '기회'를 잡기 위해서입니다. 경쟁자들과 변화하는 시장 상황에서 어떻게 대처하고, 어떤 위치에서 어떤 방향으로 나아가는 것이 유리한지 아는 것이 바로 '기회'이죠.《관찰의 힘》이라는 책에서는 디자인 씽킹을 초기 시장 상황 분석에서부터 투입하여 소비자 관점에서 물건을 사용하고 분석해 성공한 사례들에 대해서 다루고 있습니다. 시장 조사에 자주 쓰이는 디자인 씽킹 방법론인 매트릭스 다이어그램, 배색 이미지 스케일, 경쟁 제품 테스트에 대해 알아보겠습니다.

경쟁자들과 비교해 나는 어떤 이미지를 가지고 있을까? 매트릭스 다이어그램

매트릭스 다이어그램은 특히 경쟁 상황에서 위치를 잡는 데 유용한 디자인 씽킹 방법론입니다. 이 방법은 제품 개발에서부터 패키지, 사인 디자인, 브랜드 아이덴티티, 인테리어 디자인, 서비스 디자인까지 폭넓은 분야에 사용합니다. 새로운 제품, 서비스, 브랜드를 런칭하거나 기존 브랜드를 변화시키는 시장 환경에 맞춰 새롭게 개선할 때도 매트릭스 다이어그램을 활용할 수 있습니다. 포지셔닝과 같은 방법으로 이성과 감성, 고급화와 대중성처럼 두 개의 상반되는 개념을 교차시켜 현재 자신이 있는 곳과 미래에 나아가야 할 지점을 알아보는 거죠. X, Y축을 놓고 반대되는 핵심 키워드들을 배치하며 앞서 설명한 경쟁자들의 위치를 표시하고 해당 브랜드 위치까지 표시합니다. 이러면 유사 제품이나 여러 기업과 비교하여 어떤 상황에 처해 있는지 알 수 있죠. 그리고 앞으로 어떤 방향으로 나아갈지에 대해서도 논의할 수 있습니다. 또한 아이디어 발상 차원에서도 겹치는 개념들을 정리할 수 있어 효과적입니다. 이러한 과정을 '브랜드 맵핑'이라고 합니다.

브랜드 맵핑은 큰 방향을 잡는 것에서부터 세부적인 것까지 다양한 단계에서 진행할 수 있습니다. 특히 매트릭스 다이어그램을 사용하여 브랜드 인지도, 가격, 경쟁 상황, 타깃과 같은 다양한 카테고리별로 브랜드를 배치할 수 있습니다.

또한 이 방법은 사람들이 정보를 한눈에 볼 수 있도록 인포그래픽 역할을 하기도 합니다. 《뉴욕타임스》는 칼럼에 유행하는 문화를 매트릭스로 표현하며, 정신분석가들과 문화 인류학자들은 인간의 정신과 사회적 행동을 보여주기 위해 인포그래픽처럼 사용하기도 했습니다.

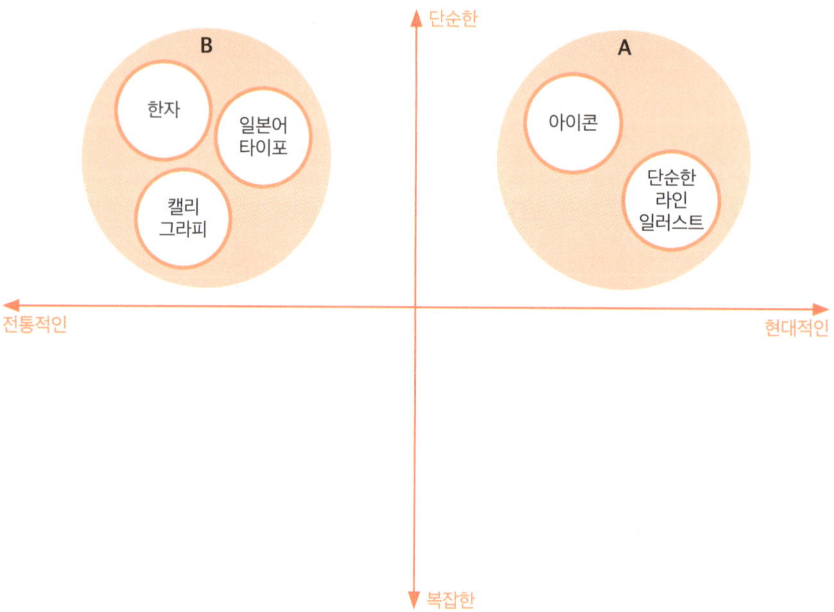

2-25
로고를 만들기 위한 브랜드 맵핑입니다. 정반대의 개념들을 양 끝에 두고 로고를 만들기 위한 다양한 요소들을 배치하였습니다. 이를 바탕으로 A와 B를 구분하여 제안하는 것으로 결론을 도출하였습니다.

브랜드 매트릭스의 컬러 버전, 배색 이미지 스케일

배색 이미지 스케일은 브랜드 매트릭스 다이어그램의 컬러 버전이라고 할 수 있습니다. 소비자가 특정 색에 대해 공통적으로 느끼는 이미지를 찾기 위해 브랜드 매트릭스와 마찬가지로 상반되는 개념을 X, Y축에 두고 각각의 위치를 표시한 것이죠. 문화적으로 다를 수 있지만 공통적으로 느끼는 심리적 감성을 확인할 수 있습니다.

특정 대상의 디자인, 기능 등에 총체적인 의미를 부여하는 시스템을 구축하는 데도 유용합니다. 배색 이미지 스케일은 분산 분석, 클러스터 분석, 요인 분석, 색채 투영법 등 심리학 연구에 기초를 두고 과학적으로 개발된 국내의 'I.R.I 이미지 스케일'이 있습니다. 기본 이미지 스케일은 이미지 판단 기준인 Warm-Cool, Soft-Hard 축으로 구성됩니다.

특히 I.R.I 이미지 스케일은 한국인의 고유한 색채 감성 척도 개발을 목적으로 고안된 시스템으로, 한국인의 감성 구조를 면밀하고 체계적인 조사와 과학적인 방법으로 밝혀냈습니다. 감성 공간을 이루는 기본 축은 Soft-Hard, Dynamic-Static으로, 배색뿐만 아니라 형용사로도 표현합니다. 이러한 배색 이미지 스케일을 사용하면 모호한 색 이미지를 객관적이고 실용적으로 활용할 수 있습니다. 제품이나 브랜드 성격에 따라 배색 이미지 스케일을 활용하여 뽑아낼 수 있으며 다른 부서와의 커뮤니케이션에서 '감성을 정량화'하며 객관적으로 진행할 수 있습니다.

빨간색은 배색 스케일에서 동적이며 압도적인 느낌을 묘사하는 색이자 식욕을 돋우는 색입니다. 대표적인 패스트푸드 업계인 맥도날드, 버거킹, KFC뿐만 아니라 톡톡 튀는 에너지틱한 코카콜라에서도 사용합니다.

2-26

팬톤 컬러에서 추출한 2016년 S/S 트렌드 컬러를 통해 인테리어, 화장품, 패션 등 각 분야에서는 다양한 테마의 디자인을 선보였습니다. 위의 두 가지 색은 온화하고 부드러운 봄의 기운을 잘 담아냅니다.

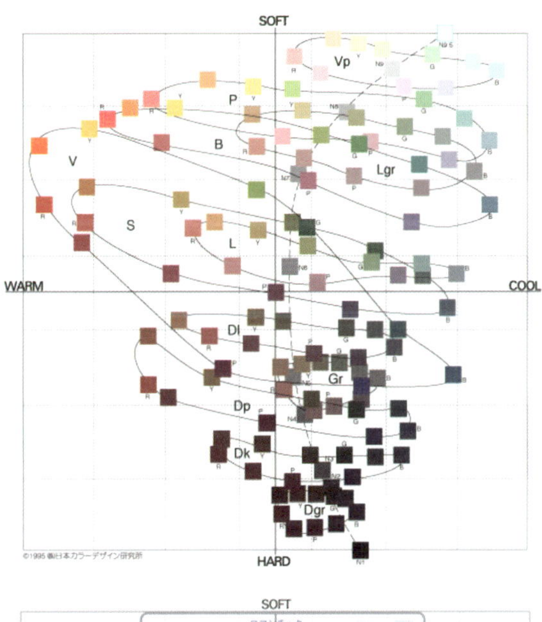

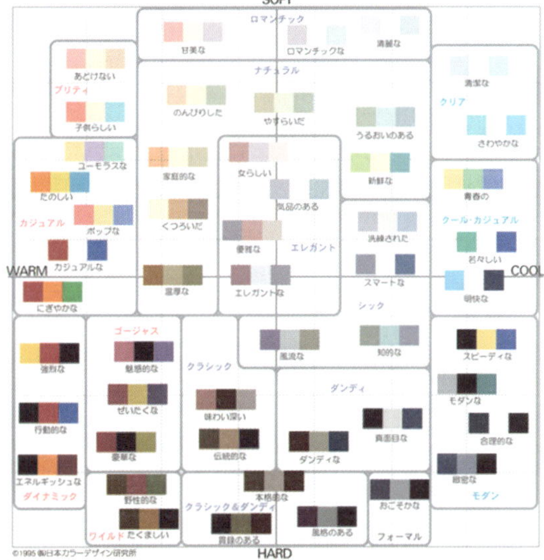

2-27

Nippon Color & Design Research Institute

일본의 배색 이미지 스케일입니다. 색을 감정 상태에 따라 분류했습니다. 일본과 한국, 미국의 연구 결과가 비슷한 것으로 보아 색에서 느끼는 감정은 만국 공통으로 보입니다.

경쟁사 분석을 위한, 경쟁 제품 테스트

경쟁 제품 테스트는 경쟁 제품의 사용성과 학습 용이성을 평가하는 연구 방법입니다. 대부분 조직에서 경쟁사의 경영 활동을 주기적으로 조사하는 필수 마케팅 업무 중 하나인데, 주기적인 조사 내용에는 경쟁사 수익, 경영 이익과 같은 주요 재무 상태뿐만 아니라 경쟁 제품과 서비스를 파악하는 것도 포함합니다. 경쟁 제품 테스트는 사용자 관점에서 경쟁 제품을 평가할 수 있으므로 중요합니다. 한 연구에 따르면 웹사이트의 경우 두 개가 사용성에서 무려 68%의 차이를 보일 수도 있다고 합니다. 경쟁 제품 테스트를 위해 조사 팀은 자사 제품을 포함하여 서너 개 정도의 경쟁 제품을 사용해 보고 사용하기 얼마나 편한지, 학습하기 쉬운지, 사용 후 만족할 수 있는지 등을 테스트합니다. 경쟁 제품 테스트에서는 사람들의 태도가 아닌 사용자가 제품의 공통 과제를 수행하기 위해 실행하는 행동에 중점을 둡니다. 그것은 제품의 맛일 수 있고 착용감일 수 있죠. 기능뿐만 아니라 자사 제품과는 다른 점들을 분리해서 테스트하는 것도 중요합니다. 시장에서 제품을 차별화하거나 특수화하기 위한 실마리를 찾을 수 있기 때문입니다.

경쟁사를 분석할 때마다 경쟁 제품 테스트를 실행하는 것도 좋은 방법입니다. 두 가지를 함께 실행하면 경쟁사 분석 결과에 경쟁 제품 테스트로부터 얻은 통찰을 더해 경쟁 구도를 더욱 풍부하고 설득력 있는 관점에서 해석할 수 있지 않을까요?

2-28

뮬 신제품이 출시되기 전 아티스트들이 시중 제품들과 비교 테스트를 통해 발색력,
시각적 색감, 지속력 등을 테스트하고 있습니다.

사람들은 무엇을 생각하고, 어떻게 움직이는가? ❷❸

소비자 행동에 대해 알아낸 것 중 확실한 것은 오직 두 가지뿐이다.
첫째, 제품을 필요로 하는 소비자가 반드시 제품을 구매하는 것은 아니다.
둘째, 제품이 꼭 필요하지 않은 소비자도 제품을 구매하곤 한다.
– 미국 에모리 대학 석좌 교수, 재그디쉬 쉐스(Jagdish N. sheth)

소비자 마음을 읽고 싶다면, 소비자 이해부터

알다가도 모르는 것이 사람의 마음이라고 합니다. 시시각각 변하는, 보이지 않는 사람의 마음을 읽는다는 것은 정말 불가능할까요? 어떤 행동을 하더라도 그것은 전적으로 소비자 니즈로 판단할 수 있는 것은 아니기 때문에 컨셉도 마찬가지로 어려운 것 같습니다.

새로운 이성과 썸을 타고 있다고 가정해보겠습니다. 남성이라면 현재 끌리는 여성에 대한 궁금증과 호기심이 증폭됩니다. 그녀의 일과는 어떠한지, 그녀가 좋아하는 것은 무엇인지, 나를 어떻게 생각하는지, 그녀가 원하는 것은 무엇인지……. 호감 가는 여성에 대해 자세히 관찰하며 알아보고 그녀의 마음을 얻기 위해 고민하죠. 만약 여성의 마음이 부지불식간에 넘어갔다면 당신은 틀림없이 여성의 마음을 잘 읽어내는 컨셉의 명수일지도 모릅니다.

이처럼 기업도 자사 제품이나 서비스를 고객에게 제대로 전달하고 소비자 마음을 움직여 구매로 연결시키기 위해 소비자 행동을 정확히 파악하고 예측합니다. 소비자를 알아가기 위한 일련의 과정과 분석이 회사의 경영 전략과 마케팅의 기초가 되죠.

새로운 제품이나 서비스를 시장에 내놓기 위해서는 고객이 원하는 게 무엇인지 정확히 알아야 합니다. 고객이 원하는 것을 구체적으로 표현한다면 '니즈[Needs]'와 '원츠[Wants]' 두 개의 단어로 나타낼 수 있습니다. 니즈란 사람이 살아가는 데 필요한 의식주로 안전, 소속감, 사회적 지위와 같은 기본적인 것들이 부족한 상태를 말하며, 원츠란 니즈를 충족시킬 수 있는 구체적인 수단을 필요로 하는 것을 말합니다. 예를 들어 배가 고픈 것은 니즈이지만, 치킨과 맥주가 먹고 싶다고 느끼는 것은 원츠입니다. 따라서 소비자들의 드러나지 않는 심리, 즉 니즈를 이해하기 위해서는 의사 결정에 영향을 미치는 요인에는 무엇이 있는지, 소비자가 어떠한 구매 단계를 통해 의사결정을 하는지 예측하는 것이 고객을 알아가는 첫걸음입니다.

소비자가 구매를 결정하는 이유

소비자의 구매 행동은 목표 지향적입니다. 즉, 소비자는 자신이 바라는 욕구를 충족할 수 있거나 가지고 있는 무언가를 잃고 싶지 않다고 판단할 때 행동을 취합니다. 하지만 구매를 결정하기까지 많은 내외부 요인에 의해 영향을 받습니다. 따라서 소비자의 구매 행동을 파악하기 위해서는 구매 결정 과정에 영향을 미치는 이유를 먼저 이해해야 합니다. 여기서는 구매 결정 과정에 영향을 미치는 요인들을 네 가지 범주로 요약해 살펴봅니다.

첫째로 특정 사회의 가치관, 예술, 관습 등 복합적인 라이프스타일을 일컫는 '문화적 요인'이 있습니다. 평소에 살아가고, 지내는 현재 환경이 낯설지 않듯이 문화는 인식하지 못했던 다른 문화를 새롭게 접했을 때 그 차이를 이해하게 됩니다. 그리고 이러한 문화적 요인은 소비자의 구매 결정에 큰 영향을 미치죠. 미국의 통조림 회사 캠벨[Campbell]은 브라질 시장에 진출했지만 3년 동안 200만 달러의 적자를 기록하며 현지 시장에서 문을 닫았습니다. 캠벨은 브라질의 어느 주부와의 인터뷰에서 실패 원인을 알게 됩니다. 브라질은 전통적인 가족관이 있어 신선한 재료로 주부가 직접 만든 수프를 제공하지 않으면 맡은 역할을 충실하게 하지 못했다고 생각한다는 것입니다. 이렇게 문화에 대한 이해가 부족하면 해당 문화를 향유하는 소비자들의 구매 가치를 끌어내기 힘듭니다.

둘째로 '타인과의 관계'에서 구매 요인을 찾을 수 있습니다. 인간은 뛰어난 사회적 동물이기 때문이죠. 소비자는 자신이 소속되어 있는 가족, 친구, 학교와 같은 집단이나 사회적 네트워크를 통해서 자신의 행동을 규제하고 비슷한 행동을 하려고 합니다. 또한 어떤 제품을 구매할 때도 서로 정보를 주고받는 네트워크 역할자의 역할을 수행하죠. 특히 최근 취미나 관심사가 비슷한 사람들끼리 모인 블로그나 카페, 또는 소셜 네트워크 서비스[SNS] 등의 온라인 집단을 통한 입소문 구매가 늘어나고 있습니다.

2-29
캠벨 수프

국내 남성 패션 브랜드 커스텀멜로우[Customellow]는 런칭한지 1년도 채 되지 않아 35억 원이라는 매출액을 달성했습니다. 성공의 이유는 바이럴 마케팅 때문이었습니다. 대표적으로 트렌디한 의상을 잘 소화하는 일반인을 '잇 보이[It Boy]'로 지칭하며 미션을 수행할 여러 명의 서포터즈를 뽑았습니다. 파워 블로거나 SNS를 통해 상품 리뷰 또는 댓글을 달며 적극적으로 구매를 유도했으며, 무엇보다 눈에 띄었던 점은 서울 명동에서 잇 보이들이 커스텀멜로우 쇼핑백과 옷을 차려입고 거리를 활보한 것입니다. 이 활동은 타깃이었던 20대 남성에게 브랜드를 노출시켜 그들이 모방하거나 동조하고 싶은 욕구를 자극하며 구매를 유도하는 재미있는 전략이었습니다. 이처럼 기업들은 제품 출시 전, 영향력이나 전파력이 강한 집단의 대표를 선발하여 또래 집단에 소문을 내거나 판매와 연결되는 파워 블로거, 얼리 리뷰어를 두어 사용 후기를 남겨서 입소문을 퍼트리는 등의 다양한 구매 연결 방법을 모색하고 있습니다.

2-30
커스텀멜로우 2012 F/W 화보

셋째로 '개인이 처한 상황'에 따라서도 구매 결정에 영향을 미칩니다. 개인은 나이에 따라 성장기, 성숙기, 쇠퇴기 등 변화를 겪는데 이러한 주기에 따라 구매 패턴이 달라집니다. 예를 들어 중고등학교 학생들은 학교생활에 필요한 교복과 학용품 등을 많이 구매하며, 결혼을 앞둔 신혼부부는 혼수품인 가전제품이나 가구의 구매가 늘어납니다. 또한 나이가 많아질수록 건강식품에 관한 구매가 급격히 증가하죠. 이처럼 구매는 개인의 수명 주기나 성향에 따라서도 밀접하게 연관됩니다.

마지막으로 심리적 요인 즉, '지각', '학습', '태도' 등이 있습니다. '지각'이란 소비자들이 광고 및 대중 매체를 통하거나 직접 구매를 통해서 외부 정보를 받아들이는 과정입니다. 하지만 하루에도 많은 양의 자극에 노출되기 때문에 기업은 쉽게 지각할 수 있는 메시지나 정보로 주의를 끌어야 합니다. '학습'은 과거 경험을 바탕으로 정보를 선택하거나 신념을 형성하는 것을 말하며, '태도'는 개인이 어떤 대상에 관해 호의적이거나 비호의적으로 판단하는 것을 의미합니다. 소비자 태도에 따라서 브랜드를 선택하는 데 가장 큰 영향을 미치며 추후 브랜드 구매 확률을 예측할 수 있습니다.

이처럼 소비자의 구매 결정 과정에는 다양한 변수가 있습니다. 같이 있는 사람이나, 장소에 따라 달라지죠. 따라서 구매가 일어나기 전부터 구매가 발생하는 시점까지 소비자의 심리와 행동을 세밀하게 관찰하고 이해하면 구매를 망설이는 소비자들의 호감을 적극적으로 얻을 수 있을 것입니다.

제품의 판매 확률을 높이려면
구매 의사 결정 과정 이해부터

소비자는 자신이 구매하고자 하는 것에 대해 필연적으로 의사 결정 과정을 거칩니다. 어떤 제품의 경우 큰 고민 없이 순식간에 구매 의사 결정 과정이 이루어지기도 하지만, 어떤 제품의 경우 상당히 신중하게 구매 의사 결정 과정을 취하기도 하죠. 예를 들어 식사 후 입 냄새 제거를 위해 껌을 구매할 때는 편의점에 들러 쉽게 제품을 선택합니다. 반대로 자동차를 구매할 때는 가격을 철저하게 비교하고 차량의 성능과 디자인을 꼼꼼히 살펴보며 브랜드의 명성을 고려하는 등 여러 과정을 거칩니다.

소비자가 각 상품에 대해서 관심을 갖는 정도나 중요하게 여기는 정도를 관여도라고 합니다. 즉, 구매하려는 상품의 관여도가 높은 고관여 상품일수록 소비자는 포괄적인 문제 해결 과정을 거치며, 반대로 저관여 상품의 경우 일반적인 시간과 적은 노력을 들여 짧은 구매 결정 과정을 거치는 것이죠. 여기서는 관여도가 높은 고관여 제품에서 나타나는 대표적인 구매 의사 결정 과정에 대해 살펴보겠습니다.

소비자의 구매 의사 결정 과정은 총 다섯 단계를 거칩니다. 먼저 소비자가 자신의 현재 상태와 바람직한 이상적인 상태 사이에 차이가 있다는 것을 내적 요인[문화, 집단, 학습 등]이나 외적 요인[가격, 제품 기능, 프로모션 등]에 의해 느끼면 그 차이를 메우려는 욕구를 갖는데 이를 '문제 인식' 단계라고 합니다.

▲ 구매 의사 결정 과정

한경희 생활 과학의 대표 한경희는 무릎 꿇고 걸레질하는 주부들의 불편함을 문제로 인식하여 온돌형 스팀 청소기라는 아이디어 제품을 출시하였습니다. '어떻게 하면 힘들이지 않고 편하게 청소할 수 있을까?'라는 바람직한 문제 해결에 관해 고민하던 중 무릎을 꿇지 않고도 자유롭게 걸레질할 수 있는 제품을 개발하는 데 노력했던 것이죠. 이처럼 문제 인식 단계는 소비자들이 제품 구매에 대해 인지하는 상태이기도 하지만, 기업 차원에서는 문제를 해결하는 신제품 출시를 위해 끊임없는 노력이 이루어져야 하는 단계입니다.

문제 인식을 통해 구매 동기가 형성되면 소비자들은 구매를 위해 정보를 수집하고 탐색하는 단계에 돌입합니다. 이때 소비자 경험으로 제품에 대한 다양한 정보들이 이미 머릿속에 있는 경우 내적 탐색으로 만족하지만, 그렇지 않다면 외적 탐색을 거치죠. 소비자들은 모든 정보를 수집하기보다 그중 일부인 서너 개의 대안만 고려 대상에 포함하고 정보를 더욱 자세하게 수집하는데 이를 '고려 상표군'이라고 합니다. 예를 들어 TV를 구매하려고 한다면 화질, 서비스, 가격 등을 고려한 상품군 중 가장 중요하게 생각하는 속성들로 평가하는 '대안 평가' 과정을 거칩니다.

* 내적 탐색: 구매 대안들에 대한 정보를 기억 속에서 찾는 경우를 말합니다.

* 외적 탐색: 구매 대안들에 대한 정보를 외부에서 찾는 경우를 말합니다.

2-31
한경희 생활 과학의 제품

대안 평가를 통해 자신에게 가장 의미 있는 가치를 주는 것으로 선택했다면 그다음으로 '구매'가 이루어집니다. 구매에서 끝난 것이 아니라 마지막으로 소비자는 만족도를 평가합니다.

미국 서부 지역의 노드스트롬^{Nordstrom} 백화점은 고객이 원하면 무엇이든 하는 최고의 고객 서비스로 유명합니다. 어느 날 어떤 고객이 두 개의 타이어를 가져와서 자신의 차에 맞지 않는 것 같으니 환불해달라고 요구하였습니다. 그런데 그 타이어는 이전에 인수한 백화점에서 판매하던 것으로 제품을 팔지 않는 상태였죠. 하지만 노드스트롬의 직원은 고객이 요구하는 대로 타이어값을 군말 없이 환불해주었다고 합니다. 이렇게 구매 후에도 고객을 위한 관대한 환불 정책 서비스 때문에 사람들은 높은 선호도를 가지게 되었습니다. 구매가 이루어진 후에도 기업들은 고객 만족도를 높이 구현하는 것을 가장 크게 강조하고 있습니다. 이는 자신의 선택이 현명했다는 것을 확인시켜주는 동시에 재구매나 재방문으로 이어지기 때문이죠. 이처럼 구매 후에도 만족도에 따라 소비자의 구매 의사 결정 과정에 다시 영향을 미치기 때문에 기업은 마지막 순간까지도 결코 마음을 놓아서는 안 됩니다.

2-32

미국 노드스트롬(Nordstrom) 백화점

소비자의 숨겨진 니즈를 찾아라

크리에이티브
노트

기업이 소비자들과의 질의응답을 통해 제품이나 서비스 경쟁력을 분석하고 예측할 수 있는 시간을 가져도 소비자 행동에 대한 정확한 데이터를 수집하는 데 한계가 있습니다. 실제로 뉴욕타임스 기사에 따르면 화장실에 다녀온 뒤 손을 씻느냐는 질문에 대부분 사람들이 '그렇다'라고 대답했습니다. 하지만 실제로 화장실에 다녀온 사람들의 행동을 관찰한 결과 남성의 58%, 여성의 67%만 손을 씻었다고 합니다.

이렇듯 소비자들이 말하는 것과 실제로 행동하는 것 사이에는 언제나 차이가 있다고 볼 수 있습니다. 에스노그라피는 이렇게 인식하는 것과 행동하는 것의 차이를 줄이기 위해 소비자들의 실제 행동을 관찰하고, 의식과 무의식의 애매모호함을 통합적으로 검토하기 위한 것입니다. 현장의 목소리를 들으며 문제를 찾고 해결하는 과정 속에 효과적인 표현 전달을 위한 가이드라인을 제공받으며 동시에 수많은 기회를 포착하여 새로운 사고가 가능하도록 돕는 나침반 역할을 합니다.

현장의 생생한 이야기를 전달하는, 에스노그라피

'에스노그라피(Ethnography: 관찰 조사)'는 인류학자들이 인간의 생활 양식 전반에 관해 체계적으로 행동 패턴을 관찰하고 연구하면서 대상에 관한 느낌과 생생한 스토리를 전달하기 위해 시도하는 방법입니다. 90년대 중반에 들어서면서 소비자 관찰 방법으로 마케터 및 디자이너들에게도 알려지며 적극적으로 활용되기 시작하였습니다. 그리고 현재는 소비자 일부 계층을 포착하여 기업이 제공하는 제품과 서비스 가치를 삶에 어떻게 반영하는지 파악하는 매우 적합한 방법으로 평가받고 있습니다.

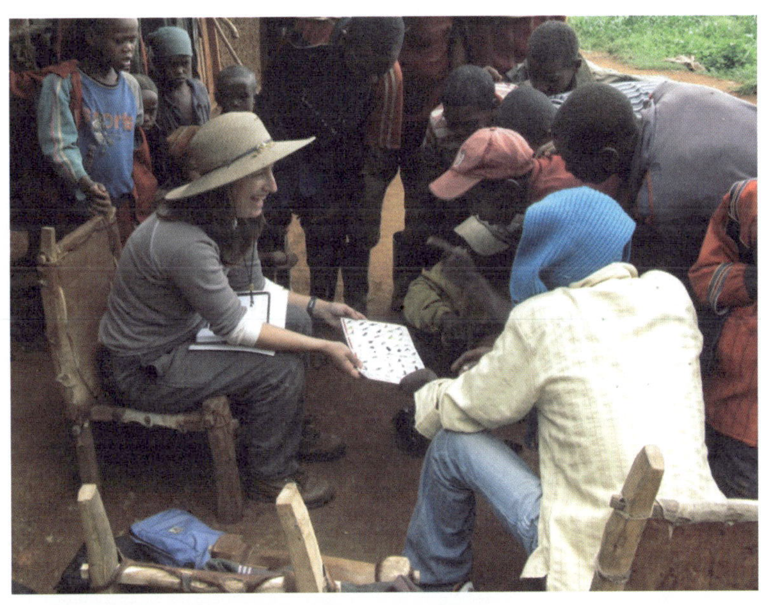

2-33
에스노그라피는 실제 현지인들의 삶을 경험하고 관찰하면서 생활 속에 미충족된 숨은 니즈를 발견하였으며, 마케터나 디자이너도 적극적으로 활용하고 있습니다.

즉, 소비자들이 실제로 제품을 어떻게 사용하는지, 제공받은 서비스에 따라 감정이 어떻게 변하는지, 어떤 이익을 통해 브랜드 가치를 높이 평가하는지 등의 구체적인 상황과 이유를 직접 탐색하는 생활 밀착형 방법론입니다.

에스노그라피를 거시적인 관점에서 보면 인류학의 한 분야로 고고학, 언어학, 그리고 응용 인류학에서 인간의 사회 조직이나 생활 전반의 다채로운 현상을 조사하는 방법론입니다. 한마디로 소비자가 먹고 자고 생활하는 의식주뿐만 아니라 시간적, 공간적, 물리적인 모든 부분에서 구애받지 않고 리서치의 중심에 두는 것을 의미합니다.

P&G는 멕시코에서 섬유유연제를 출시하기 위해 실제로 직원들이 일정 기간 소비자들과 생활하는 'Living it' 제도를 운영하였습니다. 소비자들과 함께 쇼핑하고 제품 구매나 생활 패턴 등을 관찰하며 기록하였고 다양한 의견을 나누는 시간도 가졌습니다. 그 결과 멕시코 가정에서 몇 가지 특별한 점을 알 수 있었습니다. 멕시코인들은 경제적으로 넉넉하지 않아 옷이 많지 않으며 세탁할 때 사용하는 물을 상당히 아까워 한다는 것이었습니다. 그래서 P&G는 세탁할 때 물 사용을 최소화하도록 조금만 헹궈도 되는 섬유유연제를 출시했고 멕시코에서 크게 사랑받았습니다.

2-34
멕시코 다우니

이렇듯 에스노그라피는 소비자들의 일상생활을 지속해서 기록하며 관찰자가 알고자 했던 목적에 관해 특별한 발상과 다양한 관점을 가지는 것을 의미합니다. 특히 조사하는 관찰자나 소비자 모두에게 자연스러운 방법이므로 소비자들의 라이프스타일 속 숨은 본성을 꿰뚫어 새로운 시각을 형성하는 촉매제와 같은 역할을 합니다.

방글라데시는 여름에 섭씨 45도까지 올라가지만 전체 가정의 70%는 전기가 들어오지 않아 에어컨은커녕 선풍기조차 꿈꿀 수 없습니다. 사회적 기업인 '그라민 인텔 소셜 비즈니스'는 이런 불편함을 관찰하여 전기 없이 페트병과 철판만으로 움직이는 에어컨 '에코 쿨러(Eco-Cooloer)'를 개발하였습니다. 실제로 창문에 설치하면 실내 온도가 5도 정도 더 내려가는 것으로 전해지며 많은 가정에 보급되고 있습니다.

2-35
방글라데시의 광고 회사 '그레이 다카 (Gray Dhaka)'의 소셜 프로젝트

에스노그라피 과정

해당 리서치의 글, 이미지, 구전, 체험 등의 자료를 수집하여 분류하고, 분류된 자료를 토대로 디자인 전략으로 발전시키기까지 고민하는 과정이 바로 에스노그라피의 전체 흐름입니다.

나는 누구인가,
내가 하려는 것은 무엇인가? ❷❹

마케팅의 역할은 사람들의 충족되지 못한 욕구를 찾아내어
그것을 충족할 매력적인 새로운 방법을 창조하는 것이다.
– 필립 코틀러(Philip Kotler)

컨셉의 주체, 자사 분석

지피지기면 백전불태知彼知己 百戰不殆라는 말은 많이 들었을 것입니다. 상
대를 알고 나를 알면 백 번 싸워도 위태롭지 않다는 유명한 명언이죠. 즉, 무언가 하려
고 할 때 적을 알았다면 '나'라는 주체에 대해서도 잘 알아야 한다는 이야기입니다. 내
가 가진 무기로 적과의 대척점에서 이기기 위해서는 적을 알고 나를 아는 것이 무엇보
다 중요합니다. 여기서 말하는 '나'라는 주체는 새로운 서비스를 개선하고자 하는 가게,

기업과 기업 사이에 거래하는 B2B 시장, 또는 일반 소비자
사이에 거래가 이루어지는 B2C 시장의 제품을 만드는 기
업, 독립적으로 움직이는 1인 창업자일 수 있습니다. 남들
과 경쟁하거나 새로운 모델을 통해 시장에 뛰어들기 위해

* B2B(Business to Business) 마케팅: 조직
구매자들을 상대로 하는 마케팅입니다.
* B2C(Business to Consumer) 마케팅: 소
비자를 대상으로 하는 마케팅입니다.

서는 주체인 '나', 즉 '자사'를 철저히 분석한 다음 시장에 적합한지를 확인할 필요가 있
습니다.

시장에 적합한 정도를 알아보기 위해 먼저 자사는 '무엇을 가지고 있는가?'를 아는 것
이 아니라 '무엇이 더 강한가?', '어떤 것이 더 약한가?'를 중점적으로 확인해야 합니다.
바로 강점과 약점을 파악하는 일이죠.

앞서 시장 분석과 경쟁사 분석이 이루어졌다면 상대적으로 많은 양의 상황 분석보다 자사 분석이 더욱 심층적으로 이루어져 실체를 규명해야 합니다. 객관적인 자사 분석을 토대로 시장과 경쟁사의 약점을 기회로 활용하거나 경쟁사가 지닌 강점을 체계적으로 대응하고 제압할 수 있도록 자기 통찰을 통해 경쟁력을 키우는 것입니다.

시장의 기회를 놓치지 않기 위한, 자사 역량 파악

시장에 있는 다양한 기회를 잡기 위해서는 다각도로 자신의 역량을 파악해야 합니다. 이를 위해서는 다음과 같이 크게 세 가지 방향성을 가져야 합니다. 첫째, 자사가 가지고 있는 핵심 자원을 파악한 다음 시장 환경 수준을 고려하여 어떤 것을 키우고 어떤 것을 줄일 것인지를 사업 포트폴리오 관점에서 살펴야 합니다. 만약 자사에 다양한 제품군이 있다면 경쟁사와 제품별 특징을 비교해 어느 정도 비중으로 다룰지 판단하는 것입니다. 그러므로 먼저 경쟁사 및 소비자 분석이 이루어진 다음 현재 자사의 시장성을 판단하고 설정할 수 있는 것이죠.

사업 포트폴리오: 전략적 강점을 지닌 특정 사업 또는 제품 지원을 결정하기 위한 포트폴리오 전략입니다. 성장률과 점유율이라는 두 개의 축을 이용하여 요인을 분석하고 분류합니다.

조립식 블록 완구 '레고'는 문어발식 사업 확장으로 존폐 위기에 처했다가 살아남은 브랜드입니다. 90년대 플레이스테이션이나 닌텐도와 같은 게임기의 갑작스러운 구매 증가로 주 소비자층인 어린이들의 구매도가 떨어지기 시작했습니다. 위기의식을 느낀 레고는 비디오 게임기 시장뿐 아니라 의류, 영화, 여아 장난감, 서적 등의 본격적인 사업 다각화를 통해 주된 어린이 구매층에서 성인층까지 확대해나갔습니다. 하지만 결과적으로 좋은 성적을 거두지 못했죠. 무리한 사업 확장으로 자금난에 시달려야 했던 레고는 결국 초심으로 돌아가 핵심 역량인 어린이를 위한 블록에만 집중하기로 합니다. 블록을 기반으로 성인층까지 구매 범위를 넓혀나간 결과, 레고는 다시 옛 명성을 되찾는 데 성공합니다. 이처럼 사업 포트폴리오는 냉철한 분석과 평가를 통해 확대와 축소 분야를 정확히 가려내는 전략적 의사 결정 과정이 중요합니다.

2-36
레고 박람회에 전시되었던 레고 작품과 로고

둘째, 제품과 서비스는 시장에서 일정한 수명 주기 단계를 거치므로 자사가 이 수명 주기 중 어디에 위치하는지 점검하는 것이 중요합니다. 보통 성장기에는 대체로 시장이 덜 발달하기 때문에 공격적인 전략을 쓰는 것이 유리합니다. 경쟁자 수가 적고 시장 점유율을 쉽게 늘릴 수 있어 적극적인 진입이 가능한 것이죠. 성장기 중반부터 성숙기까지는 매출이 늘어나는 대신 경쟁이 가속화되기 때문에 분석적인 대응이 필요한 시기입니다. 쇠퇴기에 들어서면 카테고리 내 제품 기술은 거의 표준화되어 있으므로 방어 전략을 쓰는 것이 유리합니다.

수명 주기 단계: 하나의 제품이 시장에 도입되어 폐기되기까지의 과정을 말합니다. 수명의 장단(長短)은 제품 성격에 따라 다르지만 대체로 도입기 · 성장기 · 성숙기 · 쇠퇴기의 과정으로 나뉩니다.

국내 참치 통조림 시장을 선도해온 동원 F&B는 시장 점유율 70%를 웃돌며 많은 사랑을 받아왔습니다. 하지만 시장이 성장기를 지나 성숙기에 접어들면서 편의 식품들 때문에 입지를 위협받기 시작했습니다. 그래서 동원 참치는 '간편한 참치'가 아닌 '건강한 참치'로 소비자 인식 재고를 위한 새로운 캠페인을 벌였습니다. 동원 건강한 참치라는 브랜드로 참치의 건강성을 강조한 카테고리를 확대해나간 결과 후발주자들과의 경쟁에서 이기고 적극적인 이미지 개선을 통해 장수 브랜드로 이어나갈 수 있었습니다. 이처럼 급변하는 환경에 따라 수명 주기 단계를 예측함으로써 적시적지에 알맞은 전략을 세울 수 있습니다.

셋째, 앞서 말한 두 가지 방법을 내·외부적인 역량을 바탕으로 SWOT 분석을 통해 시장에서 자사가 지닌 강점과 약점의 실체를 객관적으로 짚어 보고 대응할 수 있도록 해야 합니다.

2-37
시장이 성숙기에 접어들자 건강한 참치로 인식 재고를 꾀했습니다.

시장의 성공 요인, SWOT 분석

마케팅, 디자인, 기획 업무를 진행하다 보면 'SWOT 분석'이라는 단어를 한번쯤 들어봤을 것입니다. 이처럼 SWOT 분석은 매우 폭넓고 유용하게 사용되는 분석 도구입니다. SWOT 분석은 강점^{Strengths}, 약점^{Weaknesses}, 기회^{Opportunities}, 위협^{Threats}의 약자로, 분석을 통해서 나아가고자 하는 전략을 효과적으로 수립하는 과정입니다.

이러한 분석 도구는 취업 준비생들이 회사를 선택하기 앞서 고민할 때, 자신의 능력을 객관적으로 분석하거나 평가할 때, 생활 속 잡다한 고민이 해결되지 않아 어떤 것을 선택해야 할지 감이 오지 않을 때도 활용할 수 있습니다.

일반적으로 기업에서 전략적인 마케팅을 펼칠 때 SWOT 분석은 3C라고 불리는 고객^{Customer}, 경쟁사^{Competitor}, 자사^{Company}의 세 가지 관점으로 분석합니다. 기회^{O}, 위협^{T} 분석인 외부 분석은 경쟁사, 소비자, 시장, 산업, 거시 환경에 관한 분석입니다. 강점^{S}, 약점^{W} 분석인 내부 분석은 자사에 해당하는 분석입니다.

흔히 기업은 핵심 전략을 세우기 전 자사가 가진 환경에 대해 편향된 생각을 하여 올바른 판단을 하지 못하는 경우가 있습니다. 그럴 때 앞서 분석한 3C는 기업의 3C 관계를 균형 있게 유지하는 동시에 객관적인 데이터를 통해 SWOT 매트릭스를 이용해 전략을 세우는 데 도움을 줍니다.

3C 분석과 SWOT 분석의 관계

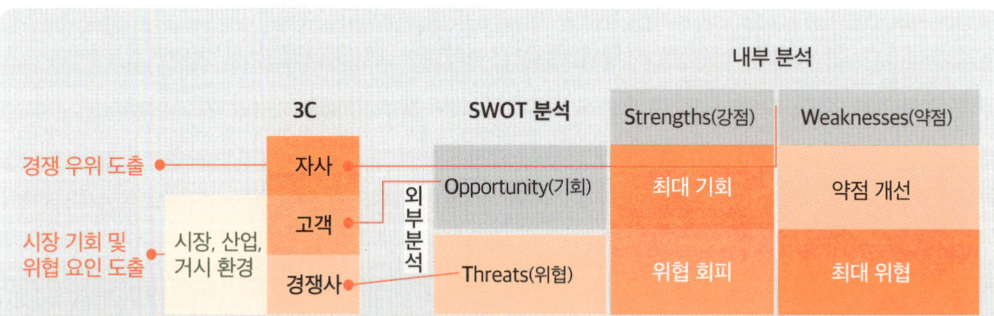

· SO 전략(강점-기회): 자사의 강점을 최대한 활용하여 시장 기회를 잡는 전략을 필요로 한다.

· ST 전략(강점-위협): 시장의 위협 요소를 강점을 통해 어떻게 이겨낼 수 있을 것인지 고민하고 극복할 수 있는 전략이 필요하다.

· WO 전략(약점-기회): 약점을 최소화하거나 극복하여 유리한 시장 상황 속에서 공격적인 경영이 필요하다.

· WT 전략(약점-위협): 자사의 약점은 최소화하고 시장의 위협을 회피하기 위한 전략이 필요하다.

세계 200여 개국 고객과 미국 800개 서점을 운영하는 반스 앤 노블Barnes & Noble도 한 차례 위기가 있었습니다. 인터넷 보급률이 높아지면서 전자상거래 시스템이 급속도로 개발되기 시작했습니다. 이때 아마존Amazon은 발 빠른 대응으로 온라인 쇼핑몰의 강자로 부상했지만, 반스 앤 노블은 즉각적인 대응을 하지 못하는 바람에 큰 곤경에 빠졌고 이를 만회하기 위한 새로운 전략을 구상하게 됩니다. 아마존과 반대로 반스 앤 노블은 오프라인에서 높은 입지와 폭넓은 고객을 확보하고 있었지만 강점에 치중하기보다 열세한 온라인 시장에 눈을 돌렸습니다. WO위협 및 기회 요인 전략 방향을 수립한 것이지요. 전자책과 다양한 콘텐츠를 개발한 결과 오프라인의 높은 입지를 뒷받침해주는 동시에 오프라인에서 유인된 고객들로 낮은 데이터베이스와 고객인지도를 개선할 수 있었습니다.

2-38
멕시코의 반스 앤 노블 서점으로, SWOT 분석을 통해 약점인 온라인 시장을 공략하여 강자의 위치에 올랐습니다.

반스 앤 노블 SWOT 분석

브랜드의 높은 인지도
다양한 고객 기반의 운영
자체적인 e-Book 개발
유통 인프라가 좋음

소비자의 데이터
베이스 열세
온라인 비즈니스 콘텐츠 부족
오프라인과 전략적
시너지 약함

S W

O T

온라인 시장의
활성화 기대
실시간 온라인과
오프라인 제휴 가능

세계적인 경기 침체
온라인 시스템으로
오프라인 구매 위축

기업이 성공하기 위해서는 지속해서 환경을 예의 주시하고 자사의 강점 및 약점을 어떻게 바꿔나갈 것인지 발 빠르게 적용하는 것이 매우 중요합니다.

새로운 발견, 새로운 해답을 이끌어내는 방법

SWOT 분석을 통해 도출된 특정 부분의 문제를 집중적으로 파악하기 위해서는 그 상황과 관계가 깊은 이해 집단들로부터 현상을 정확하게 알 필요가 있습니다. 실제로 구매했거나 경험해 본 소비자들로부터 사실적인 정보를 수집하고 무엇이 문제였는지 확인한 다음 해결할 수 있는 아이디어나 방안을 함께 탐색하는 시간을 가지는 것입니다.

빙그레 '바나나맛 우유'가 시장에서 선두를 달리고 있을 때 소비자들이 느끼는 제품에 대한 색상은 노란색이었습니다. 바나나하면 노란색이라는 기본색에 관한 소비자 인식도 있었지만 실제 제품을 구매한 사람들을 타깃으로 조사한 결과, 제품에 비치는 노란색이 진하면 진할수록 바나나 함유량이 많다고 판단하고 있었죠. 그래서 매일유업은 바나나 함유량과 소비자 신념이 일치하지 않는 오류임을 꼬집기 시작합니다. 바로 '바나나는 원래 하얗다.'는 메시지로 바나나 우유 제품에 색소가 들어가는 것을 깨닫게 하며 제품을 출시한 것입니다.

소비자 조사를 통해 잘못된 생각을 바로잡고 인식의 틀을 깨는 재미있는 사례로, 제품 출시 전 목표 소비자 집단을 통해 자사 제품의 반응이나 심리적 동기 등의 구체적인 내용을 알아볼 때 포커스 그룹 인터뷰를 시행합니다. 상호보완적 질의·응답을 바탕으로 이미지 리서치가 이루어지면 컨셉 진행이 더욱 선명하고 쉽게 그려집니다.

소비자와 함께 해답을 이끌어 간다, 포커스 그룹

자사 브랜드에서 궁금했던 점을 집중적으로 알아내기 위해서는 '포커스 그룹 조사'가 가장 효과적입니다. 일반적인 정량적 조사는 통계를 이용하여 검증 단계를 거치므로 선호도나 만족도 수치를 확인하는 정도에서 끝납니다. 앞서 배운 에스노그라피처럼 직접 현장에서 지속적인 체험을 할 수 없을 때 이러한 부분을 보완하기 위해 포커스 그룹 조사가 시행됩니다. 포커스 그룹 조사는 선발된 소비자들을 대상으로 체계적인 대화를 통해 그들의 감성과 경험 등 궁금했던 점을 끌어내는 방법입니다.

우선 평가자들은 숙련된 진행자의 질문에 따라 평가나 비난 없이 토론에 자유롭게 참여할 수 있습니다. 브랜드 제품을 사용하면서 가장 애착이 갔던 점이나 재구매 여부, 반대로 아쉬웠던 점이나 추가로 원하는 것들에 대해 부담 없이 이야기하는 방식입니다. 소수 의견이지만 상황 속에서 나온 소비자들의 논리나 행동 등의 정보는 자사의 전략 방향 수정이나 트렌드에 관한 세부적인 통찰력을 얻는 데 큰 도움을 줍니다.

더 즉각적인 반응을 원한다면 판매가 이루어지는 가게나 서비스가 제공되는 실제 장소에서 참여자들의 반응을 살펴보고 토론을 시행할 수 있습니다. 제품을 사용하게 된 계기나 서비스가 소비자에게 주는 가치 등을 크게 고민하지 않고 느낀 감정들을 일반화할 수 있어 더욱 솔직한 답변을 적극적으로 이끌어낼 수 있습니다.

2-39

숙련된 진행자의 질문에 따라 자유롭게 토론에 참여하는 평가자

포커스 그룹 진행 방법

01. 환경 조성하기
참여자들을 지정된 명패 앞에 앉게 하고 진행하는 동안 녹화에 대해 부담을 갖지 않도록 눈에 띄지 않는 위치에 카메라 또는 녹음기를 설치한다.

02. 숙련된 진행자
진행자는 준비한 질문에 대해서 포커스 그룹에 모인 모든 사람이 자기 생각을 자유롭게 이야기할 수 있도록 분위기와 대화를 유도한다. 또한 주제에 관한 화제나 핵심 질문을 통해 나온 답변이 기록되고 있는지 중간중간 체크하며 진행한다.

03. 주도적인 참여자
참여자들이 서로 동등한 위치에서 받아들일 수 있도록 그들의 대화를 평가하지 않는다. 또한 그들의 생각과 의견을 경청하여 주도적으로 이야기할 수 있도록 권한을 준다.

04. 관찰을 통해 분석하기
대화를 통해 얻은 일반적인 결과라고 속단하기보다 그들이 가진 생각과 행동을 심층적으로 분석하여 참고한다.

2-40
영상을 통해 참여자들의 반응을 살펴보며 시행하는 토론

새로운 시각의 발견, 이미지 리서치

이미지 리서치는 생각의 방식에 따라 다양하게 접근할 수 있습니다. 과거의 사건이나 과정을 이해하고 의미를 찾아가기 위한 '역사적 리서치'가 있으며, 현재 현상에 대해 관찰하고 촬영하는 '기술적 리서치'가 있습니다. 또한 실험을 통해 원인이나 결과를 예측하고 상황을 그려 나가는 '실험적 리서치'가 있으며, 배색이나 형용사 등 제안적인 측면에서 그래픽과 시각적인 언어에 관해 조사하는 '순수 리서치'도 있습니다.

이미지 리서치는 언어로 제한되는 문제를 해결하기 위해 시각 디자인 커뮤니케이션 과정의 기초를 제공한다고 볼 수 있습니다. 리서치를 통해 발견한 독창적인 이미지와 새로운 관점은 컨셉에 해당하는 키워드를 전달하는 보조 전달자 역할을 합니다. 참여한 모든 마케터와 디자이너들은 구체적인 정보를 모으고 시각화하는 과정에서 목표를 위한 지혜로운 안목을 가질 수 있습니다.

이미지 리서치 진행 방법

01. 자료 수집하기
수집하려는 방향에 대해 관찰하고 자유롭게 연구해서 이미지를 수집한다. 제품, 인물, 상황, 로고, 홍보 사진, 색상 등 주제와 관련하여 다양한 시각으로 살펴본다.

02. 이미지 나열하기
찾은 자료들의 공통적인 부분이나 특징을 파악하여 그룹으로 묶고 나열한다. 반복되는 패턴이 보이면 패턴 흐름이나 트렌드도 찾아본다.

03. 분석하기
공통적인 패턴을 통해 차별화된 영역을 찾고 제안한다.

2-41
자유롭게 수집한 이미지 자료를 나열하여 분석하는 이미지 리서치

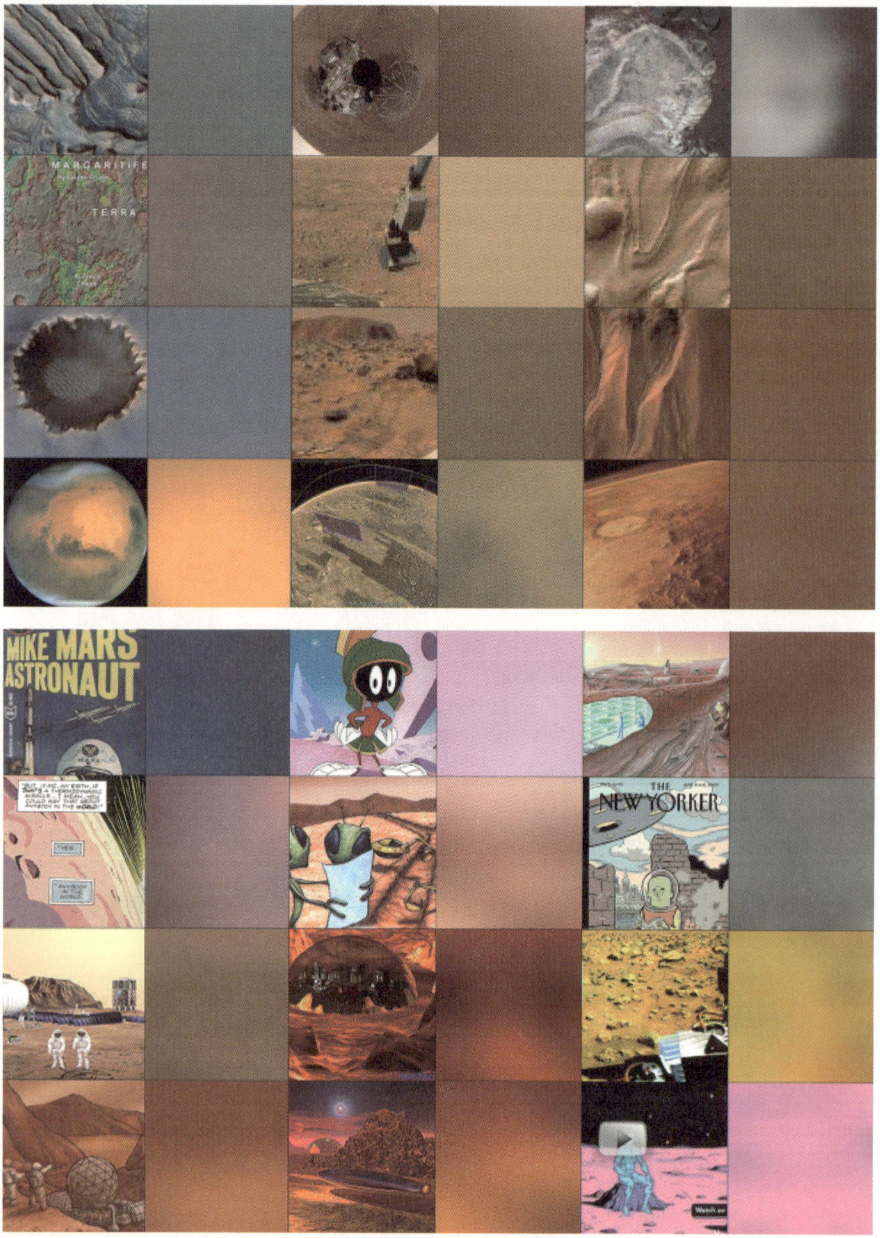

2-42
디자이너 제이카 코라루카가 자연의 아름다움을 촬영하여 보정한 다음 이미지에서 추출한 여섯 가지 색상
을 바탕으로 컬러 팔레트를 만드는 'AKA Design Seeds' 프로젝트

성공하는 컨셉 전략은 명료하다 ❷❺

시장 분석, 자사 분석, 소비자 분석 등 다양한 조사가 선행된 다음에는 조사 결과를 바탕으로 전략을 세워야 합니다. 마케팅 전략을 세울 때 대표적으로 사용하는 STP 전략은 시장 세분화^Segmentation, 표적 시장^Targeting, 포지셔닝^Positioning의 앞 글자를 딴 것입니다. 이것은 토지를 나누고^시장 세분화 옥토를 고른 다음^표적 시장 알맞은 씨앗을 뿌리는 것^포지셔닝으로 비유할 수 있습니다. STP 전략의 세 단어에는 비슷한 점이 있습니다. 바로 '좁힌다', '위치를 정한다'인데요. 영화 넘버 3에서 송강호의 "한 놈만 잡는다!"는 대사처럼 '20대 새내기 직장인 여성', '웰빙 식재료를 선호하는 주부'와 같이 어떤 고객 그룹에게 만족을 제공할 것인지를 명확하게 판단하고 어떤 이미지의 제품으로 기억시킬 것인지를 소비자 기억 속에서 위치를 선정하는 전략입니다.

모두를 만족시킬 수는 없다, 시장 세분화

시장은 소비자의 욕구가 무엇인지 찾아가는 과정에서 확인할 수 있습니다. 하나의 상품이 서로 반대되는 성향의 두 소비자를 만족시킬 수는 없습니다. 예를 들어, '전통적인 것'과 '새로운 것'에는 너무 큰 차이가 있으므로 두 시장 중 하나를 선택해야 합니다. 시장 세분화는 고객 욕구 차이에 따라 시장을 나누는 작업을 말합니다. 즉, 앞서 분석한 소비자 데이터를 가지고 고객의 특성 변수와 행동 변수 등을 이용해 구분할 수 있습니다.

구분	구분 요인	구분 기준	예
특성 변수	인구 통계적 요인	성별	남·여
		나이	20~40대 중장년층, 노년층
		지역	대도시, 영남, 농어촌
		학력	대졸, 고졸
		직업	자영업자, 학생
	심리적 요인	라이프스타일	요우커, 삼포세대, 바링하우 등
		사회 계층	중산층 등
행동 변수	혜택	기대 가치	기능/심리/사회
	소비량	사용량	비사용, 주사용
	상황	사용 상황	TPO

2-43

현대자동차는 소비자 욕구에 따라 다양한 차종을 생산하고 있습니다. 에쿠스는 개발 당시부터 고소득층을 대상으로 한 고급차로 기아자동차의 모닝과 같은 보급형 자동차와는 전혀 다른 대상을 공략합니다.

시장을 세분화하면서 고객이 원하는 게 무엇인지 명확히 이해하는 과정도 거칩니다. 이러한 과정을 통해서 차별화된 시장 속 기회를 포착할 수 있고 포지셔닝도 분명하게 나뉩니다. 실무에서는 'Segmentation', '세그한다' 등으로 이야기합니다. 시장 분석을 통해 매력적인 시장을 선별하는 조건에는 다음과 같은 세 가지가 있습니다.

01.   우선순위: 중요도에 따라 순위를 나눈다.

02.   측정 가능성: 고객 반응을 측정할 수 있을지, 반응이 긍정적인지 알아본다.

03.   유효 규모: 고객 수가 너무 적어 충분한 매출액과 이익을 확보할 수 있는지 점검한다.

2-44
루이비통 패턴으로 시장 세분화에 맞춰 젊고 세련된 느낌으로 바뀌었습니다.

핵심 대상을 선정하는, 표적 시장

시장의 세분화 과정을 통해 매력적인 시장을 선별한 다음 이를 바탕으로 집중 공략할 핵심 대상을 선정하는 단계가 바로 표적 시장[Targeting]입니다. 자사 상황에 맞는 그룹이 어디인지 결정하는 것이지요. 필립 코틀러는 어떤 시장에 표적을 맞출 것인지 다음의 세 가지 접근 방법을 제시했습니다.

01. 비차별화 마케팅: 각각의 세분화된 시장 차이를 무시하는 마케팅 방법이다. 소수의 특정 소비층보다 일반 대중의 마음을 사로잡는 것으로 소비자들의 차이점보다 공통점에 초점을 맞춘다. 예를 들어 신라면, 새우깡 등의 제품이 있다.

02. 차별화 마케팅: 차별화 비용보다 매출액이 크다고 판단될 때 사용하는 전략이다. 각각의 세분화된 시장에 알맞은 노력을 기울이는 것이다. 현대카드가 처음 시도했던 카드의 계층 구조 구분이 바로 이것이다.

03. 집중 마케팅: 엄선된 소수 시장에 전념하는 것으로, 장년 가수가 많았던 트로트 분야를 젊은 느낌으로 재해석해 성공한 가수 장윤정이 대표적인 예다. 기업의 자원이 한정된 경우나 제한적일 때 효과가 발휘된다.

앞서 설명한 것처럼 아무리 레드 오션 시장 같아 보여도 시장 세분화를 통해 블루 오션을 발견할 수 있습니다. 때에 따라서는 소량을 사용하는 소비자층도 충분한 수요를 가진다면 틈새 시장으로서 가치는 충분합니다.

핵심 대상을 선정하는, 표적 시장

2-45

'손이 가요 손이가. 새우깡에 손이가요. 어른 손, 아이 손, 자꾸자꾸 손이 가. 어디서나 맛있게' CM 송에서도 알 수 있듯이 새우깡은 특정 대상에 맞추지 않았습니다.

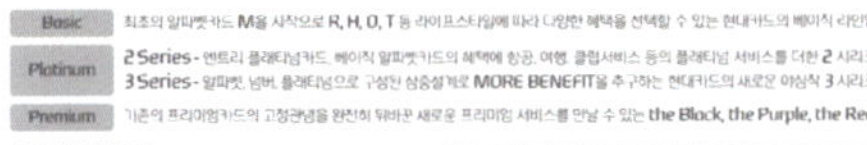

2-46

현대카드의 카드 분류는 세분화된 시장에 알맞은 서비스를 제공하기 위해 신중하게 고려되었습니다.

기업끼리의 경쟁 속에서
우리만이 가질 수 있는 위치, 포지셔닝

마케팅은 제품의 싸움이 아니라 인식의 싸움입니다. 포지셔닝^{Positioning}은 자사의 제품 및 서비스를 경쟁 대안과 비교하여 목표 소비자에게 분명하게 인지시키는 것을 말합니다. 또한, 시장을 정하고 소비자 특성을 좁혀 결정한 내용을 다른 경쟁 상대들과 비교하여 어디에 위치할 것인지가 포지셔닝의 핵심입니다. 보통 포지셔닝은 2차원 맵에 위치를 설정합니다. 좌표를 통해 제공하려는 가치^{제품 및 서비스}가 경쟁 기업과 어떻게 다른지, 소비자에게 어떻게 인식될 수 있는지, 또는 어떤 전략으로 어디에 위치해야 할지 한눈에 알 수 있습니다.

미국 패스트푸드 시장은 상당히 포화 상태에 있습니다. 맥도날드를 선두로 KFC, 버거킹, 인앤아웃버거 등 다양한 브랜드가 포진한 상태로 경쟁이 과열되었죠. '칼스 주니어'는 가족적인 분위기를 중요시한 미국 시장에서 처음에는 맥도날드를 상대로 같은 고객 집단을 타깃으로 한 프로모션 전략을 구축해왔습니다. 하지만 이러한 전략으로는 선도 기업인 맥도날드를 뛰어넘을 수 없다는 판단 아래 다시 한 번 전열을 가다듬었습니다. 10대, 그중에서도 남성을 타깃으로 하는 포지셔닝이 없다는 것을 분석하고 자극적인 광고를 담은 섹시한 패스트푸드로 이미지 전략을 세웁니다. 패리스 힐튼이 온몸에 비누칠을 한 채 세차를 하고, 모델이 해변에 누워 햄버거를 먹는 장면들은 너무 선정적이라 햄버거와는 전혀 연관이 없어 보이지만 실제로 10대 남성들을 자극하여 매출 증가로 이어졌습니다.

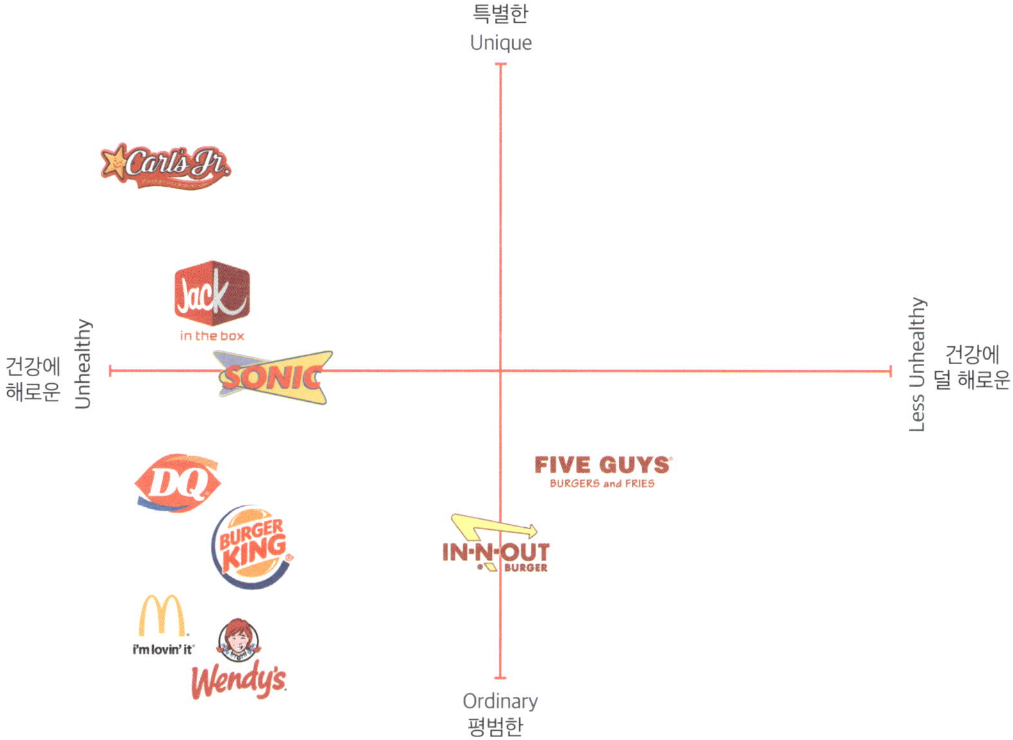

2-47

미국 패스트푸드 브랜드 포지셔닝맵입니다. 찰스 주니어 속성은 포지셔닝맵의 끄트머리에 위치할 정도로 새로운 시장을 대상으로 합니다. 같은 패스트푸드라도 소비자 마음속에 어떻게 위치하느냐가 중요합니다.

2-48

칼스 주니어의 자극적인 광고. 칼스 주니어는 이 광고로 선정성 논란에 휩싸이기도 했습니다.

포지셔닝의 유형은 크게 다섯 가지로 나눌 수 있습니다. 첫째는 제품의 기능적인 편익이나 속성을 경쟁 제품과 차별화하여 소비자에게 인식시키는 방법입니다. 최근 인기 있는 아기 옷 전용 세탁기의 경우 삶는 기능과 살균 기능 등을 추가해 아기 옷을 따로 세탁하고 싶어 하는 주부 시장을 공략했습니다. 둘째는 제품을 특정 사용자층에 적합하게 포지셔닝하는 방법입니다. 코카콜라가 차별화하지 않는 마케팅으로 '모든 사람'을 대상으로 한다면, 펩시는 '젊음의 콜라, 펩시'로 청년층을 공략하고 있습니다. 셋째는 사용 상황에 의한 포지셔닝으로, 대표적인 예는 햇반이며 제품의 사용 상황을 포지셔닝하여 성공했습니다. 넷째는 경쟁에 의한 포지셔닝입니다. 고객의 지각 속에 자리 잡고 있는 경쟁 제품과 묵시적으로 비교함으로써 자사 제품의 혜택을 강조하는 방법입니다. 다섯째는 제품군에 의한 포지셔닝입니다. 고객이 특정 제품군에 대해 호감을 가지고 있을 때 자사 제품을 해당 제품군과 같은 것으로 포지셔닝하는 방법입니다. 앞서 설명했던 참치 캔은 통조림 시장이 부정적인 인식으로 변해감에 따라 건강식이라는 참치를 강조하는 쪽으로 포지셔닝했습니다.

2-49
삼성 아가사랑 세탁기는 아기를 위한 기능들을 추가해 세탁기 시장에서 성공한 '속성에 의한 포지셔닝'의 대표적인 예입니다.

2-50
게토레이는 갈증을 해소하는 스포츠음료로 포지셔닝했습니다.

커뮤니케이션의 핵심, 크리에이티브 브리프

크리에이티브 브리프는 영국의 대표적인 광고 회사 사치 앤 사치(Saatchi & Saatchi)에서 기획자, 제작자들 사이의 이해와 합의를 통해 컨셉을 이끌어내는 수단으로 만든 광고 전략 모델입니다. 앞서 살펴본 디자인 씽킹 방법론들이 문제 해결 방법을 찾아가는 과정이었다면, 크리에이티브 브리프는 실행 전 단계에서 구성원들이 전략을 공유할 수 있게 정리하여 작성하는 것입니다.

크리에이티브 브리프는 광고 기획 과정의 결과물, 즉 광고 컨셉을 기획자가 제작팀에 간명하게 전달하기 위해 사용하는 하나의 약속된 양식이었습니다. 지금도 보통 광고 제작 전에 작성하며 커뮤니케이션 단계에서 쓰입니다. 한마디로 광고 제작 방향이 엉뚱한 곳으로 흘러가거나 커뮤니케이션 오류를 막기 위해 정리하는 단계라고 할 수 있습니다.

크리에이티브 브리프의 핵심은 컨셉입니다. 이 장치를 고안한 사치 앤 사치에서는 이를 SMP(Single Minded Proposal)라고 합니다. 컨셉 트리처럼 한 가지 편익에 집중하는 것으로 크리에이티브 브리프 항목을 차근히 따라가다 보면 광고에서 무엇을 말해야 하는지, 즉 크리에이티브 컨셉이 명확하게 떠오릅니다. 광고 제작 단계의 브리프 양식은 공통적이며 보통 다음의 작성 방법을 따르는 경우가 많습니다.

2-51

작성된 크리에이티브 브리프를 토대로 사람들의 이해를 돕고 있습니다.

크리에이티브 브리프 작성 순서와 방법

01. **일자, 회사명, 프로젝트명**
기본 데이터, 프로젝트 또는 품명, 브리프를 제출할 날짜 등을 기록한다.

02. **담당자명**
개발자, 디자이너, 마케팅, 매체 담당, 프로모션 등 모든 유관 부서 담당자 이름을 작성한다.

03. **프로젝트 요구 조건**
프로젝트 배경을 통해 제작자들이 도출해야 할 최종 결과물은 어떤 것인지, 작업물에서 특징을 함축적으로 표현해야 하는 것은 어떤 것인지 등 결과적으로 요구되는 사항을 기재한다.

04. **타깃**
어떤한 소비자층에게 이 프로젝트를 수행할지 브리프를 공유하는 각 담당자들이 알아야 하므로 타깃의 라이프스타일과 특징, 제품에 관한 태도 등을 요약하여 기술한다.

05. **프로젝트 목표**
결과물이 최종적으로 어떤 일을 수행할지 명백하게 하는 것이 중요하다.

06. **차별화된 메시지 제안**
요약된 정보를 바탕으로 사람들이 결과물을 통해 최종적으로 얻고자 하는 것을 차별화된 메시지로 정리한다. 너무 많은 정보를 넣어 전달하고자 하는 요지가 흐려질 수 있으므로 제품의 특장점 중에서 가장 흥미를 유발하는 차별화된 단 하나의 메시지를 선정한다.

07. **제안에 대한 입증**
제안한 차별점에 대해 소비자가 믿고 신뢰할 수 있도록 담당자는 프로젝트를 수행하는 모든 사람들에게 핵심을 공유해야 한다.

08. **마케터, 개발자 등 요구사항**
특별한 요구사항이나 반드시 기재해야 할 필요 사항이 있을 때 기술한다. 예를 들어 디자인에서 특정 로고나 색상, 서체를 사용해야 한다는 필수 가이드가 있으면 전달한다.

09. **제품, 브랜드 이미지의 방향성**
소비자들이 제품이나 브랜드에 대해 어떤 느낌을 갖기 원하는지 규정하는 항목이다. 브랜드 이미지 형성에 결정적인 역할을 하므로 신중하게 작성해야 한다. 계획된 방향성은 브랜드 이미지나 제품의 톤 앤 매너에 직접적인 영향을 미치기도 한다.

10. **크리에이티브 최종 스케줄 관리**
제품의 중요도에 따라 제작자에게 충분한 시간을 확보해 주기 위해 노력해야 한다. 급박하게 진행하다 보면 진행하는 프로젝트나 오랜 기간의 작업이 물거품으로 변하기도 한다는 것을 명심한다.

하지만 종종 '크리에이티브 브리프'인지 '오리엔테이션 브리프(프로젝트가 시작할 때 취지를 알리는 브리프)'인지 헛갈리는 것들이 있습니다. 광고주 요청 사항만 옮겼거나 제품 정보를 나열하는 브리프는 자료 조사나 보고서일뿐 크리에이티브 브리프가 아닙니다. 크리에이티브 브리프에서 가장 중요한 것은 전략이며 그 전략을 제작 단계의 사람들이 이해하기 쉽도록 설명해야 합니다. 그러므로 크리에이티브 브리프를 능숙하게 표현하고 작성하는 사람은 뛰어난 커뮤니케이터로 인정받을 수 있는 평가 기준이 되기도 합니다.

2-52
크리에이티브 브리프에서 가장 중요한 것은 커뮤니케이션이며 함께 일하는 사람들이 이해하기 쉽도록 정확하게 공유해야 합니다.

목표에 도달하기까지
머리로 설계하고 건축하라 ❷❻

컨셉 설계도, 컨셉 트리

HR Institute 대표 요구치 요시아키가 만든 컨셉 트리는 나무 모양의 설계도입니다. 컨셉을 만드는 데 필요한 각종 재료와 요소를 모아 정제된 컨셉을 추출하는 도구이죠. 아이디어처럼 스쳐 지나가는 컨셉의 가설을 체계화하여 검증하는 데 목적이 있고 컨셉이 구축하는 전제 조건과 아이디어를 압축하는 데 사용합니다. 그래서 '누가, 어떤 목적으로, 어디서부터 그리는가?'에 따라 컨셉 트리가 달라집니다. 컨셉 트리를 응용한 것에는 컨셉 하우스, 컨셉 메트릭스 등이 있지만 기본적으로 지극히 개인적이며 상대적인 것이라서 절대적인 구조는 없습니다. 그만큼 기본적인 체계를 습득하면 다양한 프로젝트 컨셉 추출에 응용할 수 있습니다. 또한 아이디어를 정리하고 요소들을 나뭇가지처럼 엮어서 따라가다 보면 과정 자체가 체계화되며 놓치는 것 없이 각각의 요소를 엮어 전체를 만듭니다. 이 책에서는 HR Institute의 컨셉 트리를 디자이너와 마케터에 알맞게 정리하여 소개합니다.

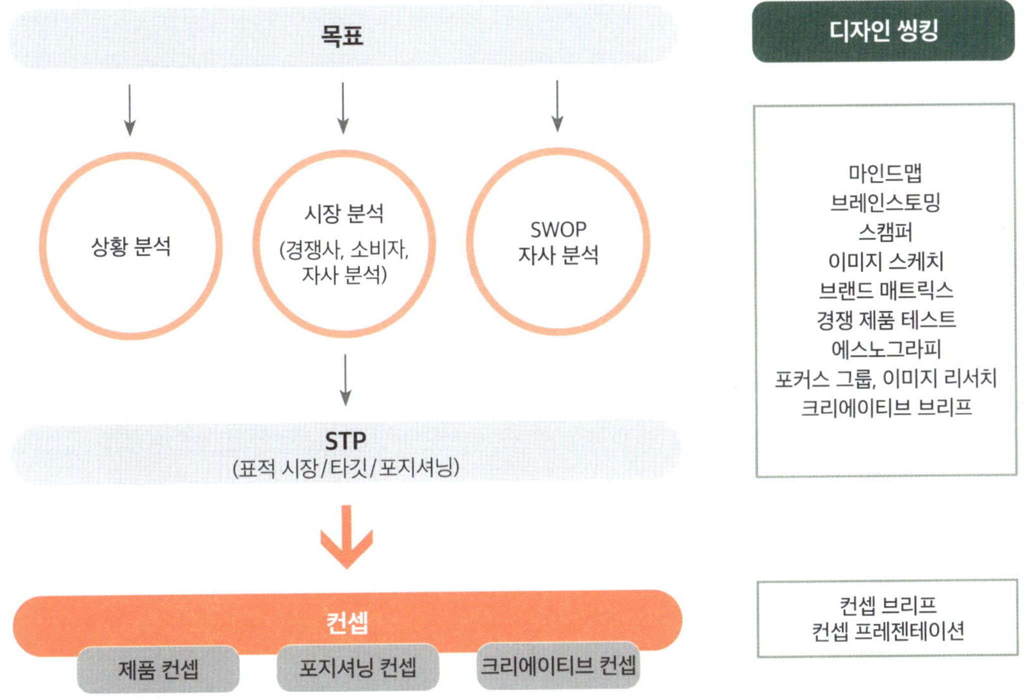
목표
상황 분석
시장 분석
(경쟁사, 소비자,
자사 분석)
SWOP
자사 분석
STP
(표적 시장/타깃/포지셔닝)
컨셉
제품 컨셉
포지셔닝 컨셉
크리에이티브 컨셉
디자인 씽킹
마인드맵
브레인스토밍
스캠퍼
이미지 스케치
브랜드 매트릭스
경쟁 제품 테스트
에스노그라피
포커스 그룹, 이미지 리서치
크리에이티브 브리프
컨셉 브리프
컨셉 프레젠테이션

01. **목표:** 컨셉 트리는 컨셉을 만드는 데 필요한 내적, 외적 환경과 요소를 순서대로 정리하여 핵심 메시지 구조를 그리는 설계도이다. 앞서 설명했듯이 목표는 컨셉이 그 힘을 가지고 도달하는 목적지이므로 목표에 도달할 수 있도록 해야 한다.

02. **3C, SWOP:** 상황 분석, 자사 분석, 고객 분석, 경쟁사 분석, SWOP 분석 등은 전략을 짜는 과정에 필요한 단계이므로 추가하고 제외하는 등 선택할 수 있다. 하지만 좋은 전략을 도출하기 위해서는 치밀한 고뇌가 뒷받침되어야 하기 때문에 요소들을 가능한 많이 고려하는 것이 좋다. 양적인 문제가 아니라 최적의 전략을 도출하기 위해 '꾸준히, 다각적으로 모색한다.'는 말이 더 정확하다.

03. **STP:** 다각적인 분석을 통해 가장 효과적인 전략을 구상하는 단계이다. 어떤 시장에 뛰어들지(Segmentation) 살펴보고 수많은 소비자 유형 가운데 구체화된 소비자를 선택한다(Target). 그리고 경쟁자들과의 관계에서 자신이 어디쯤에 위치하는지 알고 어디에 파고들지 전략을 구성한다(Positioning). STP는 주어진 자원을 효율적으로 사용하기 위한 구체적인 대안을 고려하는 단계이다. 만약 1,000원이 있다면 1,000원에 맞는 시장, 소비자, 제품 생산 과정 등을 고려해서 전략을 짜야 한다는 것이다. 이미 경쟁자가 그 상품을 개발하고 있다는 정보를 얻으면 그때 벌어질 시장 환경 또한 고려해야 한다.

04. **컨셉 도출:** 선정된 표적 시장이 추구하는 가치를 컨셉화한다. 컨셉은 독특하고, 실현 가능하며, 사용하는 사람이 진정으로 원하는 것이다. '이런 컨셉이 독특하기만 한가?', '실현 가능한가?', '정말로 사용하는 사람에게 필요한 것인가?'를 확인하며 다듬어진다. 컨셉 도출은 하나의 이미지일 수 있고 텍스트일 수도 있다. 어떤 것이든 속성을 가장 잘 나타내는 것으로 선택하면 된다. 보통 컨셉 워드는 'OO(브랜드명)는 OO(제품 범주)로서 OO(차별화된 가치)을 가지고, OO(타깃)의 OO(욕구)를 충족하게 한다.'는 식으로 정리할 수 있다.

이렇게 도출된 컨셉은 소비자들에게 검증받는다. 실제로 호감이 가는지, 사용하고 싶은지, 필요했던 것인지, 가격대는 적당한지 등을 FGI 등을 통해 알아본다. 도출해낸 컨셉은 끊임없이 부정해 보고 처음부터 되돌아가 실험해 보고 완전히 비워서 다시 시작해 보는 과정을 거친다.

FGI(Focus Group Interview, 표적 집단 면접): 소수의 응답자와 집중적인 대화를 통해 정보를 찾아내는 소비자 면접 조사를 말합니다. 표적 시장으로 예상되는 소비자를 일정한 자격기준에 따라 6~12명 정도 선발하여 모이게 하고 면접자의 진행 아래 조사 목적과 관련된 토론을 하여 자료를 수집하는 마케팅 조사 기법입니다.

2-53

인테리어 상품 컨셉 보드의 예입니다. 다양한 이미지 자료를 이용하여 실행 단계, 클라이언트 등 관계자들의 이해를 돕습니다.

2-54

컨셉 보드에 관한 이해를 돕기 위해 참고 이미지를 넣는 것이 보통이지만, 소통을 방해할 때는 아예 넣지 않는 것이 좋습니다.

컨셉 트리 주의 사항 첫째: 옵션 평가로 전략 컨셉을 다듬는다

컨셉을 도출하는 동안 여러 가지 옵션이 나올 수 있습니다. 옵션이란 곧 선택이므로 여러 가지 옵션 중에서 세 가지 정도로 압축합니다. 수많은 옵션이 있지만 여러 가지를 제시하면 초기 목표가 흐려지고 논의의 초점이 사라질 수 있으며, 두 가지 정도로 제시한다면 이분법적으로 문제를 바라볼 가능성이 있습니다.

현장에서는 이것과 저것의 장점을 섞어 제3의 대안을 제시하는 경영자들도 있지만 컨셉이 가지는 차별성과 우위성이 희석됩니다. 새들의 화려한 깃털을 부러워한 까마귀의 일화처럼 말이죠. 원래 까마귀는 하얀 새였다고 합니다. 특징 없는 자신의 깃털에 불만을 품고 있던 까마귀는 조물주에게 항의했습니다. 다른 새들처럼 아름다운 깃털을 달라는 간절한 청을 들어주기로 한 조물주는 어떤 깃털을 가지고 싶은지 묻습니다. 까마귀가 공작의 오색 깃털과 백조의 하얀 깃털, 앵무새의 원색 깃털 등 모든 새의 깃털을 달라고 하자 모든 깃털을 섞었더니 검은 깃털의 까마귀가 되었다고 합니다.

컨셉을 도출하는 과정에는 다양한 옵션이 생길 수밖에 없지만, 그것은 '이것, 아니면 저것'이 되어야지 '이것과 저것'은 될 수 없습니다. 모든 장점을 섞으려 하지 말고 압축된 옵션을 평가하고 비교해 최상의 결론을 '선택'하는 것이 컨셉 도출의 참모습입니다. 한마디로 제안된 세 가지 정도의 옵션은 토론과 논의를 통해 단 하나의 컨셉으로 도출되어야 합니다.

컨셉 트리 주의 사항 둘째: 아이디어와 컨셉의 개념을 이해한다

컨셉 도출 과정 중 또 한 가지 주의할 점은 아이디어와 컨셉의 용어 혼용으로 반짝이는 수많은 컨셉이 버려진다는 것에 있습니다. 실제로 컨셉은 아이디어에서 출발합니다. 그러나 스쳐 지나가는 아이디어들을 컨셉의 하위 개념으로 이해하는 사람들이 있습니다. 컨셉은 컨셉 트리에서 많은 요소의 검증과 실측을 거쳐 탄생한다고 생각하기 때문입니다.

많은 시간과 노력을 투자해야만 비로소 얻을 수 있지만, 실제 현장에서는 컨셉과 아이디어의 경계가 모호해집니다. 수억대의 과학적인 측정으로 얻어진 컨셉으로도 성공하지 못하던 상황이 툭 던져진 '이렇게 해 볼까?' 하는 작은 아이디어로 인해 성공을 거두기도 합니다. 좋은 아이디어는 그 자체로도 너무 좋아 즉시 컨셉이 되기도 합니다. 아이디어는 문제 인식과 해결 방안에 대해 숙성 과정을 거쳐 떠오르는 개념으로 태어날 때부터 컨셉을 가지는 경우도 있죠. 이러한 점을 간과하지 않아야 좋은 컨셉의 실마리를 놓치지 않습니다.

컨셉은 컨셉 트리를 거치지 않기도 합니다. 물론 정제 과정을 거쳐야 하지만 '안동헛제삿밥 식당', '전주한옥마을', 뮤지컬 '난타', 숙취 음료 등은 아이디어 자체가 컨셉에 명확하게 드러나 있는 좋은 예입니다. 그래서 우리는 컨셉을 마케팅 테두리 안에 가두고 상품을 개발한 다음 가격을 정하고 디자인하는 등 기존의 마케팅 지식도 버릴 필요가 있습니다.

지금은 영업, 마케팅, 제품 개발자, 생산 기술자, 디자이너 모두가 컨셉을 이야기하는 시대입니다. 시장 상황과 소비자 분석, 조사를 근거로 한 컨셉의 지배 아래에서 모든 것이 순차적으로 이루어져야 한다고 생각하는 마케터나 기획자들이 있습니다. 그러나 컨셉은 아이디어가 아니라는 이분법적 사고는 훌륭한 컨셉의 싹을 잘라 버리는 실수입니다. 컨셉 트리는 마케팅 전략을 도출하는 기존 방식으로 구성되어 있지만, 이것은 언제든지 아래에서 위로 거꾸로 올라갈 수 있습니다. 제품, 가격, 유통, 판매 촉진의 4P가 뚜렷한 특성을 지닌다면 이로부터 시작할 수도 있다는 것을 명심해야 합니다.

컨셉 트리 주의 사항 셋째: 컨셉의 3단 변신을 이해한다

컨셉이 도출되었다면 어디든 적용하면 될까요? 과거에 컨셉은 마케팅 활동이 진행됨에 따라 제품(제품이나 서비스) 컨셉, 포지셔닝 컨셉, 크리에이티브 컨셉으로 3단 변신을 했습니다. 마케팅 활동을 이러한 세 가지 역할로 분류했죠. 제품 컨셉은 개발자(기술자)와 마케터 역할이었고, 포지셔닝 컨셉은 마케터와 광고 기획자 역할이었으며, 크리에이티브 컨셉은 디자이너의 몫이었죠. 마찬가지로 컨셉을 세 가지로 분류하다 보면 서로 다른 것으로 오해하기 쉽지만, 세 가지 컨셉은 기본 줄기를 유지하면서 진화하기 때문에 사실 같습니다. 결국 어떠한 가치를 지닌 제품이 어떻게 하면 좀 더 많이 팔릴지, 더 많은 관심을 받을지, 또는 눈에 띌 수 있을지 결정하는 과정입니다. 앞서 컨셉 트리 요소들은 모두 직간접적으로 영향을 미치며 주거니 받거니 하는 과정에서 결론에 도달합니다.

2-55

이마트는 유통과 가격 구조 혁신에 착안하여 노 브랜드(No Brand)라는 역 브랜드를 만들었습니다. 좋은 컨셉은 아이디어에서 출발한다는 것을 보여줍니다.

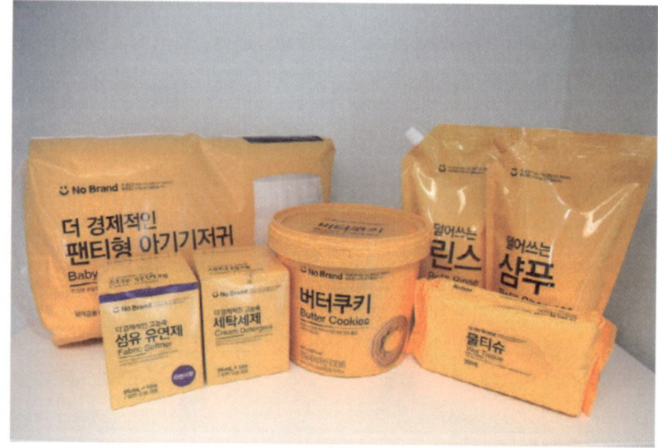

컨셉 도출의 화룡정점, 컨셉 프레젠테이션

다양한 자료 조사를 통해 상황 분석을 하고 이를 토대로 전략을 세워 컨셉을 도출했다면, 마지막은 컨셉을 프레젠테이션하는 것이라고 할 수 있습니다. 영화 제작자, 애니메이션 작가, 만화가, 그리고 작가들이 스토리보드를 사용해 이야기를 꾸미듯이 마케터, 디자이너의 경우 PDF 등 스크린 기반 프레젠테이션 도구들로 컨셉을 설명하는 이야기를 만들어 갑니다. 프레젠테이션을 통해 컨셉 도출 과정과 전략을 전달하는 것이죠. 신제품 추진 방향에 관한 프레젠테이션이라면 새로운 것을 이해시키고 정보를 전달하는 설명의 자리가 되고, 캠페인에 관한 것이라면 복잡한 프로젝트를 시작하기 전에 실행 방안들을 설명하는 자리가 될 것입니다. 이러한 것들은 보통 회의 시간에 이루어지기도 하지만 종이에 출력하거나 온라인에 배포하여 공유할 수 있습니다. 컨셉 프레젠테이션은 컨셉의 함축된 의미를 풀어서 이야기하는 시간이며 무엇보다 정확하게 커뮤니케이션해야 합니다.

선행되어야 할 것은 도출한 컨셉을 전달하거나 제안하려면 자신이 프레젠테이션하려는 내용에 대해 충분히 숙지하고 이해해야 하는 것입니다. 사람들에게 의견을 제대로 전달하지 못하면 원하는 방향으로 목표를 달성하는 과정이 더욱 힘들어지기 때문입니다. 디자이너의 경우 프레젠테이션 준비에 앞서 실무 디자인 컨셉에 참고할 수 있도록 실제 크기로 출력한 다음 폼 보드에 부착하여 보여주거나, 입체적인 종이 샘플을 만들거나 3D 프린팅으로 가상의 모형을 제작하여 사람들의 이해를 돕기도 합니다.

성공하는 프레젠테이션을 위한 다양한 방법이 많지만 다음에서 소개하는 조건들을 체크하면서 강력한 컨셉 프레젠터가 되어 보세요.

2-56
정리한 내용을 바탕으로 청중 앞에서 컨셉 프레젠테이션을 진행하는 모습입니다.

컨셉 프레젠테이션 작성 방법

01.   **정확한 목적 설정하기**
프레젠테이션 목적, 청중의 나이, 분위기 등을 정확하게 파악하여 포맷을 정한다.

02.   **기준 설정하기**
내용을 작성하기 전 프레젠테이션 포맷의 색채, 레이아웃, 문자 등 일관성 있는 기준을 세운다.

03.   **내용 작성하기**
페이지별로 내용을 추가하며 간결하고 짧게 핵심만 작성한다.

04.   **정리한 내용 프레젠테이션하기**
숙지한 내용을 바탕으로 청중에게 쉽게 이해시키고 명료하게 설명한다.

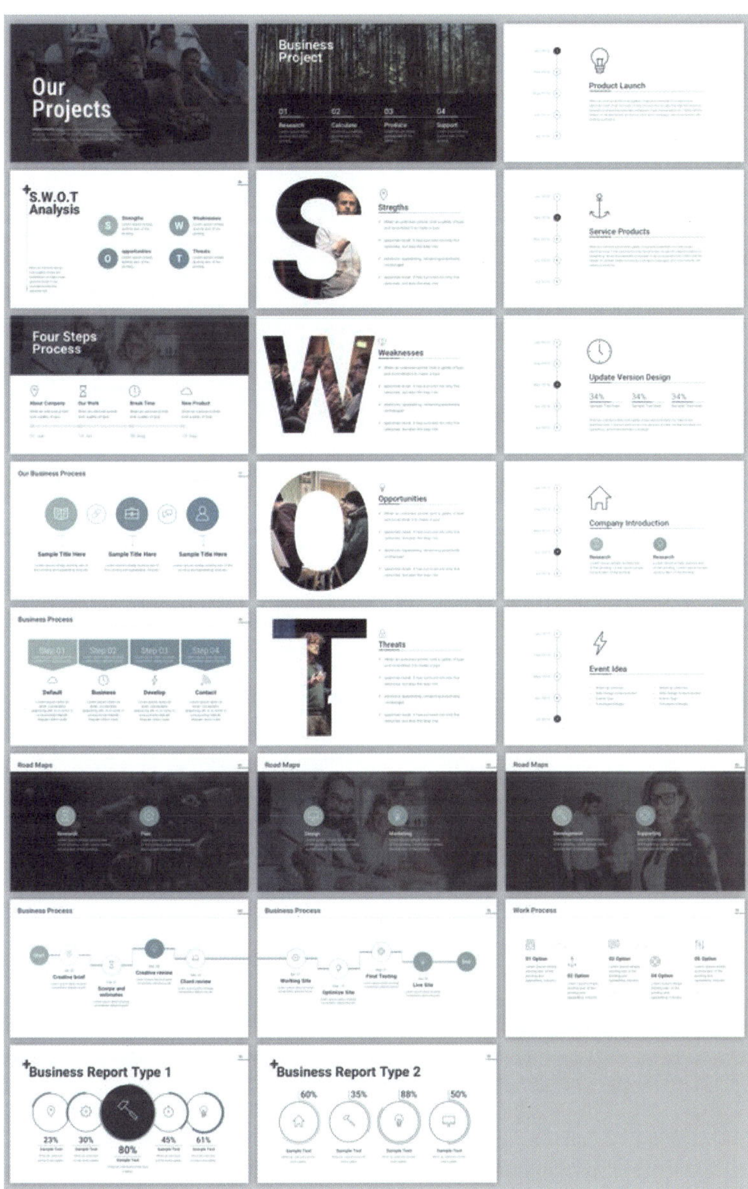

2-57

컨셉 프레젠테이션 예
SWOP 분석 등 컨셉 도출 과정을 정보가 잘 보이도록 디자인합니다.

출처: https://creativemarket.com/

소비자와의 대화, 포지셔닝 컨셉 ❷❼

기업의 업무는 크게 제품을 만드는 생산, 돈을 관리하는 재무, 사람을 관리하는 인사, 그리고 어떤 제품 또는 서비스를 만들지 결정하는 마케팅 관련 업무로 나뉩니다. 마케팅 업무는 마케팅 믹스에 따라 제품, 가격, 유통, 판매 촉진^{프로모션}으로 나뉘고 판매 촉진 방법으로는 홍보, 세일즈 프로모션, 다이렉트 마케팅, 대인 판매, 스폰서십, 패키지 디자인 이벤트 등 여러 가지 관계 구축 도구들이 있습니다. 크리에이티브 컨셉은 마케팅 믹스^{4P} 중에서도 판매 촉진에 위치합니다. 따라서 크리에이티브 컨셉은 결국 판매 촉진 목표를 달성하기 위한 하나의 수단이며 크게는 기업의 목표를 달성하기 위한 최종 단계라고 할 수 있습니다.

4P

PR
세일즈 프로모션
다이렉트 마케팅
이벤트
매체 광고

출처: '광고 크리에이티브의 원리와 공식', 천현숙

제품 컨셉은 제품이 어떤 가치를 가질지 정하는 것이고, 포지셔닝 컨셉은 제품이 어떻게 목표 소비자의 관심을 받을지를 찾는 것입니다. 크리에이티브 컨셉은 소비자 눈에 띌 수 있을지 표현의 기회를 찾는 것을 말합니다.

우리는 다른 사람과 대화할 때 어떻게 표현할 것인지 생각하기에 앞서 어떤 이야기를 할 것인지 생각합니다. 마찬가지로 광고, 디자인 등은 소비자와의 커뮤니케이션에 앞서 듣는 사람이 얼마나 알고 관심 있는지 분석하며 말하고자 하는 요점을 분명히 전달해야 합니다. 따라서 제품 컨셉, 즉 제품의 강점을 잘 전달하기 위한 전략적인 단계가 필요하죠. 포지셔닝 컨셉은 제품 컨셉과 크리에이티브 컨셉을 잇는 중간 다리 역할로 소비자 머릿속에 어떻게 하면 효과적으로 기억될지 고민하는 단계입니다.

포지셔닝 컨셉은 크게 카테고리 니즈, 브랜드 인지, 브랜드 태도, 구매 의도로 나누어집니다. 소비자가 새로운 제품에 대한 필요를 아예 인지하지 못하거나 부족하면 제품군에 대한 필요를 형성하기 위한 '카테고리 니즈', 브랜드를 알리기 위한 '브랜드 인지', 브랜드에 관해 우호적인 태도를 형성하기 위한 '브랜드 태도', 그리고 직접적인 제품 구매를 일으키기 위한 '구매 의도'가 필요합니다. 이것은 커뮤니케이션 단계에서 각각 인지, 이해, 확신, 행동에 해당합니다.

	인지	이해, 확산	행동
구분	카테고리 니즈	브랜드 인지, 태도	구매 의도
목표	제품군에 대한 필요(Needs)를 형성하는 것	브랜드를 알리기 위해 브랜드 인지를 형성하는 것	직접적인 제품 구매를 일으키기 위한 것
목적		심리적인 목적	행동적인 목적

첫째로 '카테고리 니즈'는 소비자가 제품군에 대한 필요를 깨닫지 못할 때, 카테고리에서 우위를 선점하고 있는 1위 브랜드가 막강할 때, 새로운 카테고리에 대한 필요를 일깨우는 것이 포지셔닝 목표입니다. 시장 자체를 키우거나 새로운 제품에 대한 니즈를 자극하는 것이죠.

딤채는 해마다 장마철이 되면 배춧값이 급등하기 때문에 미리 여름 김장을 해서 먹자는 식의 광고로 여름에 판매가 저조했던 김치 냉장고의 구매율을 높이고자 했습니다. 이와 유사한 예로 서울우유는 업계 1위이기 때문에 우유에 관한 소비 자체를 강조하는 전략을 세웠습니다. 하지만 딤채나 서울우유와는 정반대로 하나의 카테고리에서 경쟁 제품이 막강한 힘을 발휘하고 있을 때는 카테고리를 쪼개서 소비자 니즈를 창출하기도 합니다.

미원이라는 조미료는 후발 주자인 미풍이 엄청난 광고를 쏟아부어도 이길 수 없는 제품이었습니다. '조미료=미원'이라는 소비자 인식이 강했기 때문입니다. 그래서 제일제당은 천연 조미료라는 제품 카테고리를 새롭게 창출합니다. 조미료 시장을 천연 조미료와 인공 조미료로 재정의하면서 시장의 선도자가 됩니다. 물론 다시다 또한 천연 조미료에서 얻은 MSG라는 성분이 안정성 논란을 일으키면서 천연이라는 카테고리에서 밀려났죠. 이런 식으로 없던 카테고리를 새롭게 창출하면서 소비자 마음속에 들어가는 경우 포지셔닝 컨셉 중 '카테고리 니즈'에 해당한다고 할 수 있습니다.

2-58
미원, 다시다 전쟁은 새로운 천연 조미료라는 카테고리를 만들었습니다.

페브리즈 또한 새로운 카테고리 니즈를 창출한 예입니다. 국내에 처음 출시되었을 때 사람들은 이 제품을 도대체 어디에 쓰는지 몰랐습니다. 그래서 페브리즈는 극성에 가까운 체험 마케팅을 통해 '냄새도 관리하는 것'이라는 인식을 소비자에게 심어 주었죠. 고깃집에서 나오는 사람들에게, 담배 피우는 사람들에게 페브리즈를 뿌려 주는 프로모션은 대표적인 '카테고리 니즈 창출'의 예라고 볼 수 있습니다.

둘째는 자료 분석 결과 목표 소비자가 제품군에 관한 필요를 인지하지만 해당 제품이나 브랜드에 대해서는 잘 모르는 것이 문제일 때 브랜드, 제품명을 기억하게 하는 것으로 '브랜드 인지'에 해당하는 포지셔닝 컨셉입니다. '빨래엔 피죤'이라는 카피로 자사 제품을 알린 광고, '맞다 게보린!'이라는 카피로 통증 완화에는 게보린이라는 인식을 심어 준 광고 등이 브랜드 인지 목표에 해당합니다. 즉 제품 구매를 통해 그동안 불편했던 문제가 해결되거나 욕구를 충족할 수 있음을 알리는 것입니다.

셋째는 제품에 대한 목표 소비자의 호감도를 높이는 방법으로 '브랜드 태도'에 해당하는 포지셔닝 컨셉입니다. 유명 연예인을 광고 모델로 기용하거나 새롭게 디자인을 리뉴얼하거나 감동적인 프로모션 등을 통해 경험하는 것들이 있습니다. 이러한 활동은 소비자들의 호감도, 선호도, 충성도를 높입니다. 좋아하는 스포츠 선수가 등장하는 스포츠음료 광고는 모델에 대한 호감도가 제품에 투영되어 좋은 이미지를 전달합니다. 2010년 제21회 밴쿠버 동계올림픽 당시 김연아 선수가 출연하는 광고가 급증했던 것도 이러한 이유 때문입니다. 스포츠음료 업체에서 브랜드 로고가 새겨진 스포츠용품이나 장비를 제공하면 스포츠음료에 대한 호감도가 상승하기도 하죠.

2-59
피죤은 '빨래엔 피죤'이라는 광고 카피를 통해 강한 브랜드 인지도를 만들었습니다.

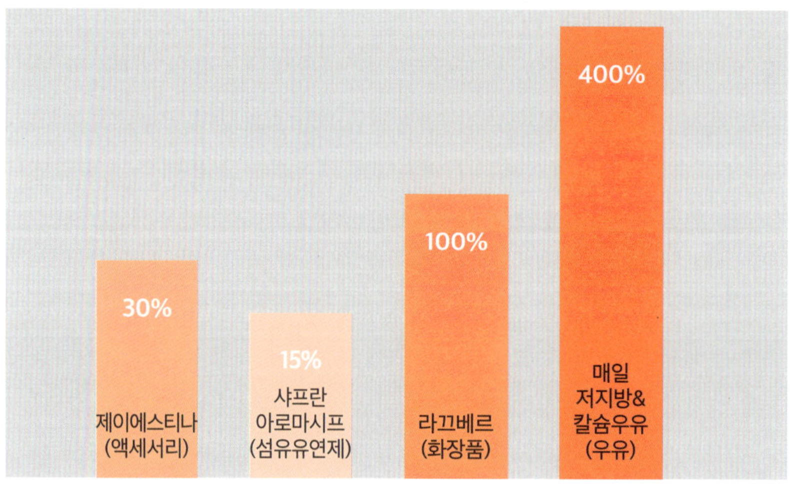

▲ 밴쿠버 동계올림픽 당시 김연아 선수의 후광 효과는 매출 견인의 주요 요인이 되었습니다.

출처: 스포츠조선 2009.2.18

넷째는 소비자가 해당 브랜드에 대해 호감이 있지만 구매를 망설이거나 미루는 것이 문제일 때 직접적인 구매가 일어나도록 하는 포지셔닝 컨셉인 '구매 의도'입니다. 현재 사용하고 있는 제품 대신 우리 제품을 쓰게 하는 것, 제품의 시험 구매를 유도하고 직접 매장으로 방문하게 하는 것, 주변 사람들에게 추천하게 하는 것, 제품 사용 빈도나 교환 횟수, 사용량을 늘리는 것 등이 모두 구매 의도를 만드는 방법입니다.

오랄비는 플라그를 제거하는 빗살 모양 솔을 개발하여 '오랄비 구강 건강 업그레이드 프로젝트'를 실시했습니다. 오랄비 전담팀이 가정에 직접 방문해 일반 칫솔을 오랄비의 빗살 모양 칫솔로 업그레이드한다는 내용의 이 행사는 기존 오랄비 칫솔 사용자도 새로운 제품으로 바꿀 수 있도록 체험 마케팅을 펼쳐 제품 판매로 이어지게 했습니다.

그런데 왜? 제품 컨셉이 있음에도 불구하고 포지셔닝 컨셉과 크리에이티브 컨셉을 만들어야 할까요? 햇반은 제품 개발에서는 간편성에 초점을 맞췄지만, 소비자들에게 간편성을 그대로 언급하는 경우 역효과만 초래하게 되는 양면성을 가집니다. 목표 소비자인 직장 주부는 대체로 살림에 소홀한 점을 미안하게 생각하기 때문에 간편성에 대한 소구가 오히려 반감만 사기 때문입니다. 따라서 포지셔닝 컨셉에서는 소비자들의 이러한 인식을 고려하여 '간편하지만 맛있는 밥'으로 소비자 인식을 변화시키는 것을 목표로 하고 이에 따라 크리에이티브 컨셉은 '엄마들, 미안해하지 마세요. 미안해하지 않아도 될 만큼 햇반은 잘 만들었습니다.'라는 광고 카피로 맛있는 밥을 강조했습니다.

2000년대 초 롯데칠성음료는 생수를 마시기는 뭔가 부족하고 그렇다고 청량음료나 주스를 마시고 싶지 않은 여성 소비자를 위해 '미과즙 음료'라는 새로운 시장을 창출했습니다. 물에 2%의 과즙을 섞은 음료를 개발하여 '물로는 채워지지 않는 것을 과즙의 상큼함이 잡아 준다.'는 광고 목표를 세웠습니다. 그리고 크리에이티브 컨셉에는 '사랑은 언제나 목마르다 2% 부족할 때'라는 강렬한 광고 카피로 사랑 이야기를 더했습니다. 당시 처음 출시되었던 미과즙 음료들은 제품의 깨끗함을 강조하며 편익을 알렸지만 '2% 부족할 때'는 소비자 감성을 자극해 큰 성공을 거뒀습니다. 다양한 분석을 통해 제품을 만들었지만, 제품과 소비자 사이 어떤 문제점, 또는 연결고리가 있는지를 잡아내는 것이 바로 포지셔닝 컨셉의 역할입니다. 즉, 포지셔닝 컨셉이 잘 잡혀야 좋은 크리에이티브 컨셉이 도출되며 소비자들과 소통할 수 있습니다.

2-60
포지셔닝 컨셉으로 새로운 시장을 창출한 롯데칠성음료의 '2% 부족할 때'

2-61

2% 부족할 때의 매출이 잠시 주춤할 때 '너의 사랑은 몇 퍼센트 부족해?'라는 감성 컨셉으로 다시 한 번 인기몰이를 했습니다.

크리에이티브 컨셉의 중요성 ❷❽

약 30분의 쇼핑 시간에 3만여 개의 브랜드가 고객의 눈에 들기 위해 소리 없는 전쟁을 치른다.
– 토마스 하인(Thomas Hine)

일본 남부 세토나이카이에 있는 작은 섬 나오시마는 원래 구리 제련소가 있던 낙후한 공업 지대였습니다. 오염되고 산업 폐기물로 방치되어 있었던 외딴 섬이 현재는 연간 50만 명에 이르는 관광객을 유치하는 세계적인 명소로 떠오르고 있습니다. 베네세 그룹 회장 후쿠다케 소이치로는 '나오시마 재생 프로젝트'를 추진하기 위해 섬의 절반을 구매하였죠. 그리고 세계적인 건축가 안도 타다오와 손을 잡고 죽어가던 섬을 베네세 하우스, 지중해 미술관과 다양한 현대 작품으로 멋지게 변신시켰습니다. 이후에도 쿠사마 야요이, 이우환, 제임스 터렐 등 세계적인 예술가들과 함께 섬 재생 프로젝트를 진행하였습니다. 나오시마 섬은 영국 유명 관광 매거진 '트래블러 Traveler'가 선정한 꼭 가봐야 하는 세계 7대 명소로 선정되었으며 현재까지도 문화 예술계의 '핫 플레이스'로 사랑받고 있습니다. 이러한 혐오 시설이 수요 공간으로 창출될 수 있었던 까닭은 바로 이 섬 전체에 입힌 예술의 향기 때문이었던 것이죠.

2-62
베네세 하우스

2-63
쿠사마 야요이의 노란 호박

크리에이티브 컨셉은 소비자 마음에 드는 표현의 기회를 찾는 것을 말합니다. 이러한 기회를 만드는 방법은 다양합니다. 크리에이티브^{Creative}는 창조성, 창의성이라는 사전적 의미를 바탕에 두고 있듯 크리에이티브 컨셉으로 이용될 기회들은 PR, 세일즈 프로모션, 이벤트, 광고 매체물, 포장, 건축, 패션과 같은 전반적인 시각 디자인 영역에서도 찾을 수 있습니다. 또한 한 줄의 감동적인 광고 카피에서도 찾을 수 있죠. 여기서 중요한 것은 크리에이티브 컨셉은 주로 광고에서 참신한 아이디어를 창출하는 광고 컨셉의 의미로 사용하지만, 전반적인 컨셉 도출 관점에서 보면 소비자들에게 표현을 통해 효과적으로 브랜드를 드러내고 목표 소비자에게 강하게 인지시킬 수 있는 창의적인 표현 모두를 일컫는다는 점입니다.

우리는 소비자, 시장, 자사 분석을 토대로 정보를 수집하고 분석한 다음 컨셉 트리를 통해 뛰어난 제품 컨셉과 포지셔닝 컨셉을 설정합니다. 하지만 제아무리 뛰어난 제품이 포지셔닝 컨셉을 도출하더라도 크리에이티브 컨셉을 통해 표현이 제대로 전달되지 않으면 아무런 소용이 없습니다. 반대로 제품 사이 차별점이 없거나 평범한 제품이지만 뛰어난 크리에이티브 전략으로 제품의 매력을 높이면 시장의 판도를 바꿀 수 있습니다. 따라서 크리에이티브 컨셉은 최종적으로 소비자들에게 어떤 식으로 소통하고 전달되는지에 따라 제품의 승패를 결정하는 중요한 요소입니다.

과거의 컨셉 도출 과정을 살펴보면 제품 컨셉, 포지셔닝 컨셉, 크리에이티브 컨셉 등이 순차적으로 도출되어 사용되었습니다. 하지만 IDEO 등 디자인 씽킹 등으로 발전된 현재는 아이디어 자체가 뛰어나 제품의 전반적인 진행을 처음부터 크리에이티브 컨셉이 끌고 나가는 경우도 많습니다. 디자인을 중시한 애플, 뱅앤올룹슨 등은 형태가 내용을 앞서는 대표적인 예입니다. 예술의 섬으로 대표되는 나오시마 섬 또한 수준 높은 예술 작품이 모여 지역 경쟁력을 높였습니다. 이처럼 과거에는 제품의 장점을 표현하는 수단에 불과했던 크리에이티브 컨셉의 역할은 점점 커지고 있습니다.

어떤 크리에이티브 전략으로 다가갈 것인가?

그렇다면 어떠한 크리에이티브를 가지고 소비자들과 소통해야 할까요? 제품 컨셉이 나오고 포지셔닝 컨셉까지 세워졌다면 이제 마지막 종착지인 크리에이티브 전략을 통해 크리에이티브 컨셉을 만들어야 합니다. 지금까지 소비자들의 니즈에 부합하기 위해 문제를 찾고, 그 문제를 어떻게 해결할지 효과적으로 보여주는 것이 크리에이티브 컨셉이라고 설명하였습니다. 문제를 해결하기 위한 단서, 즉 해결의 열쇠가 어디에 있느냐에 따라 소비자에게 전달해야 할 메시지도 달라집니다.

문제를 해결하는 열쇠의 방향은 '제품, 소비자, 경쟁'의 세 가지로 나눌 수 있습니다. 만약 문제를 해결하기 위한 열쇠가 '제품'에 있다면 제품의 핵심을 알리고 그것이 우리에게 가져다주는 편익을 중점적으로 검토해야 합니다. 유한킴벌리의 하기스 기저귀는 국내 정서에 맞게 '걷기 시작하면 입히세요.'라는 걷는 아기용 컨셉으로 제품의 간편함을 강조하는 명확한 컨셉을 내놓았습니다. 제품의 핵심적인 특징을 직설적인 크리에이티브 컨셉으로 노출하면서 시장의 1위 자리를 석권하게 되었죠.

해결의 열쇠가 '소비자'에게 있다면 목표 소비자에게서 브랜드는 어떤 느낌이나 인상을 주는지, 일상생활에서 어떤 역할을 하는지 등을 확인해야 합니다. 오리온 초코파이는 제품을 다르게 바꾸기보다 브랜드에 '정'이라는 새로운 표현을 은유적으로 더하여 반전을 이끌어냈습니다. 사람들이 낱개로 사가던 제품을 박스로 사게끔 유도하기 위해 소비자들의 주변 '관계'에 초점을 두어 따뜻한 이미지로 주목받은 것이죠.

2-64
하기스 매직 팬티 기저귀

해결의 열쇠가 '경쟁'에 있다면 어떨까요? 브랜드가 가진 경쟁적인 차별점을 강조하거나 사용되는 T.P.O^{Time: 시간, Place: 장소, Occasion: 상황} 등을 중심으로 검토해야 합니다. 모두가 잘 아는 '두통, 치통, 생리통엔, 맞다. 게보린!'이라는 광고 카피는 시기적절한 상황에 따른 필요성을 강조하며 '한국인의 두통약'이라는 친근한 컨셉으로 우리나라 대표 두통약임을 강조하고 있습니다.

해결의 열쇠	제품	소비자	경쟁
발상	특징은 무엇인가?	누구를 위한 것인가?	무엇이 더 좋은가?
검토	핵심적인 제품의 특징 심리적, 물리적 등의 편익	소비자에게 주는 제품에 대한 느낌이나 생각, 생활에서 제품의 역할	경쟁적 차별점 제품 사용의 T.P.O
표현 예	직설, 뒤집기	은유/비유, 상징, 과장	비교

출처: '광고 크리에이티브의 원리와 공식', 천현숙

이처럼 시장에 출시되는 모든 제품이나 서 비스는 상대적으로 더 나은 기회를 발견했기 때문에 태어나는 것입니다. 따라서 출시된 제품이 더 많이 팔릴 수 있고 소비자들에게 관심받을 수 있도록 크리에이티브 컨셉을 통해 가치를 찾고 분명한 메시지를 드러내야 합니다. 브랜드가 가진 제품 자체의 가치를 표현해 소비자들에게 최대한 설득력을 갖춰 전달하고 소통하는 것이 바로 크리에이티브 컨셉의 목표입니다.

크리에이티브한 발상의 힌트, 표현 방법

특징적인 정보를 있는 그대로 솔직하게 전달하는 '직접적인 표현'과 나타내고자 하는 핵심을 연상 요소 등을 사용하여 간접적으로 전달하는 '우회적인 표현'처럼 크리에이티브 컨셉은 크게 두 가지로 분류할 수 있습니다.

직접적인 표현은 맛있는 제품의 시즐감^{Sizzle: 제품의 핵심이 되는 소리 활용}을 기교 없이 그대로 보여 주거나 몸에 좋지 않은 담배의 해악을 전달하기 위해 찌든 폐 사진을 사실적으로 접근하는 표현, 과학적으로 검증되었거나 뛰어난 성능, 특징들을 직접 나타냅니다. 대표적으로 직설, 뒤집기, 비교 등으로 표현하죠. 직접적인 표현은 추상적이거나 빗나갈 수 있는 생각의 가능성이 낮아지고 브랜드와 직접적인 연관성이 높으므로 이해가 쉽고 빠르게 공감할 수 있습니다.

반대로 우회적인 표현은 직접 설명하기 어려운 느낌이나 감정, 사상, 그리고 드러내려는 범위가 너무 넓어서 집중하기 어려울 때 표현됩니다. 우회적인 표현의 특징은 브랜드와 자연스럽게 연결할 수 있는 상징 요소를 찾거나 감각적으로 경험하기 힘든 것들을 경험하거나 연상할 수 있도록 표현하기 때문에 이러한 표현법은 소비자들의 지적 능력이나 상상력을 고려해야 하는 부분이기도 합니다. 대표적인 표현 방법으로는 은유, 상징, 과장 등이 있습니다.

이처럼 크리에이티브 컨셉 발상의 힌트가 되는 대표적인 표현 기법들과 사례를 통해 실제로 어떻게 적용되는지를 살펴보며 크리에이티브 컨셉을 구체화하겠습니다.

제품이 가지고 있는 특징이나 경쟁 제품보다 차별적으로 우위를 표현할 때 편익을 사실적으로 묘사하는 방식입니다. 독보적인 기술력이나 성능을 가질수록 더욱 직설적으로 표현하는 것이 효과적입니다.

2-65
니베아 'NIVEA 나이트' 크림 제품 광고
이 제품은 취침 전에 바르면 건강하고 촉촉함을 유지할 수 있는 다목적 보습 크림입니다. 제품 용기가 직접 등장하면서 열린 내부의 크림이 마치 달이 떠 있는 모습을 형상화하여 밤에 바르는 보습 크림임을 표현하고 있습니다.

2-66
과일을 직관적이고 사실적으로 표현한 후카사와 나오토(Hukasawa Naoto)의 음료 패키지 디자인입니다. 실제 과일의 질감을 패키지에 그대로 표현하여 마치 진짜 과일을 먹는 듯한 생동감을 부여하였습니다.

2-67

실제 매장 진열대를 그대로 옮긴 듯한 '홈플러스 가상 매장(Virtual Store)' 광고입니다. 홈플러스는 '언제, 어디서나, 원하는 곳에서' 쇼핑할 수 있다는 편익을 내세우기 위해 제품 이미지마다 QR 코드를 부착하고 스마트폰으로 스캔하며 구매부터 배송까지 구현할 수 있는 가상 마트입니다. 제일기획에서 시행한 홈플러스 지하철 광고는 새로운 소비자들의 참여와 경험을 제공하며 온라인 판매 130%를 이끌어냈습니다.

역설

한마디로 상식을 뒤집는 역발상적 사고를 말합니다. 긍정적인 이야기를 부정적으로 접근하거나 상식을 깨는 표현으로 얼핏 생각하기에는 일반인의 기본적인 생각이 맞는 것 같지만 진실을 이야기하는 역할을 하죠. 뒤집기는 직설과 반대되는 개념으로 역설이라고도 합니다.

2-68

인도의 입양 진흥 아동복지 협회(Indian Association for Promotion of Adoption & Child Welfare)의 공익 광고입니다. 독특하게도 입양한 부모가 아이를 안고 있는 것이 아니라 양부모가 아이에게 안긴 역발상적인 이미지와 함께 'Adopt. You will receive more than you can give(입양하세요. 당신이 주는 것 이상으로 받게 됩니다).'라는 따뜻한 메시지를 담고 있습니다.

2-69

바나나 껍질이 노랗기 때문에 기존 '바나나맛 우유'도 노랗다고 생각하는 소비자들의 상식을 깨고 매일유업에서는 '껍질은 노랗지만 속은 하얗다!'는 것에 착안하여 '바나나는 원래 하얗다'라는 제품을 출시했습니다. 이것은 우유에 색소가 전혀 들어가지 않은 제품의 특징을 강조하기 위해 발상을 뒤집어 소비자들의 고정관념을 깨는 표현 사례입니다.

비교

소비자들은 현재 상황보다 더 나은 상황을 비교하여 보여주면 이를 잘 받아들이고 변화시켜 줄 것을 기대하며 제품을 구매합니다. 상대적으로 가격이 높거나 성능이 떨어지는 것과 상대적인 제품을 진열하면 비교 대상에 의해 구매 확률이 높아지는데 이를 '미끼 효과'라고도 합니다. 비교는 이처럼 상대적으로 다른 두 가지 대상을 비교하거나 사용 전과 후를 통해 브랜드 편익을 표현하는 방법입니다.

2-70
페덱스(FedEx)와 DHL의 비교 광고입니다. 트레일러로 배송 중인 페덱스 앞에 DHL 비행기를 노출시켜 배송 시간 차이를 상대적으로 느낄 수 있게 만든 광고입니다.

2-71

BMW는 페라리를 상징하는 말이 고개를 숙이는 모습을 통해 페라리보다 날쌔고 강한 면모를 보여줍니다. 또한 하단의 광고는 오른쪽 BMW 차량의 위압감에 눌려 왼쪽 재규어 엠블럼이 앞을 보지 않고 반대로 돌아서 있는 이미지를 표현하였습니다.

은유와 비유

다양한 장르 미술, 패러디, 음악, 공연 등을 빗대어 소비자들의 이해와 공감을 불러일으키는 표현 방법으로 자신이 느끼고 경험한 것을 연결하거나 추론할 수 있어 감각적인 경험을 가능케 합니다. 또한 딱딱하기보다 생동감을 전하고 전혀 다른 것에서도 유사점을 발견할 수 있어 사고의 확장이 무궁무진한 크리에이티브 표현 방법입니다.

2-72

롯데제과의 포테토 크래커칩 스낵 패키지 디자인입니다. 얇고 바삭한 포테이토 크래커 스낵으로 담백하고 가벼운 식감을 감자에 날개 일러스트를 달아 은유적으로 표현하였습니다.

2-73

건축계에서 가장 신뢰받는 미디어 아치 데일리(Arch Daily)에서 2016년 최고 건축물 수상자를 발표했습니다. 그중 NAP 건축이 지은 히로시마 오노미치의 '리본 예식장'이 수상하였습니다. '결혼'이라는 그 자체를 리본에 빗대어 표현하여 결혼과의 연결 고리를 통해서 이전에 없던 독특한 조합의 예식장을 만들었습니다.

2-74

폭스바겐은 소셜 미디어를 통해 새로운 친환경 자동차 기술인 '블루 모션(Blue Motion)'을 알리기 시작했습니다. 에스컬레이터를 이용하는 시민들을 대상으로 계단에 피아노 건반을 설치하여 계단을 오르내릴 때 건반 소리가 나도록 광고하였습니다. 계단을 이용하면 전기 소모를 줄일 수 있다는 것을 폭스바겐의 친환경 기술과 연결하여 은유적으로 표현한 것이죠. 계단을 오르내리는 행위를 통해 새로운 기술 홍보에 긍정적인 효과를 미쳤습니다.

상징

브랜드 이미지가 광범위하거나 추상적이라면 구체적인 사물로 표현하는 것을 상징이라
고 합니다. 흔히 바다를 상징하는 색으로 '파란색'을 떠올리며, 교회의 추상적인 믿음을
'십자가'로, 평화라는 보이지 않는 관념을 '비둘기' 등으로 표현하듯이 구체적인 상징을 통
해 나타내는 것입니다.

2-75
소방차는 붉은색, 가지는 보라색 등 사물을 떠올릴 때 상징적으
로 생각나거나 지정된 색상을 찾아 표현한 파버카스텔(Faber-
Castell)의 광고입니다.

 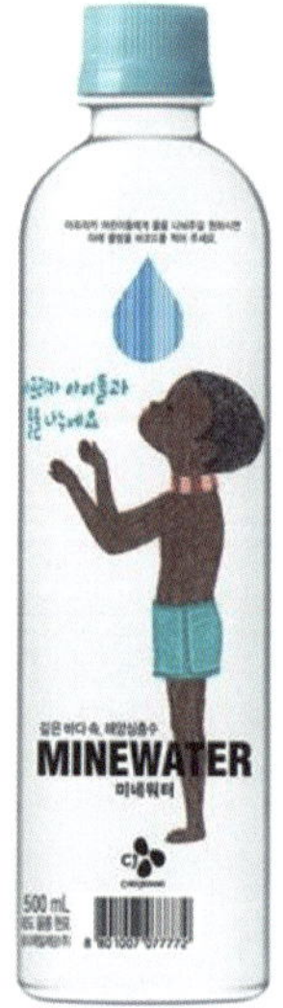

2-76

CJ 미네워터는 상징적인 물방울 형태 바코드를 통해서 바코드롭(Barcodrip)이라는 기부 캠페인을 탄생시켰습니다. 생수 브랜드 미네워터를 구매하여 물방울 바코드를 스캔하면 100원을 기부할 수 있으며, 이 기부 금액은 유니세프를 통해 오염된 물을 먹고 사는 아프리카 어린이들이 깨끗한 물을 마실 수 있도록 도와주는 사회 공헌 캠페인입니다.

2-77
덴마크 디자이너 아르네 야콥센(Arne Jacobsen)은 계란 형태를 상징화한 의자를 만들었습니다. 신체를 편안하고
포근하게 감싸는 듯한 안정적인 모양의 계란에서 착안하여 '계란 의자'라 불립니다.

2-78

빨간색이 상징인 영국의 시사 잡지 '이코노미스트'는 잡지의 정보력을 전달하기 위해 빨간색 배경에 대형 전구를 설치해서 인터랙티브 광고를 시도했습니다. 옥외 광고판 앞을 지날 때 동작 센서가 감지되면 전구에 불이 들어오는데, 잡지를 읽으면 반짝이는 생각과 통찰력을 얻을 수 있다는 주장을 상징적으로 나타냅니다.

과장/유머

소비자들의 관심을 적극적으로 끌기 위해 과장되게 표현하는 방법을 의미합니다. 상황 설명, 제품의 특징, 소비자 심리 등을 극단적이거나 엉뚱하게 표현하여 이러한 부조화스러운 상황이 오히려 유쾌하기도 합니다. 하지만 과장이나 유머는 소비자들이 쉽게 싫증 낼 수 있으므로 중심이 되는 아이디어를 통해 다양한 시리즈를 만들어 대처하는 것도 하나의 방법입니다.

다음 디자인은 재미있는 패키지 디자인으로 상품 가치를 극대화합니다. 소비자들이 쉽게 디자인에 흥미를 잃지 않도록 한 가지 제품을 보여주기보다 하나의 아이디어로 다양한 디자인을 보여줍니다.

2-79
파스타 패키지 디자인 – Pietro Gala/Via

2-80
헤어 밴드 디자인 – St.Stephe

WIDE-ANGLE LENSES
DMAX

WIDE-ANGLE LENSES
DMAX

2-81

오맥스(OMAX) 카메라 광각 렌즈를 표현한 재미있는 광고입니다. 광고 속 카메라 맨은 바로 옆에 있는 관능적인
여성들을 뒤로 한 채 풍경이나 새를 찍는 척하지만 광각 렌즈에 모두 담고 있다는 것을 엉뚱하게 표현하였습니다.

컨셉 시나리오로 알아보는 컨셉 적용하기

사람들의 복잡한 니즈를 컨셉으로 연결하라

컨셉은 소비자의 퍼스널 브랜드다 _ 사회형 컨셉 개발

크리에이티브가 컨셉을 리드한다 _ 컨셉 개발 예외

컨셉

The concept is a key feature.

Part. 3

사람들의 복잡한 니즈를
컨셉으로 연결하라 ❸❶

소비자가 원하는 것에 따라 컨셉도 달라진다,
컨셉의 구분

전설적인 마케터 존 케이플스^{John Caples}는 '여기 그들이 원하는 것이 있다고 알려줘야 한다.'라며 소비자 니즈의 중요성을 재차 강조했습니다. 사람들이 필요하고 중요하게 여기는 것을 적시에 제공하는 것이 좋은 제품과 서비스라는 것은 단순한 진리입니다. 사람들의 욕구는 다양할 뿐만 아니라 잠재되어 있어 본인도 의식하지 못하는 경우가 많습니다. 그래서 좋은 컨셉은 사람들 마음속 욕구가 무엇인지 발견하는 것에서부터 시작합니다.

미국의 심리학자 에이브러햄 매슬로^{Abraham H. Maslow}는 1954년 심리 실험을 통해 사람들의 욕구를 '다섯 가지 욕구 계층 이론'으로 정리했습니다. 생존하는 데 가장 기본이 되는 '생리적 욕구'에서 욕구 단계의 정점에 있는 '자아실현의 욕구'까지 사람의 욕구는 다섯 단계로 존재합니다. 일반적으로 의식주라고 일컫는 삶의 필수 요소^{허기, 갈증, 안전, 신체의 편안함 등}에 관한 욕구는 1, 2단계의 하위 욕구에 속합니다. 사람들은 이 단계의 욕구가 만족되면 사랑에 대한 욕구, 어떤 조직에 소속되고 싶은 욕구처럼 존경 받고 싶어 하는 3, 4단계의 욕구가 생깁니다. 이 단계의 욕구가 충족되면 마지막으로 자신의 이상향을 향해 꿈을 펼치고 싶어 하는 자아실현의 욕구를 추구합니다.

소비자의 마음속 욕구를 매슬로의 욕구 계층으로 분류하면 크게 기능적, 감각적, 사회적 욕구로 나눌 수 있습니다. 그리고 컨셉은 매슬로의 욕구에 기초하여 기능형, 감성형, 사회형 컨셉의 세 가지 유형으로 구분됩니다. 기능적 욕구는 허기나 갈증, 신체의 편안함, 안정되고 안전한 상황 등 매슬로의 1, 2단계 욕구를 충족하는 것으로 '기능형 컨셉'을 통해 제공할 수 있습니다. 기능형 컨셉은 소비자가 안고 있는 문제, 상황을 해소하거나 피하고자 하는 상황을 해결하거나 원하는 상황을 지속하는 것입니다. 머리가 아프거나 복통이 있을 때 진통제를 복용하면 고통이 사라져서 원래 상태로 되돌아오고 거기에서 편안함과 만족감을 느끼죠. 소비자 욕구인 '두통과 복통을 없애 주는 것'은 기능형 컨셉이 제공하는 가치일 수 있습니다. 감성적 욕구는 즐거움, 미적 욕구와 관련됩니다. 아름다운 음악이나 균형잡힌 아늑한 의자 등이 '감성형 컨셉'으로 소비자의 감성적 욕구를 채울 수 있습니다. 사회적 욕구는 자아실현, 소속감, 사랑의 욕구와 관련됩니다. 내가 나를 존중하듯이 타인도 나를 존중할 것이라는 주관적인 기대가 불러오는 느낌입니다. 사회적 가치에는 존경, 자신감, 지위, 친밀감, 사랑, 다정, 선, 자비 등이 있습니다. '사회형 컨셉'인 사회적 욕구는 존경받고 싶어 하는 욕구들을 충족합니다. 예를 들어 다른 사람들이 쉽게 가질 수 있는 가방보다 특별한 소재로 몇 개밖에 만들지 않는 가방, 그들만의 커뮤니티를 위한 제품 등이 있죠. 이러한 사회적 욕구와 관련된 가치는 나와 상대방을 동일시하는 감정 이입 때문에 감성적 욕구에 관한 가치와 서로 겹치기도 합니다.

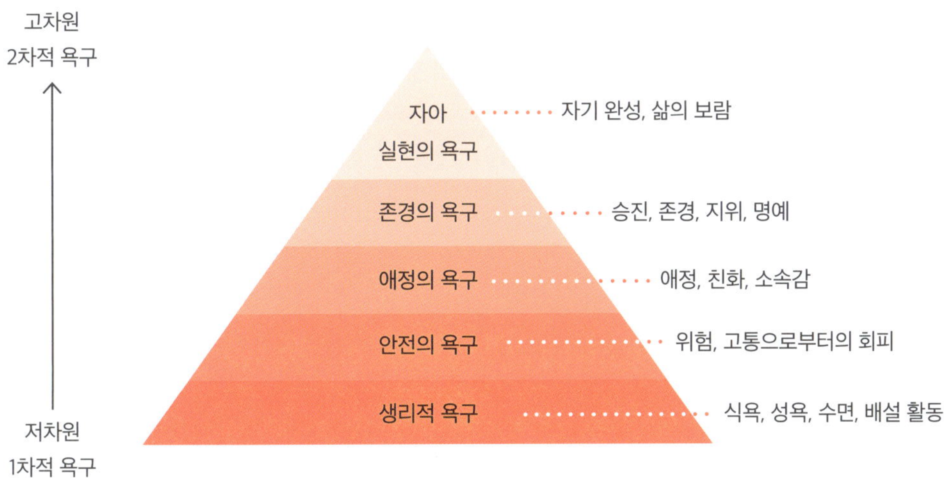

무조건 1, 2단계 욕구가 충족되어야 다음 단계의 욕구가 생기는 것은 아닙니다. 매슬로의 욕구 계층 이론은 일련의 후속 연구들로 발전되고 있습니다. 매슬로는 죽기 전에 욕구 계층 이론의 피라미드를 거꾸로 그려야 했다며 후회했다고 합니다. 그만큼 소비자의 욕구는 단순하지 않습니다. 컨셉 분류를 사람들의 욕구 범주에 따라 분류하는 것으로 이해할 수 있습니다.

어떤 가치로 소비자에게 다가갈 것인가?
컨셉만큼이나 중요한 크리에이티브 컨셉

배고픈 사람들은 정신적인 이상향을 추구하기보다 먼저 배를 채우고 싶어 하지만, 때때로 욕구는 순차적인 것이 아니라 서로 겹치거나 상위 욕구가 하위 욕구보다 우선이기도 합니다. 소비자 욕구에 대해 마케터와 디자이너가 알아야 할 새로운 관점의 연구를 소개합니다.

A 기업에서 직원들의 목표 달성 의지를 향상시키기 위해 100만 원의 보너스를 지급하려고 할 때 기업에서 직원들에게 목표 달성과 관련된 보너스를 소개하는 방법에는 다음과 같은 세 가지가 있습니다.

01. 100만 원으로 무엇을 할지 생각해 보라. 새 차의 할부금을 낼 수 있고, 최고급 레스토랑에서 가족들과 화려한 외식을 즐길 수도 있다.
02. 은행에 100만 원을 입금해 두고 있다면 마음이 얼마나 든든할지 생각해 보라.
03. 100만 원이 무엇을 의미하는지 생각해 보라. 이것은 회사가 당신이 회사 발전에 얼마나 중요하게 이바지했는지 인정하고 있다는 의미다.

개인적으로 어떤 제안이 가장 인상 깊느냐는 질문에 사람들은 어떻게 대답했을까요? 대부분 3번을 선택했습니다. 3번은 매슬로의 욕구 계층 이론의 5단계, 즉 자아실현에 해당합니다. 재미있는 것은 2번 질문에서 나타납니다. 자신이 아니라 '다른 사람에게 가장 좋은 제안은 무엇이었을까?'라는 질문에 대해 많은 사람이 1, 2번을 선택했습니다. 결국 자신은 자아실현 때문에 동기를 부여받지만 다른 사람들은 돈에 의해 동기가 유발된다고 생각하는 것이죠. 다시 말해 기업이 생각하는 것만큼 사람들의 욕구는 단순하지 않으며 가치 있는 것들에 의해 더욱 자극받는다는 것입니다.

우리는 다른 사람들의 욕구는 단순한 것에서 시작된다는 편견을 가지고 있습니다. 그러나 정작 자세히 들여다보면 현금이나 그에 해당하는 인센티브가 가치를 지니기 원합니다.

각자의 욕구는 모두 중요합니다. 하지만 단순히 욕구에만 초점을 맞추다 보면 더욱 심오한 동기를 들여다볼 기회를 놓치고 맙니다. 사람들의 욕구는 복잡해서 단순히 기능을 제공하면 해결될 기능형 컨셉으로 보이는 것들이 때로는 사회형 컨셉일 수 있다는 것을 간과해서는 안 됩니다. 그러므로 기능적 욕구를 해결하는 것에서 끝나지 않고 미학적 욕구까지 채울 수 있는 디자인이 고려되어야 합니다. 크리에이티브 컨셉이 점차 중요해지는 것도 이 같은 이유 때문이지요.

이번 파트에서는 컨셉이 다양한 사례를 통해 크리에이티브 컨셉으로 어떻게 연결되는지 살펴보겠습니다.

컨셉은 기능의 핵심이다
_ 기능형 컨셉 개발 ❸❷

– 필립 코틀러(Philip Kotler)

혁신적인 프레젠테이션으로 유명한 스티브 잡스는 패션 스타일에서는 한결같았습니다. 블랙 터틀넥, 리바이스 청바지 그리고 뉴발란스 운동화. 그중에서도 특히 '잡스의 운동화'라고 불리는 뉴발란스 99X 시리즈는 잡스 룩의 트레이드 마크가 되었습니다. 그는 왜 한결같이 이 운동화를 고집하였을까요? 10년 동안 항상 같은 스타일을 고집하는 그의 퍼스널 브랜딩을 위해서만은 아니었을 것입니다.

3-01
뉴발란스 운동화를 신고 있는 스티브잡스

뉴발란스는 '인체의 균형을 잡아 주는 기능성 신발'이라는 기능 우선의 철학을 가지고 있습니다. 뉴발란스^{New Balance}라는 회사명과 브랜드명 역시 '불균형한 발에 새로운 균형을 창조한다!'는 브랜드 철학에서 유래되었습니다. 1906년 윌리엄 라일리^{William J.Riley}라는 청년은 종일 서서 일하는 근로자 또는 발이 불편하거나 장애를 가진 사람들을 위해 '몸의 균형'을 잡아주는 아치 서포트^{Arch Support: 지지대가 있는 신발 깔창}를 적용한 새로운 신발을 고안했습니다. 발 모양에 따라 제작한 아치들은 걸을 때 한쪽 발에서 다른 쪽 발로 옮겨 가는 무게를 같게 분산시켜 몸의 균형을 잡았습니다. 최상의 러닝화라는 찬사를 받은 이 운동화는 뉴발란스 연구팀에 의해 발전을 거듭했고, 1982년 어디서도 본적 없는 최고의 운동화를 만들자는 목표 아래 뉴발란스 990이 출시됩니다. 990은 당시 100달러라는 비싼 가격에도 불구하고 많은 러너와 스니커즈 애호가들에게 사랑받았습니다. 뉴발란스 99X 시리즈는 990 시리즈 출시 이후에도 착화감과 기능성을 향상시키기 위해 지속해서 연구 및 개발되고 있습니다. 이처럼 사람들이 느꼈던 발의 불편함을 아치 서포트라는 기능으로 해결한 뉴발란스는 기능형 컨셉의 대표적인 예입니다.

기능형 컨셉은 대부분 소비자가 필요로 하는 가장 기본적인 욕구를 바탕으로 합니다. 허기, 갈증, 안전, 신체의 편안함 등 불편한 상황을 해소하거나 수면 위로 떠오른 순간적인 욕구들이죠. 그래서 불편하거나 피하고자 하는 상황을 해소할 수 있는 제품의 기능에 집중하고 또한 그것을 바탕으로 커뮤니케이션합니다.

'덴탈클리닉 2080' 치약은 소비자들에게 20개의 건강한 치아를 80세까지 유지한다는 컨셉으로 치아 건강이라는 기능적인 편익을 제공합니다. 세제 '비트'의 경우 찌든 때를 쏙 빼준다는 편익을 브랜드명에 녹여냈습니다.

기능형 컨셉 개발은 보통 두 가지 방향에서 시작됩니다. 첫째, 소비자가 불편하게 여기는 것은 무엇인지 조사하여 그것을 발전시키는 형태입니다. 소비자의 충족되지 않은 욕구를 찾아내고 그것을 충족하는 수단을 표적 집단 면접이나 개인 심층 면접 등의 조사를 통해 도출합니다. 물론 이때 추출한 미충족 니즈는 '차별화'된 필요성인지 검증의 과정을 거칩니다. 조사 방법으로 도출한 기능형 컨셉의 예로 미국 식품 회사 제너럴 밀스^{General Mill}의 요구르트 제품이 있습니다. 요구르트 신제품 개발을 위해 주 고객인 아이들을 관찰했습니다. 아이들의 주 관심사는 즐겁게 뛰어노는 것이므로 기존의 뚜껑을 따서 숟가락으로 떠먹는 제품은 먹기 불편하고 바닥에 쏟거나 흘리기 일쑤였습니다. 제너럴 밀스는 이러한 미충족 니즈를 발견하고 컨셉화하여 한 손에 쥐고 먹을 수 있는 튜브 형식의 '고거트^{Go-gurt}'를 출시하여 히트 상품으로 만들었습니다.

3-02
제너럴 밀스의 고거트는 아이들의 미충족 니즈를 발견해 한손에 쥐고 먹을 수 있도록 패키지를 고안했습니다.

둘째, 기능형 컨셉 개발이 시즈에서 출발하는 경우입니다. 기능형 컨셉은 핵심 편익을 기술력으로 구현할 수 있어야 하기 때문에 소비자가 인식하지 못하는 니즈를 기술력, 즉 시즈를 통해 이끌어 내기도 합니다. 소니의 회장 모리타 아키오는 오래전부터 청년들이 무거운 스테레오 카세트 플레이어를 들고 다니는 것을 관찰하고 걸으면서 음악을 들을 수 있는 워크맨 컨셉을 생각했습니다. 하지만 사내 마케터, 전문가들은 그런 제품은 팔릴 리가 없다며 이구동성으로 반대했습니다. 일반인을 상대로 진행한 시장 조사 결과 걸으면서 음악을 듣는 행위 자체에 대해 필요하지 않다고 판단했기 때문입니다. 이에 모리타 회장은 '소비자들은 무엇이 가능한지 모른다.'며 제품 개발을 감행했고, 결과적으로 워크맨은 단일 제품으로는 세계에서 가장 많이 팔린 제품으로 이름을 올렸습니다.

기능형 컨셉을 도출하기 위해 미충족 니즈와 사업의 시즈를 구체화하는 것은 방향성이 다르지만 모두 소비자들의 숨어 있는 욕구를 살피기 위해서입니다. 결국 정형화된 설문지를 이용하기보다 연구 대상자가 어떻게 하면 자연스럽게 소비자들의 일상적인 활동을 비일상적인 활동과 구분하는 통찰력을 가지느냐에 기능형 컨셉 개발의 열쇠가 있습니다.

껌 하나를 씹더라도 소비자의 건강까지, 자일리톨 껌

시나리오 제과 시장에도 건강 신호탄이 터졌습니다. 기능성 제품에 대한 소비자 욕구가 높아지면서 풀어야 할 숙제가 생긴 것이죠. 당시 웰빙 트렌드로 인해 기능성 시장이 확대되었지만 성공한 국내 브랜드는 많지 않았습니다. 이에 롯데제과는 스낵이나 비스킷류보다 기능성 원료 배합이 쉬운 껌을 개발하기 시작합니다. 기존에 집중력을 강화하는 껌, 구취 제거를 위한 껌 등 효능형 제품을 상당수 개발했지만, 소비자들은 구강 청결에 도움을 주는 에티켓 껌 정도로만 생각하였습니다. 그런데 해태제과가 이를 뒤집었습니다. 무설탕 껌이라는 컨셉으로 '덴티큐'를 선보이며 순식간에 껌 시장의 판도를 바꾼 것입니다. 무설탕 껌의 시장 매출이 꾸준히 상승세를 타고 있을 무렵 롯데제과는 '자일리톨'을 발견하고 본격적인 제품 개발에 돌입하게 되었습니다. 맛도, 치아 건강에도 좋은 자일리톨 성분으로 1997년 처음 시장에 출시했습니다. 그러나 초기 성과는 그다지 우수하지 않았으며 보기 좋게 실패로 돌아갔습니다.

문제 출시된지 6개월 만에 기존 껌과의 차별화 전략이 실패하자 우수한 소재로 입증된 자일리톨을 다시 한 번 검토하고 소비자 신뢰를 발판 삼아 새로운 도약을 꿈꾸게 되는데요. 어떤 컨셉과 전략으로 껌 시장에서 명실상부한 일등 브랜드로 자리매김할 수 있었을까요?

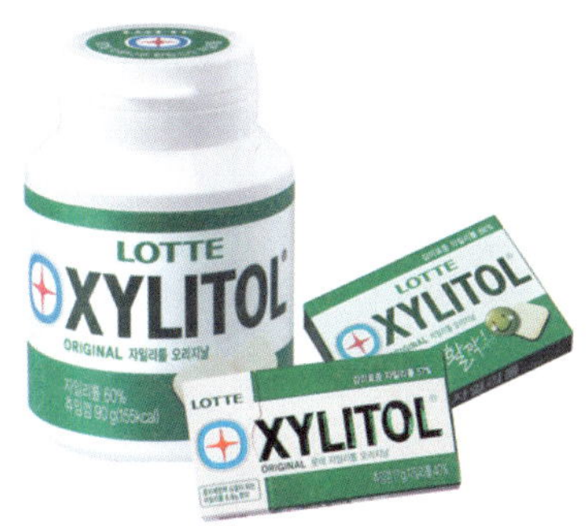

3-03
롯데제과의 자일리톨 껌은 어떤 컨셉으로 브랜드 순위를 뒤집을 수 있었을까요?

롯데제과는 건강에 대한 소비자들의 관심이 고조되면서 1997년 '자일리톨 에프'를 출시했지만 소비자들의 욕구를 충분히 만족시키지 못했습니다. 무엇이 잘못되었을까요? 300원대의 껌 시장에서 소비자들은 500원이라는 높은 가격을 수용하기 힘들었던 것입니다. 그리고 자일리톨의 효능에 대해 정확하게 인지하지 못한 상태였기 때문에 기존 제품들과 차별화 전략을 펼치는 것은 아무 의미가 없었습니다. 그래서 더욱 적극적인 변화를 꾀했죠.

결국 제품의 아이덴티티^{Identity}를 새롭게 정립하기 위해 기존의 컨셉을 버렸습니다. 출시 당시 무설탕 트렌드에 맞춰 차세대 프리미엄 '무설탕 껌, 자일리톨 에프'라는 컨셉으로 제품을 출시했습니다. 그런데 당시 해태제과가 내세운 '무설탕 껌, 덴티큐'가 원료에 대한 단맛을 제한하자 오랫동안 인기를 유지하기 힘들었습니다. 건강에는 좋지만 좋은 맛을 구사하는데 한계가 있다고 느낀 소비자들은 무설탕에 대해 서서히 외면하기 시작했죠. 하지만 자일리톨은 설탕과 비슷한 단맛에 냉각 효과가 뛰어나고 무엇보다 충치 예방에 탁월한 건강 지향적 소재였습니다. 무설탕 컨셉으로는 승산이 없다고 생각한 롯데제과는 충치 예방에 좋은 자일리톨 자체를 강조하는 컨셉으로 바꿨습니다. '무설탕 껌'에서 '충치 예방, 자일리톨'로 말이죠. 그리고 브랜드명도 제품 특성 그대로를 강조하기 위해 '자일리톨' 성분 이름만 사용하기로 합니다.

컨셉(Concept)

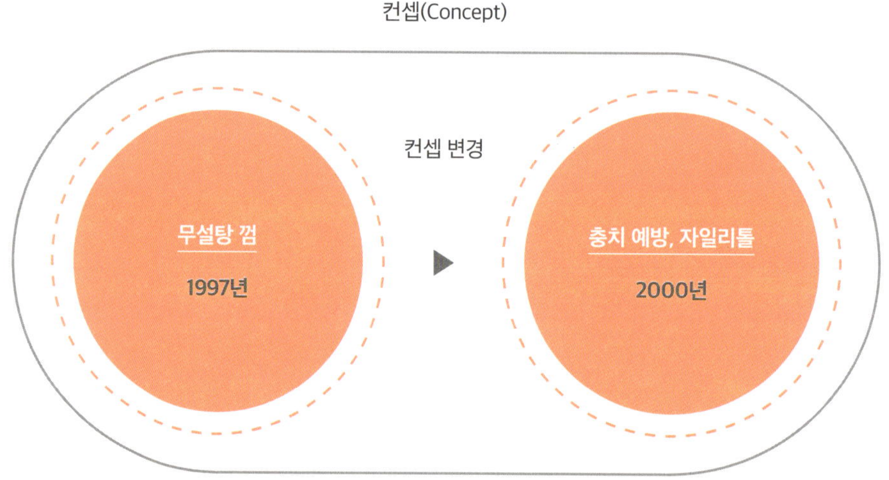

앞서 설명한 것처럼 기능형 컨셉은 소비자의 미충족 니즈를 찾는 것이고, 찾았다면 발전시켜도 좋은 '차별성'을 가졌는지에 대한 검증 단계를 거칩니다. 주 소비자를 대상으로 제품 테스트와 시장 조사를 통해 자일리톨만의 우수성을 다시 한 번 입증합니다. '충치 예방'에 뛰어난 효능이 있다는 소비자의 잠재 욕구를 자일리톨이 만족시킬 수 있다고 판단한 것입니다. 그래서 롯데제과는 차별성으로 소비자들에게 껌을 판매한다는 생각보다 치아 건강에 좋은 '기능적 가치'를 판매한다는 강한 자신감을 가졌습니다.

롯데제과는 자일리톨 껌의 성공적인 리런칭을 위해 제품이 자연스럽게 시장에 정착하도록 분위기를 조성하는 게 급선무라고 결론내렸습니다. 시장 도입 전 소비자들에게 제품의 효능을 전달하기 위한 방법을 찾기 시작했습니다. 기능성 제품의 경우 무엇보다 소비자의 믿음과 신뢰가 중요하므로 자일리톨 성분에 대한 우수성뿐만 아니라 충치 예방에 대한 상식, 구강 보건에 대한 세계적인 관심을 홍보 내용으로 다루었습니다. 그리고 '자일리톨은 충치 예방에 효과적이다.'라는 일관된 목소리를 내며 자일리톨이라는 단어만으로도 제품의 우수성을 인지시켜 생소한 제품에 관한 저항을 최소화했습니다. 두터운 신뢰를 형성하기 위해 출시일을 미루고 먼저 치과 의사들로부터 효능을 입증받아 치과용 자일리톨 껌을 개발했습니다. 충치 예방에 효과가 있다는 사실이 입증된 껌은 치과와 치과 환자들에게 큰 인기를 얻고 일반 소비자들에게도 점차 많은 관심을 받으며 '프리미엄 충치 예방 기능성 껌'으로 자일리톨 자체 시장을 구축하였습니다.

더 나아가 기존 껌 시장에서 볼 수 없었던 새로운 지기 구조 개발을 선도하였습니다. 300원짜리 껌 시장에서 500원이라는 높은 가격으로 기존과 같은 껌 형태로 판매하다 지기 구조: 제품 또는 물건을 포장하거나 담는 박스 종류 등의 구조로, 제품의 패키지 디자인에서 펼친 면의 도안 구조를 말합니다. 보니 소비자들이 가격을 수용하기 부담스러웠던 것이죠. 유통 과정에서도 500원짜리 제품을 300원에 팔아 손해를 본 점주들의 거부감 또한 실패의 주요 요인이기도 하였습니다. 이에 점진적인 프리미엄급 확대 방안으로 제품의 라인과 형태의 다양화용기형, 알약형, 리필형, 폭이 좁은 스틱형를 구상했습니다. 2000년대 초부터 치밀하게 진행한 마케팅 전략으로 인해 자일리톨 껌은 급성장을 이룩합니다. 제품에 관한 신뢰를 쌓기 위해 런칭 전 단행했던 행보들이 지금의 국민 껌 반열에 오르는데 가장 큰 지렛대 역할을 했습니다.

크리에이티브 노트 핀란드에서 씹는 껌 주세요

제품 출시 초기에 방영된 자일리톨 TV 광고는 높은 인기를 얻는 데 가장 크게 기여하였습니다. 자일리톨은 차별화된 충치 예방 기능성 컨셉을 살리기 위해 더욱 객관적이고 분석적인 근거를 확보하는 데 주력하였죠. 건치 국가로 유명한 핀란드를 주요 소재로 사전 조사에 들어가 중요한 사실을 발견했습니다. 핀란드 사람들은 자일리톨 껌이 기호 식품이 아닌 가족들을 위해 식탁에 들여놓거나 학교 급식에 내놓는 생필품으로 이용된다는 사실이었습니다. 모든 생활에서 요긴하게 사용되는 자일리톨로 인해 핀란드는 충치 발생률이 세계에서 가장 낮은 건치 국가를 유지할 수 있었던 것입니다.

TV 광고는 핀란드 생활상을 중심으로 기존 생각을 파괴하는 역발상 전략으로 다소 신선하게 전개되었습니다. '핀란드에서는 자기 전에 자일리톨 껌을 씹고 잡니다. 한국에서도 자일리톨 껌!'처럼 껌이 충치를 유발한다는 고정관념을 탈피하고 오히려 충치 예방에 효과적이라는 인식을 강력하게 심어 줍니다. 실제로 사람들이 귀찮아하는 자기 전 양치질을 '껌으로 대신해도 되겠구나.'라고 생각을 바꿀 정도로 신선한 접근법이었습니다. 또한 성우의 정감 있는 내레이션은 건강한 치아를 지키려는 소비자들에게 설득력 있게 각인되어 자일리톨에 대한 신뢰도를 높게 형성했습니다. '자기 전에 씹는 껌'과 '양치 후에 씹는 껌'이라는 효능을 강조한 지면 광고 외에 설득력 있는 핀란드 광고는 식품 업계의 화두가 되며 제품 관여도를 높이는 데 기여하였습니다.

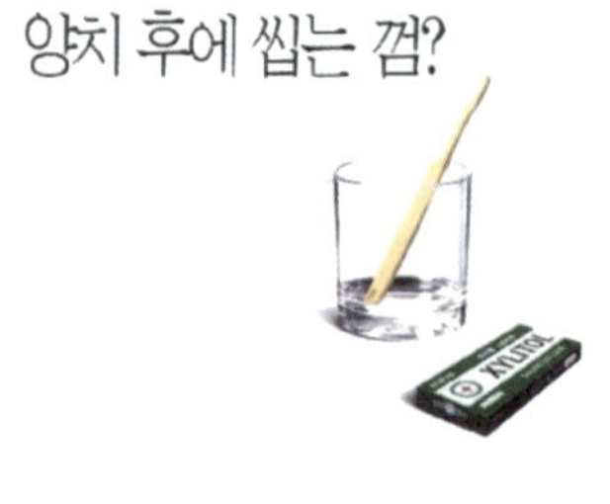

3-04
'자기 전에 씹는 껌', '양치 후에 씹는 껌' 지면 광고

양치 편: 양치질하고 '자일리톨' 껌 씹는 것 잊지 마라~

잠자기 전 편: 핀란드에서는 이를 닦은 후 '자일리톨' 껌을 씹습니다.

부부 편: 여보! 잠자기 전에 잊지 않으셨죠?

친구 편: 어! '자일리톨' 껌이 어디 있지?

3-05
자일리톨 TV 광고 '핀란드 편'

또한 식품 업계 최초 대한치과의사협회의 공식 추천 상품으로 인증을 받았습니다. 기존 대한
치과의사협회에서 인증한 상품은 치과 진료에 관한 의료기구나 충치 예방 구강 청정제, 치약
등이 전부였습니다. 협회 추천 인증 문구는 핀란드의 청정한 이미지 활용과 더불어 자일리톨
의 우수성을 입증하는 홍보 소스로 더욱 박차를 가했습니다. '핀란드에서 씹는 껌 주세요!'라
고 하는 소비자가 생길 정도로 자일리톨은 단순한 껌을 넘어 치아 건강을 생각하는 사람들의
필수품으로 자리 잡았습니다.

마케팅 도구로서의 패키지 디자인

자일리톨은 기존에 씹는 즐거움을 추구하는 껌의 기호적 속성과 달리 특수한 효능을 강조하여 기능성 제품 이미지를 부각하였습니다. '자일리톨' 하면 연상되는 이미지는 무엇인가요? 대부분 알약 형태의 껌과 녹색 패키지를 가장 먼저 떠올릴 것입니다. 자일리톨은 스틱형과 같은 기존 껌 형태도 있지만 알약 형태의 제품을 만들어 의약품과 같은 기능의 기대감을 부여하고자 하였습니다. 그리고 리필형, 용기형 등 다양한 형태의 변화로 소비자들에게 기능성 껌에 대한 흥미를 유발하여 구매까지 이어지도록 유도하는 데 중요한 역할을 했습니다.

자일리톨의 우수성을 알고 있는 유럽과 미국, 일본 등은 이미 80년대부터 세계 시장에 자일리톨이라는 상표로 제품을 판매하고 있었습니다. 성분명을 그대로 표기한 제품명은 직설적으로 소비자에게 전달할 수 있는 강점이 있지만, 법적인 보호를 받을 수 없어 후발주자의 모방에 대비해야 했죠. 이에 자일리톨을 디자인한 일본 디자이너 사토타쿠(Satoh Taku)는 제품명 앞에 강력한 상징을 연결하여 소비자들에게 별도의 차별화된 이미지 전략을 구사했습니다. 치아가 빛나는 어금니 형태의 로고는 경쟁사가 따라 할 수 없는 프리미엄 기능성 껌에 대한 정체성을 더욱 분명하게 하며 '건강한 치아'에 대한 크리에이티브 컨셉은 큰 호응을 얻었습니다. 또한 디자이너는 유럽의 프리미엄 이미지와 핀란드가 주는 깨끗하고 청정한 느낌을 주요 모티브로 생각했습니다. 제품 패키지 디자인에 자일리톨 원료인 핀란드의 푸른 자작나무를 연상하도록 흰색과 녹색 스트라이프를 통해 상쾌하고 깔끔한 디자인을 선보였습니다.

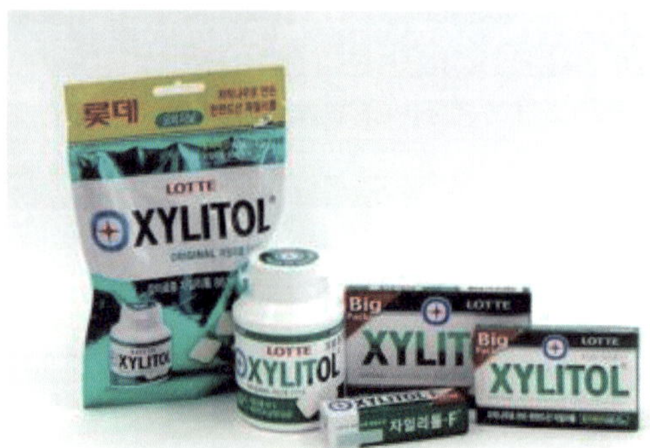

3-06
초창기 자일리톨 디자인

추후 자일리톨의 치솟는 인기에 유사품이 쏟아져 나오면서 일반 명사화된 제품명을 더욱 변별력 있는 브랜드 이미지로 갖추고자 '자일리톨 휘바'라는 명칭으로 재탄생했습니다. 핀란드어로 '휘바'는 '잘했어요'라는 뜻으로 휘바를 외치는 핀란드인을 캐릭터화하여 자일리톨 로고와 함께 사용하였습니다. 그리고 제품을 구매할 때 '휘바를 확인하세요. 휘바,휘바'라고 하는 전략적 카피를 통해 유사 브랜드 사이에서 원조 브랜드임을 강조하며 소비자들에게 강한 인상을 남겼습니다.

이처럼 패키지 디자인은 제품 정보를 시각적으로 전달할 뿐만 아니라 소비자들에게 직접적인 브랜드 정체성을 구축하는 등 중요한 역할을 합니다. 기존 패키지 디자인은 제품을 보호하고 상세 내용을 전달하는 일차적인 역할을 했다면, 현재는 자체적인 POP 기능과 자발적인 광고로 중심 역할을 하고 있죠. 자일리톨의 철저한 마케팅 전략은 제품 출시 1년 만에 월 100억 원대 매출을 이룩하였으며 독자성 있는 디자인으로 껌 시장에서 가장 사랑받는 명실상부한 일등 브랜드가 되었습니다.

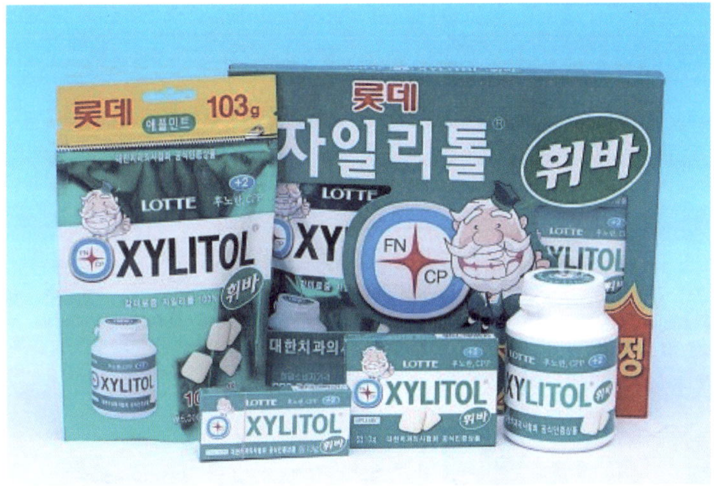

3-07
자일리톨 휘바
디자인

기능형 컨셉으로 100년을 이어오다, 질레트

전설적인 러브마크들의 공통점은 다음과 같이 네 가지로 정리할 수 있습니다. 첫째, 끊임없는 자기 혁신을 통해 고객이 원하는 것을 먼저 찾아주는 초월적인 경쟁력이고 둘째, 적절한 수준에서의 사용자 확장이며 셋째, 왜 이 제품을 구매해야 하는가에 관한 명확한 브랜드 컨셉 제시이고 넷째, 브랜드 가치 제고 및 확장 등 효율적인 브랜드 관리입니다. 질레트는 이러한 러브마크의 전형적인 예로 네 가지 원칙을 철저히 기능형 컨셉으로 이루어 냅니다.

러브마크: 소비자 감성에 호소하는 카리스마 있는 브랜드로, 브랜드 가치가 사라지면 소비자는 다른 브랜드를 찾지만, 러브마크가 사라지면 소비자들은 격렬하게 항의합니다. 러브마크의 강력한 감성적 유혹은 이성을 초월한 충성도를 유발시킵니다. 이러한 충성도가 장기간의 유대관계를 가능하게 하며 작은 실수는 용서하고 실패마저 이해하게 합니다.

전 세계 남성들의 생활 습관을 바꾼 질레트는 면도칼과 면도날, 면도 용품, 전기면도기 등 대표적인 남성용품 전문 회사입니다. 볼티모어 실 컴퍼니 Baltimore Seal Company 의 영업 사원이던 킹 C. 질레트 King Camp Gillette, 1955~1932 는 기차 시간에 늦지 않게 서둘러 면도를 하다 상처가 난 뒤 오늘날의 면도기를 고안해냈습니다. 당시에는 묵직하고 시퍼렇게 날이 선 일자형 면도칼로 면도했기 때문에 상처가 나기 쉽고 매번 칼을 갈아야 하는 불편함도 있었습니다. 그는 이러한 점을 보완하기 위해 수년간 면도기 개발에 집중하여 세계 최초로 T자형 안전 면도기를 발명해서 1901년, 마침내 특허를 얻었고 질레트의 전신을 세웠습니다.

3-08(왼쪽)
킹 C. 질레트

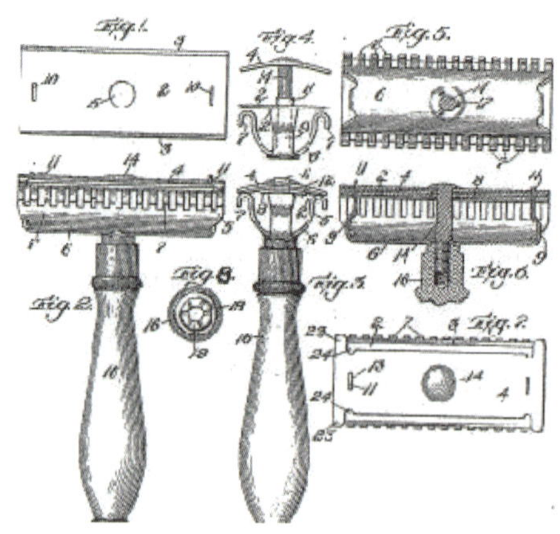

3-09(오른쪽)
질레트가 고안한 초기의 T자형 면도기

이후에도 적극적인 기술 개발을 통해 면도기 시장을 선도하며 1999년 질레트는 코카 콜라, 나이키 등과 함께 20세기를 대표하는 브랜드로 자리 잡았습니다. 당시 질레트의 브랜드 가치는 160억 달러에 달했고 최근까지도 포브스가 선정한 글로벌 브랜드 TOP 100에 이름을 올렸습니다.

최근 인도에서도 기능형 컨셉으로 또 한 번의 성공 신화를 쓴 질레트에게도 위기가 없었던 것은 아닙니다. 함께 다음의 시나리오를 살펴보겠습니다.

시나리오 1974년 질레트의 경쟁사였던 프랑스 회사 소시에떼 빅(Societe Bic SA)이 그리스에서 최초의 일회용 면도기를 출시해 순식간에 시장 점유율 10%를 기록하면서 시장 판도에 변화가 일어 납니다. 소시에떼 빅은 값싼 플라스틱 제조 방법을 개발했고 볼펜과 라이터로 다져 놓은 효율 적인 유통 경로를 개척했습니다. 급기야 유럽 시장에서는 질레트를 앞지르기까지 했습니다. 질레트는 미국 시장을 지키기 위해 1976년, 서둘러 일회용 면도기 '굿 뉴스(Good News)'를 출시합니다. 그러나 굿 뉴스로 가까스로 미국 시장을 지킬 수 있었던 질레트는 낮은 수익률이 라는 거대한 산을 마주해야 했습니다. 경쟁사인 빅에 대응하기 위해 낮은 가격에 주력하다 보 니 매출과 시장 점유율은 늘어도 수익성이 좀처럼 개선되지 않았던 것입니다.

문제 매출과 시장 점유율을 지키기 위해 버린 낮은 수익성으로 계속해서 박리다매식의 판매를 한 다면 질레트의 철학인 연구, 개발과 핵심 기술력에 투자할 수 없게 되고 악순환은 계속될 것입 니다. 질레트는 과연 어떤 방법으로 이 상황을 타개했을까요?

질레트의 가장 큰 실수는 당장 눈에 보이는 경쟁에 빠졌다는 것입니다. 소시에떼 빅이 출시한 일회용 면도기에 대응할 수 있는 유사 제품을 출시한 것이 질레트가 취한 조치 의 전부였습니다. 그러나 애초에 일회용 면도기를 시장에 선보였던 빅과 카트리지 방 식의 고급 면도기를 생산했던 질레트는 서로 다른 가치와 역량을 가지고 있었습니다. 소시에떼 빅의 핵심 역량은 원가 경쟁력으로 저렴한 생산 체제를 구축하고 있었기 때 문에 저가의 일회용 면도기를 팔아도 이익을 창출할 수 있었죠. 반면에 질레트는 상황 이 달랐습니다. 질레트의 브랜드 파워는 연구, 개발 역량에 있었습니다. 전통적으로 적 극적인 연구 개발을 통해 프리미엄 제품을 출시하고, 그 기능으로 소비자에게 프리미 엄 브랜드라는 브랜드 자산과 높은 마진율을 만들어 온 것입니다.

다행히 질레트는 그들의 실수를 빠르게 깨닫고 시장의 선도자로서 입지를 굳힐 수 있는 핵심 역량에 초점을 맞추기로 했습니다. 일회용 면도기 제품에 단순히 대응하는 것이 아니라 고급 면도기 제품이 시장의 주류를 형성하도록 만드는 전략을 세웁니다. 그리고 막대한 금액을 투자하여 탄성이 뛰어난 면도날을 장착한 이중 면도날 면도 시스템인 '센서Sensor' 면도기를 개발합니다. 센서는 총 13년의 개발 기간에 연구 개발비 7,500만 달러, 필요 자본 증자 1억 2,500만 달러, 출시를 앞두고 집행한 1억 1,000만 달러 광고비까지 총 3억 1,000만 달러약 3,500억 원를 투입했습니다. 이 제품으로 시장 판도를 뒤집는 데 성공한 질레트는 거기서 그치지 않고 새로운 마하 3Mach 3에 엄청난 자원을 쏟아부었습니다. 개발과 제작에 7년이 걸린 새 면도기에는 전대미문의 개발 금액인 7억 5,000만 달러라는 비용이 투입되었습니다. 이 금액은 1992년부터 1999년까지 7년 동안 한국 자동차 산업의 총 연구 개발비와 맞먹는 액수라고 합니다. 새 면도기는 강철보다 더 강하지만 몹시 얇은 세 개의 날 시스템이 기술 혁신의 핵심이었습니다. 출시한 지 몇 달 만에 마하 3는 이전의 시장 점유율 1위인 센서보다 10배 이상 팔립니다. 질레트는 이 두 가지 제품으로 면도기 시장 점유율의 70%를 차지하여 40여년 만에 판매율 최고 기록을 갱신할 수 있었습니다. 앞으로 몇 년 동안은 1위 제품으로 얻은 명성에 충분히 안주할 수 있지만 질레트는 자신들의 핵심 역량인 '기능형 컨셉'을 계속 강조하면서 공격적인 연구 개발을 이어가고 있습니다. 지금까지도 질레트의 주요 수입원인 마하 3는 전 세계에서 1억 개 이상 판매된 인기상품으로 사랑받고 있습니다.

3-10
100년 넘게 이어져오는 질레트 기술은 정밀한 면도기를 완성했습니다.

기능형 컨셉, 남자의 프리미엄이 되다

기능형 컨셉의 크리에이티브 컨셉은 실제 편익이 눈에 보이는 방법을 많이 사용합니다. 기능이나 효능은 비교할 수 있기 때문에 크리에이티브 컨셉도 대부분 정보를 이성적이며 논리적인 방식으로 전달하는 커뮤니케이션을 하죠. 그래서 제품이 가지는 특장점(USP: Unique Selling Proposition)을 내세우거나 경쟁사와 직접적인 비교를 통해 공격적으로 대응하기도 합니다.

질레트는 제품력이 무기이자 강한 자신감이기에 크리에이티브 컨셉은 'Gillette. The Best a Man Can Get'입니다. 그리고 최고의 남자가 질레트를 사용한다는 광고 카피에 걸맞게 높은 가격을 책정하고 프리미엄 이미지를 구축하기 위한 적극적인 프로모션을 실행했습니다. 13년에 걸쳐 개발된 질레트의 역작 '센서' 또한 막대한 광고 예산을 집행해 질레트의 기능에 대한 자신감, 브랜드 철학을 소비자들과 커뮤니케이션했습니다. 다음의 광고 카피를 살펴보세요. '지금 당신이 사용하는 제품이 바로 질레트'라고 자신 있게 말합니다. 기능형 컨셉을 그대로 크리에이티브 컨셉의 전략으로 가져왔다고 할 수 있습니다.

3-11
최고의 남자가 질레트를 사용한다는 광고 카피입니다.

질레트와 스포츠 마케팅

'Gillette. The Best a Man Can Get'

여기서 'Best a Man', 남자들이 생각하는 최고의 남성이란 어떤 남성일까요? 질레트는 남성미를 물씬 풍기는 스포츠 스타에 주목합니다.

스포츠 선수를 후원하거나 경기를 지원하면서 기업이나 브랜드를 함께 홍보하는 것은 스포츠 마케팅의 대표적인 예입니다. 농구에 열광하는 남성 팬들은 '마이클 조던이 광고하는 나이키 운동화를 구매해 볼까?'라고 생각하기도 하고, 우사인 볼트를 광고 모델로 한 DSLR 카메라 광고를 보면서 단거리 육상의 스피드와 카메라를 동일시하기도 합니다. 그리고 스포츠 이미지를 이용한 하이네켄의 광고와 프로모션 등을 볼 때 거부감보다 '하나 되는' '흥분되는' 등의 단어를 연상하여 긍정적인 이미지를 가지기도 합니다. 이러한 연상 작용 때문에 스포츠 마케팅은 브랜드 이미지 제고를 위한 기업의 마케팅 수단으로 많이 활용되고 있습니다.

이를 재빠르게 알아챘던 질레트는 당시에는 생소한 개념이었던 스포츠 마케팅을 적극적으로 도입했습니다. 1910년 메이저리그 선수들을 이용한 광고를 시작으로 월드 시리즈의 라디오 중계와 TV 중계 독점 광고도 진행했습니다. 야구 경기뿐만 아니라 당시 사람들이 열광했던 복싱 경기도 지속해서 지원했습니다. 1980년부터는 월드컵에도 참여하기 시작하여 지금까지 파트너로서 지속적인 활동을 하고 있습니다. 질레트 광고에 등장하는 모델은 항상 30~40대가 열광하는 스포츠에서 최고의 주가를 올리는 선수이고 그 선수 이미지를 통해 프리미엄 이미지를 함께 얻을 수 있었습니다.

스포츠 마케팅의 정점을 찍은 것은 2007년에 진행했던 티에리 앙리, 타이거 우즈, 로저 페더러의 질레트 TV 광고입니다. 영국 프리미어리그 3년 연속 득점왕에 빛나는 세계적인 축구 스타 '티에리 앙리', 메이저 대회 13승을 돌파한 골프 황제 '타이거 우즈', 윔블던 5연패를 달성한 테니스 제왕 '로저 페더러'를 한 화면에서 볼 수 있다는 것만으로도 이미 숱한 화제를 뿌렸던 캠페인입니다. '질레트 챔피언'으로 불리는 이 캠페인은 'The Best a Man Can Get'이라는 질레트의 브랜드 슬로건을 소비자들에게 강력하게 전달하는 광고였고 전 세계 150여 개국에서 대대적으로 진행되었습니다. 광고에서는 테니스 코트에서 환호하던 로저 페더러가 화면 밖으로 걸어 나오면서 말합니다. "어제는 지나간 역사, 그저 좋은 기억일 뿐." 티에리 앙리 역시 어제는 결코 다시 곱씹지 않는다고 말합니다. 이어지는 타이거 우즈의 한마디, "중요한 것은 바로 오늘이다!", 그들은 어제의 성공 속에서 빛났지만 어제의 영광은 생각하지 않는다고 합니다. 바로 오늘에 집중하면서 성공을 만들어 가는 비법을 말하고 있습니다. 광고는 최고의 남자들이 말하는 '최고의 오늘을 사는 것의 중요성'을 전달하여 소비자 역시 질레트가 제공하는 최고의 면도와 함께 최고의 오늘을 살 수 있는 용기를 줍니다. 브라운관에서 좀처럼 보기 힘든 세계적인 스포츠 스타를 함께 기용했다는 것만으로도 이미 큰 즐거움을 준 '질레트 챔피언' 캠페인은 그들이 이룬 업적과 그들이 가지는 이미지가 최고의 면도를 선사하는 질레트 이미지와 잘 부합되어 성공적인 광고로 평가됩니다.

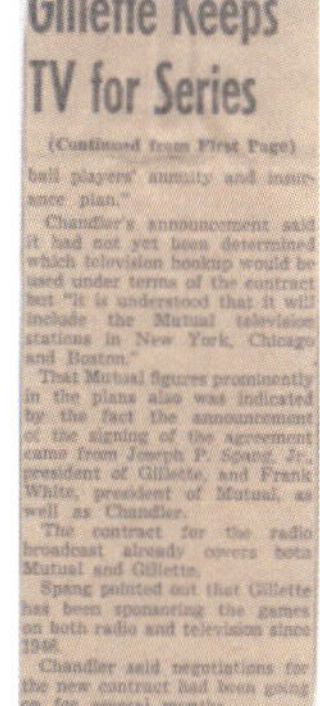
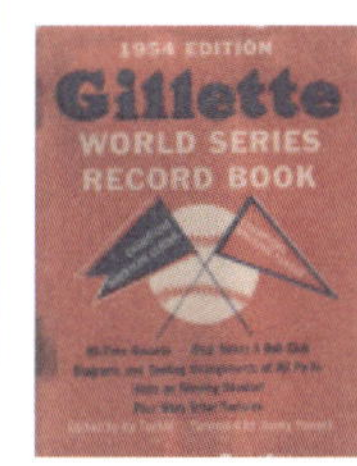

3-12

3-13
질레트 챔피언 캠페인

질레트는 '혁신'이라는 DNA를 보유한 모델로 박지성 선수를 기용하기도 했습니다. K리그에서조차 외면당한 '2등 선수', 평발에다가 작은 키라는 체격적인 한계를 극복하고 2002년 월드컵에서 뛰어난 기량을 발휘하여 2005년 국내 최초의 프리미어리그 선수가 된 박지성 선수 이야기는 질레트의 혁신 정신과 잘 맞아 떨어집니다. 질레트 100년 역사상 아시아 모델을 기용한 것은 그가 처음이라고 합니다. 질레트 아시아 본부 마케팅 디렉터 올서 에므레(Olcer Emre)는 인터뷰에서 "박지성이 보여주는 최고의 플레이, 최고의 위치에 있으면서도 그것에 만족하지 않고 최고를 넘어서기 위해 노력하는 모습이 '퓨전' 브랜드가 추구하는 가치와 정확하게 일치하므로 그를 챔피언 캠페인의 한국 모델로 선정하였습니다. 그래서 최고의 실력에 걸맞은 질레트 최고의 제품 광고를 함께 찍게 되었다."고 했습니다.

스포츠 마케팅은 스포츠 정신을 마케팅 수단으로 사용하여 그 가치를 희석한다는 일부 여론의 비난을 받고 있지만, 선수나 스포츠 경기를 후원하면서 더욱 질 높은 경기 내용을 공유할 수 있다는 것에 의의가 있습니다. 질레트 또한 적극적인 스포츠 마케팅을 통해 올림픽뿐만 아니라 스포츠 업계에 필요한 다양한 활동을 지원하고 있습니다. 이러한 마케팅 및 표현 전략은 스포츠의 특성을 제품의 기능에 투영하는 후광 효과입니다. 꾸준한 연구 및 개발로 이룬 최고의 제품력과 스포츠맨십을 가진 최고의 남성을 한 데로 묶는 질레트의 시도는 지금도 신제품 퓨전 프로글라이드가 '박지성 면도기'로 불리는 만큼 성적은 나쁘지 않습니다.

후광 효과: 어떤 대상이나 사람에 대한 일반적인 견해가 그 대상이나 사람의 구체적인 특성을 평가하는 데 영향을 미치는 현상입니다.

집밥처럼 맛있고 편리한 밥, 햇반

시장에는 기본적으로 제일 먼저 뛰어든 선발 기업과 그 뒤를 따르는 후발 기업이 자연스럽게 발생하며, 점차 이들 간 경쟁이 시장의 주요 양상이 되기도 합니다. 선발 기업은 크게 두 가지의 핵심 이점을 가집니다. 먼저 첫째, 매력적인 세분 시장에서 비교 기준이 되므로 소비자들에게 우수 제품이라는 인식을 심어줄 뿐 아니라 경쟁에서 우위의 포지션을 선점합니다. 둘째, 진입 초기에 반영한 여러 가지 기준이 후발 기업들이 따라야 할 표준이 되어 선발 기업은 자사에 유리한 쪽으로 제품을 이끌어 나갈 수 있습니다.

CJ 제일제당의 '햇반'은 국내 시장에 없는 즉석 밥이라는 새로운 카테고리를 시장에 도입하면서 소비자들의 구매 욕구를 불러일으킴과 동시에 시장 점유율 1위를 차지하는 제품으로 성장했습니다. 햇반이 지속해서 사랑받을 수 있었던 이유는 제품 선도도 있었지만 햇반만이 가질 수 있는 특별한 기능적 가치를 효과적인 전략을 통해 전달했기 때문입니다. 국내에 형성되지 않던 시장에서 어떻게 성공할 수 있었는지 다음의 시나리오를 통해 살펴보겠습니다.

시나리오 1996년 12월, CJ는 국내 최초로 끓는 물에 데워 먹거나 전자레인지에 돌려 즉석에서 먹을 수 있는 새로운 가공 밥을 선보였습니다. 당시 1인 1가구가 늘어나면서 밥상 위에 올라가는 각종 반찬과 양념의 제품화는 포화 상태였지만 주식인 밥은 여전히 미개척 상태였습니다. 그동안 레토르트나 냉동 밥 형태의 제품이 시장에 뛰어들었지만, 문제점으로 지적되었던 '밥맛'은 여전히 살리기 힘들었고 진정한 의미의 밥 시장을 개척하기에는 역부족이었습니다. 그래서 CJ는 아무도 관심을 가지지 않던 밥 시장에 '햇반'이라는 신규 브랜드로 입지를 굳건히 세우고 새로운 카테고리 시장에 독보적인 상품으로 자리매김하기 시작합니다. 제품을 위해 연구하고 개발한 기간만 자그마치 2년 이상, 햇반의 질을 높이기 위해 수많은 소비자 테스트를 거쳐 탄탄한 기술력으로 즉석 밥의 대표주자가 된 것이죠. 하지만 '햇반' 또한 초창기부터 큰 성공을 이룬 것은 아니었습니다.

문제 누구도 주목하지 않던 즉석 밥 시장을 창출하고 밥을 제품화한다는 것은 생소한 발상이었습니다. 당시 국내의 패스트푸드에 대한 부정적인 인식을 버리고 밥은 집에서 지어 먹어야 한다는 기존의 관념을 무너트리며 소비자들에게 사랑받는 제품으로 성공할 수 있었던 컨셉과 전략은 무엇이었을까요?

3-14
CJ 제일제당의 햇반은 즉석 밥이라는 새로운 카테고리로 부정적인 시장을 개척했습니다.

여러분은 마트에서 즉석 밥을 어떻게 찾나요? 대부분 사람들은 "햇반 어디 있어요?", "햇반 주세요."라며 햇반이라는 제품명을 가장 먼저 떠올릴 것입니다. 햅쌀로 지은 맛있고 신선한 밥이라는 의미의 '햇반'은 즉석 밥 시장의 선발대로서 카테고리 내 대표 이름으로 소비자들로부터 품질과 맛을 인정받고 있습니다.

햇반이 큰 성공을 이룰 수 있었던 이유 중 하나는 다가올 트렌드에 대한 소비자의 니즈를 잘 예측했기 때문입니다. 가족 단위가 최소화되고 독신 가구나 맞벌이 부부, 주 5일제 근무로 여가 및 여행에 대한 욕구가 증가하면서 패스트푸드의 서구식 식문화로 변해갔습니다. 조리를 위해 많은 시간을 투자하기 어려운 사람들에게 간편하게 끼니를 때울 수 있는 즉석 밥은 곧 상당한 수요를 몰고 올 것이라 판단했죠.

시작은 쉽지 않았습니다. 소비자를 대상으로 테스트한 결과 80년대에 밥을 상품화하려고 했던 레토르트나 냉동 밥의 품질이 떨어졌기 때문에 대부분 즉석 밥을 부정적으로 인식했습니다. 이에 햇반은 불만족스러운 과거의 결과를 토대로 우수한 품질을 통해 소비자 인식을 바꾸고자 100% 이천 쌀만을 고집합니다. 그리고 정수된 물에 씻은 쌀을 압력솥 방식으로 제조하며 집밥 수준의 밥맛을 완성하게 되죠. 즉식 밥 시장에시 짧은 조리 시간으로 제대로 된 '밥맛'의 차별화를 개척한 것입니다. 소비자가 꺼리는 위생 문제도 해결하기 위해 클린 룸$^{Clean Room}$에서 밥을 짓고 무균 포장 기술로 상온에서 보관할 수 있는 기틀을 마련합니다. 즉, 기능형 컨셉 개발이 시즈에서 출발한 경우입니다. 핵심 편익인 맛의 우수성과 기술력으로 인한 무균 포장이 가능했기 때문에 6개월을 보존해도 품질이 우수하다는 소비자들의 숨은 니즈를 충족할 수 있었습니다.

편리함과 밥맛을 살린 햇반은 '집밥처럼 맛있고 편리한 밥'이라는 기능형 컨셉을 도출합니다. 출시 후 CJ 제일제당은 시장에서 쌀의 구매 빈도가 가장 높은 전업주부와 맞벌이 주부를 주요 타깃으로 선정하였죠. 1인 1가구인 자취생이나 싱글, 신세대 주부는 2차 구매 타깃으로 설정했습니다. 또한 1인분 트레이 전자레인지용 용기를 개발하여 개봉할 때 필름 지의 접착 면을 떼어 사용할 수 있도록 최대한 편리성을 살렸습니다. 음식점에서 밥 한 공기 양을 고려하여 가격 또한 개당 1,150원으로 출시하여 조금씩 인상해나가기 시작했습니다.

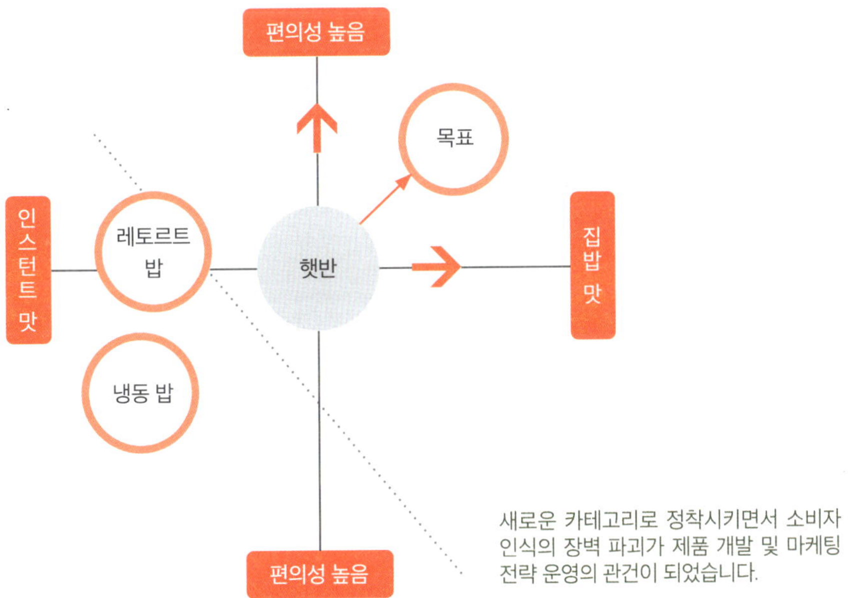

새로운 카테고리로 정착시키면서 소비자 인식의 장벽 파괴가 제품 개발 및 마케팅 전략 운영의 관건이 되었습니다.

2014년도 통계청 자료에 의하면 국민 1인당 연간 쌀 소비량은 10년 사이 꾸준히 감소하고 있지만, 즉석 밥 시장은 지속해서 증가하면서 2015년에는 2,000억 원대를 넘어섰다고 합니다. 농심, 오뚜기 등 경쟁사가 제동을 걸며 점점 치열해지는 즉석 밥 시장은 불황 속에서도 더욱 규모가 커지고 있습니다. CJ 제일제당의 햇반은 이에 대응하기 위해 여행객이 많이 몰리는 관광지, 공항 등에서 시식회나 판매 행사를 시행하며 적극적으로 판촉 활동을 강화하였습니다. 그리고 한식의 세계화 열풍 속에 한국인의 밥맛을 그리워하는 유학생이나 교포, 한식에 관심을 가지는 외국인들을 위해 현지 대형 할인점에 제품을 공급하는 등 해외 진출도 본격화하고 있습니다.

최근 햇반은 건강한 먹거리에 대한 소비자들의 관심이 높아지면서 흰쌀밥 외에도 흑미밥, 오곡밥, 콩밥 등 영양과 맛에 초점을 맞춘 밥을 꾸준히 개발하고 있습니다. 가격 인하 등의 출혈 경쟁을 지양하고 제품의 품질을 우선시하여 '즉석 밥은 집밥보다 못하다.'라는 부정적인 인식을 더욱 적극적으로 깨나가고 있는 것이죠. 햇반은 소비자들의 전폭적인 지지와 함께 해마다 판매 기록을 경신해나갔습니다. 꾸준히 승승장구를 거듭한 결과 햇반은 15년 동안 총 누적 생산량이 7억 개를 넘어 섰습니다. 버섯, 인삼 등 후속적으로 30개 이상의 다양한 제품군을 개발 및 보유하며 시장의 선발 기업으로서 우위를 공고히 하고 있습니다.

햇반을 사더라도 좋은 엄마

햇반하면 편리성이 가장 먼저 떠오를 것입니다. CJ 제일제당은 출시 해인 1997년부터 엄청난 마케팅 비용을 광고에 투자하였습니다. 간편하게 먹을 수 있다는 제품 컨셉인 편리성과 우수성을 전달하기 위해 '편리한 밥'이라는 제품의 기능형 컨셉을 중심으로 크리에이티브 컨셉도 전개했습니다. 그러나 생각만큼 소비자의 반응은 뜨겁지 않았습니다. 소비자를 대상으로 햇반에 대한 인식을 조사했더니 '밥은 집에서 해 먹는 것'이라는 기존의 심리 장벽을 허무는 게 쉽지 않았던 것이죠. 주부들은 남편과 아이들에게 항상 따뜻한 집밥을 해 줘야 한다고 생각했기 때문에 즉석 밥을 구매하는 것에 대해 죄의식을 느끼고 있었습니다.

제품의 타깃인 주부들의 죄책감을 덜기 위해 '편리한 밥'에서 '엄마가 해 준 것 같은 맛있는 밥'으로 광고 크리에이티브 컨셉을 변경하였습니다. 2008년부터는 가족의 밥을 제대로 챙기지 못한 죄책감이 무색해질 만큼 주부들의 감성을 제대로 공략한 것입니다.

'미안해하지 않아도 될 만큼 햇반은 잘 만들었습니다.'라는 광고 카피를 통해 주부들의 거부감을 완화한 것입니다. 컨셉 변화로 햇반은 실제로 큰 성공을 거두었습니다. 햇반을 사더라도 가족에게 미안하지 않은 좋은 엄마가 될 수 있었기 때문입니다. 이렇게 철저한 광고 표현 전략으로 출시 이후 처음 연 매출 1,000억 원을 돌파하는 신화를 만들게 됩니다. 무엇보다 햇반은 상품 밥이라는 부정적인 이미지를 지속적인 품질 개선뿐만 아니라 커뮤니케이션을 통해 성공적으로 바꿔나갈 수 있었습니다.

햇반과 함께 하는 쿠킹 클래스

2016년에 빠질 수 없는 키워드는 단연 '쿡방', '셰프', '먹방'입니다. 이렇듯 신조어가 생길 정도로 여러 오락 프로그램에서 셰프가 등장하고, 요리 프로그램 또한 꾸준히 인기몰이를 하고 있습니다. CJ 제일제당은 2011년부터 '쿠킹 클래스'를 통해 다양한 주제의 요리를 선보이며 자사 제품을 홍보하고 있는데요, 이 수업은 햇반 브랜드만 홍보하는 게 아니라 CJ 제일제당에서 출시된 소스, 간편 식재료 등을 주재료로 이용하여 이색적인 음식을 배우고 만들 수 있는 곳입니다. 쿠킹 클래스는 '집에서 간단하게 만들기'라는 크리에이티브 컨셉으로 자취생, 주부, 맞벌이 부부 등 요리에 관심이 많은 사람들의 눈높이에 맞춰 수업을 진행하고 있습니다.

2015년 햇반은 제품 런칭과 함께 색다른 테마의 강좌를 열었습니다. 바로 당뇨 환자들을 위한 '맛있는 혈당 관리 쿠킹 클래스'라는 수업이었는데요, CJ 제일제당은 '햇반'에서 '식후 혈당 조절에 도움을 줄 수 있는 밥'을 개발하면서 당뇨가 있는 사람들이 식사할 때 혈당 상승에 부담을 덜 수 있는 한식 메뉴를 선보였습니다. 건강에 좋은 기능성 제품을 홍보하면서 동시에 소비자들은 혈당 관리를 위한 다양한 정보를 얻을 수 있어 큰 호응과 지지를 얻었습니다.

또한 햇반은 타깃을 넓히기 위해 남성층도 공략하였습니다. 최근 '요섹남(요리를 잘하는 섹시한 남자)'라는 신조어가 생기면서 더 이상 남자와 요리는 어색하지 않은 듯합니다. 트렌드를 반영하여 '아이와 아빠가 함께하는 요리' '싱글남을 위한 요리' 등 남성의 연령층을 세분하여 바쁜 직장인들을 위한 수업도 열었습니다. 햇반 제품 중 '슈퍼 곡물 귀리 밥' '슈퍼 곡물 렌틸콩 밥'을 주 재료로 선보여 남성들이 쉽게 해 먹을 수 있는 다양한 요리를 배웠습니다. 쿠킹 클래스에서 수업을 들은 소비자들은 주변의 가족과 지인들에게 식문화 경험을 나누고 자연스럽게 햇반을 홍보하여 실제 매출에도 큰 영향을 끼치는 긍정적인 효과를 일궈냈습니다.

3-15
소비자와 함께하는 쿠킹 클래스로
자사 제품을 홍보하고 있습니다.

햇반의 변신은 무죄

햇반은 기존의 붉은색을 벗어던지고 달라졌습니다. 소비자가 요구하는 이미지가 시대에 따라 달라지면서 더욱 효과적인 전달을 위해 디자인 리뉴얼을 감행한 것입니다. 기존 패스트푸드 이미지를 버리기 위해, 정성으로 지어 주신 엄마의 따뜻한 '집밥'의 크리에이티브 컨셉을 더욱 세심하게 담고자 하였습니다.

3-16
햇반 디자인 리뉴얼 전

3-17
현재 햇반 디자인

기존에 유지하고 있던 배경의 붉은색은 원형 로고로 만들어 붉은색 아이덴티티를 이어갔습니다. 그리고 밥 본연의 아이보리색을 담아 깔끔하면서도 모던한 톤으로 정리하였죠. 리뉴얼 작업은 햇반의 흰쌀밥뿐만 아니라 흑미밥, 찰보리밥, 발아 현미밥 등 10종을 한꺼번에 변화시켰습니다. 자연 이미지를 최대한 녹여 한결 밝고 친근한 느낌으로 소비자에게 다가갔습니다. 햇반의 리뉴얼은 신제품 효과를 일부 누리며 소비자의 구매를 촉진함과 동시에 기업 이미지를 상승시켰습니다. 햇반의 변신은 무죄였던 것이죠.

컨셉은 감각의 경험을 극대화한다
_ 감성형 컨셉 개발 ❸❸

빅 브랜드가 되는 핵심은 소비자와 브랜드 간의 소비, 그 이상의 감정적 결속이다.
- 데이비드 오길비(David Ogilvy)

어떤 회사도 '우리 제품은 이러한 단점이나 한계점을 가지고 있어요!' 라고 자랑스럽게 내뱉지 않을 것입니다. 100개의 장점이 있더라도 자칫 단 하나의 단점이 드러나면 많은 소비자는 노골적으로 불만을 가지거나 제품을 이용해야 할 가치를 느끼지 못하게 됩니다. 그런데 치명적인 결점을 숨기지 않고 오히려 과감하게 드러냄으로써 소비자들의 마음을 사로잡은 곳이 있습니다. 바로 네덜란드 암스테르담에 있는 한스 브링커 버짓 호텔^{Hans Brinker Budget Hotel}입니다. 일반적으로 호텔이라는 이미지를 떠올리면 안락하고 청결하며 잘 갖춰진 서비스와 편의 시설 등을 생각합니다. 그러나 이 호텔은 신기하게도 객실에 당연히 갖추고 있어야 할 화장대, 거울과 같은 가구가 없으며 조식 서비스는 물론이고 일반 서비스조차 없습니다. 허름한 방에 매트리스 하나인 단점 투성이의 호텔이라고 할 수 있죠. 그런데 이렇게 열악한 환경의 호텔이 어떻게 여행객 유치 경쟁에서 살아남을 수 있었을까요?

'물건을 팔려고 막 소리치면 모두 떠난다. 하지만 본심을 얘기하기 시작하니 사람들이 몰려든다.' 작가 제임스 길모어^{James Gilmour}의 말입니다. 즉, 기업이 있는 그대로의 솔직함을 전달하여 소비자 마음을 움직이게 하는 것을 의미하는데요. 한스 브링커 버짓 호텔은 광고에서 '한스 브링커 버짓 호텔, 더 나빠질 게 없습니다. 커튼을 젖혀 봐야 건물에 가려 볼 것이 없으니 전망 좋은 방 같은 건 기대하지 마세요.'라고 천연덕스럽게 이야기하며 '세상 최악의 호텔'이라는 컨셉을 내놓습니다.

3-18

한스 브링커 버짓 호텔의 광고

다리가 하나 부러진 의자와 포크, 하물며 자연 바람에 머리를 말리고 목욕 타올 대신 커튼을 이용하며, 샤워 부스가 없으니 세면대에서 발을 씻으라고 외칩니다. 싸구려 호텔을 거짓으로 포장하기보다는 오히려 당당하게 알리고 홍보하며 고객에게 강한 인상을 남긴 것이죠. 호텔의 만족스러운 서비스와 부대 시설은 없지만 저렴한 가격을 찾는 배낭 여행객, 모험과 호기심이 많은 사람들에게 재미있는 경험을 제공하며 감성형 컨셉을 극대화했습니다. 한스 브링커 버짓 호텔은 연간 6,000여 명이던 방문객이 14만 5,000명 이상으로 약 24배 넘게 늘어나며 여행객들이 가장 가고 싶어 하는 호텔 중 하나로 꼽힙니다.

감성형 컨셉은 말 그대로 소비자가 감각을 통해 느끼거나 즉각적인 감정에 영향을 받아 제품이나 서비스로부터 유대 관계를 형성하는 것을 의미합니다. 특히 물질적으로 부족함 없이 풍요로운 삶을 영위하고 있는 현대에는 아름다움에 대한 갈망과 즐거움에 대한 감정이 더욱 중요해지고 있죠. 예를 들어, 장미꽃을 파는 두 소녀 중 한 명은 '장미꽃 사세요!'라고 외치고, 다른 한 명은 '사랑 한 송이 들여가세요!'라고 외쳤다고 합니다. 그중에서 사랑을 판매한 소녀가 몇 배의 꽃을 더 팔았다고 합니다. 이처럼 제품이 가진 기능이나 성능을 비교하여 견주었을 때 차이가 크면 단순히 이성적이고 합리적인 소비가 가능하지만 그렇지 않다면 색다른 감성을 자극하는 쪽을 택하게 됩니다.

감성형 컨셉 개발은 기능형보다 소비자가 원하는 것을 직관적으로 표현하기 다소 어려운 부분이 있습니다. 소비자의 감성을 딱 떨어지는 하나의 언어나 제품으로 표현하기에는 한계가 있어 이를 주로 복합적으로 인지할 수 있는 상징과 은유를 사용합니다. 라네즈 화장품은 맑고 깨끗한 여성을 함축적으로 표현하기 위해 내리는 '눈'을 형상화하였습니다. 보통 신비스럽고 아름다운 감성을 어필하기 힘들 때 이를 연상할 수 있는 유명 연예인을 내세우는 것과 같은 이치입니다.

공감각을 통해서도 감성형 컨셉 개발이 이루어집니다. 공감각은 하나의 감각이 다른 영역의 감각을 불러일으키는 현상으로 감각 간의 전이를 의미합니다. 탄탄한 기술력을 자랑하는 아우디[Audi]는 기술 중심 이미지를 탈피하고자 사운드를 디자인하는 청각 팀,

시트의 재질 등을 연구하고 디자인하는 촉각 팀, 차량 냄새를 조절하는 후각 팀으로 구성된 '인간 감성 센터'를 설립하며 10여 년 농안 감성형 컨셉으로 최고 판매량을 경신하였습니다. 이렇듯 감성형 컨셉 개발은 상징과 은유, 공감각의 경험을 통해 복잡한 감성에 질서를 부여하는 것입니다.

정보와 기술력이 점차 빠르게 확산되고 발전하면서 언제든지 타사 제품을 추월하는 게 가능해졌습니다. 선발 기업은 기술력보다 쉽게 모방하기 힘든 감성 영역을 확대하기 시작했고 무엇보다 개성을 담는 디자인을 통해 차별화하려는 기업도 늘어났습니다. 이처럼 제품이나 서비스를 통해 느끼는 더욱 아름다워지고 싶은 마음, 다양한 체험, 공감, 즐거움 등의 감성은 이제 무시할 수 없는 이유가 되었습니다. 다음에서 소개하는 마이클 르뵈프^{Michael Leboeuf}의 시를 통해 물질 그 이상이 가져다주는 혜택을 함께 누려 보는 것은 어떨까요?

내게 옷을 팔려고 하지 말아요.
대신 세련된 의상, 멋진 스타일, 그리고 매력적인 외모를 팔아 주세요.

내게 보험 상품을 팔려고 하지 말아요.
대신 마음의 평화와 내 가족과 나를 위한, 위대한 미래를 팔아 주세요.

내게 집을 팔 생각은 말아요.
대신 안락함과 만족, 그리고 되팔 때의 이익과 소유함으로써 얻을 수 있는 자부심을 팔아 주세요.

내게 장난감을 팔려고 하지 말아요.
그 대신 내 아이들에게 즐거운 시간을 팔아 주세요.

내게 책을 팔려고요?
아니에요. 대신 즐거운 시간과 유익한 지식을 팔아 주세요.

내게 항공권을 팔려고 하지 말아요.
대신 내가 목적지에 빠르고 안전하게, 그리고 정시에 도착할 수 있는 약속을 팔아 주세요.

내게 물건을 팔려고 하지 말아요.
대신 꿈과 느낌과 자부심과 일상생활의 행복을 팔아 주세요.
제발 내게 물건을 팔려고 하지 마세요.

– 마이클 르뵈프

고객에게 경험을 서비스하는 은행, 움프쿠아

시나리오 미국 오리건주에 설립된 움프쿠아는 지역의 벌목 회사를 주 고객으로 하는 지방의 작은 은행이었습니다. 벌목 사업 경기가 좋아지면서 주변의 작은 은행들을 인수하며 지역 은행으로써 호황을 누렸지만 벌목 사업이 쇠퇴하면서 큰 위기를 맞이하게 됩니다. 당시 은행 업계에서는 뱅크 오브 아메리카(Bank of America)가 1위, 웰스 파고(Wells Fargo)가 2위로 대형 은행이 선두를 지키고 있었죠. 대형 은행의 상품이나 이자율과의 경쟁에서 움프쿠아는 지방 은행으로 열위할 수밖에 없었습니다. 금융 상품 자체로 차별화하기에는 불가능한 상황이었죠. 엎친 데 덮친 격으로 1990년 1차 금융 파동으로 큰 위기를 맞게 됩니다. 지역 은행의 특성상 사업을 확장하거나 140만 달러의 자산으로 변화를 일으키기는 어려운 상황이었습니다. 수익성 또한 낮아졌기 때문에 그들의 위기는 자금력으로는 극복할 여력이 없었죠. 1994년 새로운 CEO 레이 데이비즈(Ray Davies)가 취임하면서 혁신적인 바람이 불기 시작합니다. 움프쿠아는 변화를 꺼리고 보수적인 금융업의 특성 속에서도 위기를 극복하겠다는 일념 하나로 새로운 시스템을 도입하게 됩니다.

문제 경기 침체와 금융 위기의 바람까지, 움프쿠아는 1, 2등 기업이 가진 경쟁력을 모방하지 않고 적은 자금과 규모임에도 최대한의 차별화 전략으로 돌파구를 찾아냅니다. 그들의 성장 동력이 된 고유의 무기는 무엇이었으며, 어떠한 컨셉으로 괄목할 만한 성장을 이룬 것일까요?

CEO로 취임한 레이 데이비즈는 어떻게 고객을 유치하면 좋을지에 대해 고민에 빠졌습니다. 그러다가 '스타벅스처럼 고객들이 오랫동안 즐겁게 머물 수 있는 은행은 없을까?'라는 질문을 던지죠. 그는 고민 끝에 상품을 전달하는 방식에 차별화를 두기로 합니다.

보통 우리가 생각하는 은행은 번호표를 받고 대기 순번을 기다리며 빠르고 정확하게 업무를 처리한 후 자리에서 일어나기 바쁜 모습입니다. 하지만 움프쿠아는 '오래 머물고 싶은 은행'이라는 차별화된 컨셉으로 슬로우 뱅킹^{Slow Banking}을 실현하고자 합니다. 신속하게 업무를 처리해야 한다는 기존의 고정관념에서 벗어나기로 한 것이죠. 고객을 유치할 수 있는 핵심을 공간으로 생각하며 최대한 오랫동안 머물 수 있도록 자연스러운 매장 분위기를 연출하였습니다.

우선 고객이 로비에 들어서면 고급스러운 호텔을 연상시키는 안내데스크에서 손님을 맞이합니다. 매상에는 가벼운 넝그 음악과 함께 은은한 조명 아래 편안한 안락의자에 앉아 무료로 커피를 마실 수 있는 인터넷 카페가 제공됩니다. 투자 상품 및 금융 관련 정보 또한 자유롭게 볼 수 있도록 서비스센터를 설치하는 등의 변화를 시도하였죠. 이렇듯 매장을 방문한 고객들은 달라진 움프쿠아에 잘못 들어왔나 착각할 정도라고 하니 얼마나 새로워졌는지 감이 오나요? 빠른 은행[Fast Banking] 업무 처리에서 오는 딱딱하고 비인간적인 분위기에서 벗어나 친절하고 아늑한 공간을 제공하며 움프쿠아는 지역 주민들에게 친근한 이미지를 형성하였습니다.

또한 지역 사회를 위해 헌신하는 모습도 아끼지 않습니다. 지역 주민을 대상으로 뜨개질 강좌나 요가, 영화를 상영하거나 은행에서 공연과 이벤트를 할 수 있도록 문화 공간을 조성하였습니다. 그러자 예술, 교육, 건강 등에 관심 있는 주부들뿐만 아니라 젊은층까지 고객층이 확대되어 은행을 방문하는 사람들이 자연스럽게 늘어났습니다. 고객들이 언제든지 만남과 휴식을 위해 방문할 수 있도록 매장 분위기를 바꾸자 오히려 금융 서비스는 부수적인 서비스가 되었습니다. 하지만 놀랍게도 고객들이 은행에서 머무르

3-19
움프쿠아 은행은 위기를 기회로 바꿔 지역 사회에 헌신하며 고객에게 경험을 서비스하여 괄목할 만한 성장을 이루었습니다.

는 시간이 많아지면서 지갑을 여는 일도 더욱 빈번해졌습니다.

또한 지역 에너지 효율성과 친환경 대체 에너지 사업을 지원하는 '그린 스트리트^{Green Street}' 상품 개발 및 지역 특성화 사업인 와인 사업을 지원하기 위해 별도로 대출 전담팀을 만들어 운영하였습니다. 지역 주민이라면 누구나 고객이 될 수 있다는 공동체적인 관점으로 맞춤형 상품을 개발하여 고객을 위한 경제적인 지원을 아끼지 않았던 것이죠. 그리고 직원들은 '자원봉사자 연결 네트워크 프로그램^{Connect Volunteer Network Program}'이라는 지역 봉사 프로그램에 40시간 이상 참여하며 수익에만 관심을 가지는 것이 아니라 지역 주민도 생각하는 고객 중심의 은행 이미지로 탈바꿈하였습니다.

은행의 모든 서비스가 달라진 만큼 직원들의 서비스도 달라지기 시작했습니다. 움프쿠아는 '은행원이 일하는 스타벅스'라 칭하며 지점^{Branch}이라는 용어 대신 매장^{Store}이라는 새로운 개념으로 접근하였습니다. 직원을 채용할 때도 은행 경력뿐만 아니라 커피 전문점, 호텔, 의료 매장 등 서비스업에 관한 경력 직원을 채용하였죠. 그들은 은행의 업무 방식을 탈피하고자 백화점이나 부티크 샵처럼 고객을 응대하였습니다. 직원들은 고객 만족을 최우선으로 여기며 그들의 기쁨이나 편안함을 가장 중요하게 생각하였죠. 움프쿠아의 모든 직원은 '리츠 칼튼 호텔 서비스 스쿨'이라는 교육 과정을 연간 40시간 이상 이수하게 되어 있습니다. 그곳에서 업무 효율성만 따지기보다 고객 눈높이에 맞는 서비스를 배웁니다. 직원들의 서비스 정신이 고객 평가로 인해 인사고과에 적용되므로 매우 중요한 교육으로 여겨지고 있습니다. 이렇게 직원들의 향상된 서비스 정신은 고객들로부터 뜨거운 반응을 불러일으켰습니다. 편안한 공간에서 친절한 서비스를 받다보니 마치 특별한 사람처럼 느껴진다는 사실에 감동한 것이죠.

기존 은행에서 느껴지던 단조로움은 피하고 움프쿠아만의 특별한 경험이 컨셉과 하나되면서 더 머물고 싶은 은행이 만들어졌습니다. 금융 상품을 개발하는 데 집중하기보다 지역 주민을 위해 부가 서비스를 컨셉으로 드러내며 치열한 금융 시장에서 자신들만의 돌파구를 찾아낼 수 있었습니다. 그러자 불과 3년 만에 예금액은 2배, 금융 상품 판매액은 3배로 늘었으며, 연평균 29%씩 고속 성장하며 지점 수도 10배 이상 늘어나는 쾌거를 이루게 됩니다.

| 움프쿠아만의 스토리를 체험 요소로

자체적인 디자인팀이 없었던 움프쿠아는 지바 디자인(Ziba Design)과 협약을 맺는 등 외부 전문가를 활용하였습니다. '총체적인 움프쿠아 은행의 경험(Total Umpqua Bank Experience)'이라는 크리에이티브 컨셉을 실행하기 위해 지바 디자인은 모든 아이템을 새롭게 디자인하기로 합니다. 다른 은행과 다르게 외향적이고 감성적인 방향으로 포지셔닝맵 이미지를 설정하여 기존의 딱딱하고 이성적인 비즈니스 은행과 정반대 이미지를 실현하고자 하였습니다.

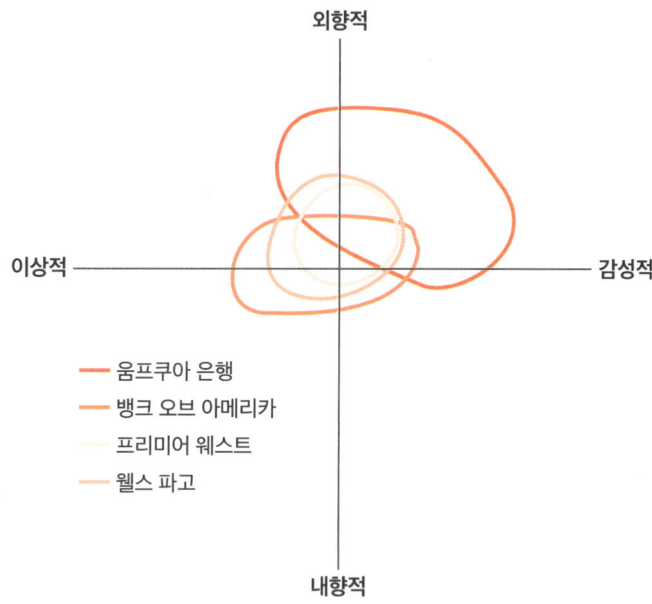

3-20
움프쿠아 은행의 포지셔닝맵

움프쿠아는 지역 국립공원의 상징인 '침엽수'와 '계곡의 물' 이미지를 착안하여 마치 손으로 그린 듯한 감성적인 CI(Corporate Identity)를 선보였습니다. 녹색 계열은 통일하되 움프쿠아의 신화를 브랜드 스토리로 만들어 벽화나 카드 디자인에 신비롭게 녹여냈습니다. 그리고 CI와 스토리가 그려진 일러스트를 주요 표현 모티브로 삼아 내부 인테리어, 홈페이지 등 고객이 접할 수 있는 모든 접점에 적용하였으며, 방문객들이 새롭게 디자인된 텀블러, 노트와 같은 각종 생활용품을 구경하거나

3-21
움프쿠아의 감성적인 CI

구매할 수 있도록 진열하였습니다. '탐색하고, 마시고, 읽고, 구매하고, 거래하라(Surf, Sip, Read, Shop, Bank)'는 슬로건처럼 모든 공간과 물리적으로 접근할 수 있는 매체들의 혁신적인 서비스 디자인을 통해 움프쿠아만의 이미지를 강화해나갔습니다.

움프쿠아는 따로 광고를 하지 않고 경쟁력 있는 디자인을 기반으로 하여 소비자들에게 의미 있는 브랜드 경험을 제공하였습니다. 단순하게 아름다움을 과시하기보다 지역 스토리를 예술적 체험으로 승화시켜 친화력을 높였으며, 소비자들은 기존 은행에서 얻을 수 있는 합리적인 제안보다 움프쿠아만의 재미있는 스토리와 감성 중심 상품 및 서비스에 폭발적으로 열광하였습니다.

감성형 컨셉으로 소비자들의 마음을 사로잡은 움프쿠아는 극적인 위기에서 벗어나 초고속으로 성장합니다. 그리고 미국 우수산업디자인상(IDEA)의 디자인 탐구 부분 금상을 수상하며 서비스 공간의 혁신적인 개선이 금융 기업이 발전하는 토대를 만들 수 있다는 것을 입증하였습니다.

3-22
움프쿠아 은행의 벽화 디자인

3-23
움프쿠아 은행의 다양한 카드

3-24

움프쿠아 은행은 빠른 업무 처리에서 오는 딱딱하고 비인간적인 분위기에서
벗어나 친절하고 아늑한 공간을 제공합니다.

마음을 전하는 서비스, 싱가포르 항공

성능은 복제될 수 있지만 감성을 자극하는 제품 컨셉은 쉽게 모방할 수 없습니다. 게다가 감성은 외부 자극 때문에 직관적으로 나타나 논리적 판단을 거치지 않습니다. 그래서 일반적으로 감성형 컨셉 개발은 기능형 컨셉 개발보다 어렵습니다. 아름다움이나 향기로움에 관해 소비자들은 잘 표현할 수 없을뿐더러 소비자 감성에 관한 욕구들은 수면 위로 올라온 경우가 드물기 때문입니다. 필요하다고 인식하지 못하는 니즈 수준의 감성을 이끌어내는 대표적인 수단이 바로 오감 자극입니다. 이번에는 소비자의 오감을 자극한 감성형 컨셉으로 차별화를 이룬 싱가포르 항공을 소개하겠습니다.

시나리오 싱가포르 항공은 제2차 세계대전 종결과 함께 아시아 지역에서는 가장 먼저 항공 산업에 진출하여 그 명성을 지금까지 떨치고 있습니다. 원래 기업명은 말레이얀 항공이었지만 1965년 싱가포르가 말레이시아로부터 독립한 이후 말레이시아-싱가포르 항공으로 운영하다가 1973년 지금의 싱가포르 항공이 되었습니다.

현재 세계 최고의 항공사가 되었지만 당시 싱가포르 항공은 소규모에다 인지도도 낮은 지역 항공사 수준이었습니다. 대부분 국가는 정부 차원에서 민간 항공사에 많은 혜택을 베풀고 있었습니다. 하지만, 싱가포르 항공은 설립 초기부터 회사의 생존 여부가 의문시될 만큼 재무 구조가 취약했고 '보조금은 한 푼도 받을 생각하지 마라.'는 싱가포르 총리의 지시로 정부 지원은 기대조차 할 수 없었죠. 게다가 작은 도시 국가의 항공사였기 때문에 국내의 제한적인 수요만으로는 미래를 보장받을 수 없었습니다. 이러한 상황에서 외국의 거대 항공사들과 경쟁해야 했던 싱가포르 항공은 필수불가결하게 차별화된 경쟁력을 갖춰야 했습니다.

문제 현재 싱가포르 항공은 연 매출 93억 8,000만 달러로서 아시아 4위, 세계 16위권의 항공사로 발돋움했습니다. 다른 항공사들은 자국민이라는 기본 시장을 가지고 있지만 싱가포르 항공은 그렇지 못했죠. 그런데도 세계적인 항공사로 괄목할만한 성장을 이룰 수 있던 이유는 무엇이었을까요?

싱가포르 항공의 필레이 전 회장은 설립 당시 싱가포르 문화와 동양의 서비스 전통에서 차별화 전략을 찾았습니다. 동양의 서비스 문화란, 고객의 눈높이에서 제공하는 따뜻한 환대와 감동을 주는 것으로 '마음에 와 닿는 서비스'를 말합니다. 이러한 전략을 구현하기 위해 모든 것을 고객 눈높이에 맞춰 'A Great Way To Fly'라는 표어 아래 최고의 서비스를 제공하였습니다. 싱가포르 항공 본사에서는 어디서나 '고객이 원하는 것은 무엇이든 한다.'라는 표어를 볼 수 있습니다. 이것은 단순히 모든 업무가 고객 중심으로 이루어지는 것을 포함할 뿐만 아니라 승객들이 승무원으로부터 보살핌 받고 있다는 느낌을 주는 것을 궁극적인 목표로 합니다. 그 목표에 알맞은 모든 아이디어는 고객이 불편함을 느끼기도 전에 먼저 생각하고 제공하는 싱가포르 항공의 정신이라고 할 수 있습니다. 1995년 4월부터 항공기 모든 좌석에 비디오 게임기를 설치했는데, 6인치의 비디오 스크린을 가진 오락기로 승객들은 22개의 비디오 채널과 12개의 오디오 채널, 10개의 닌텐도 게임을 즐길 수 있습니다. 그뿐만 아니라 세계 각지 뉴스와 쇼핑 정보를 볼 수 있고, 세계 각지로 팩스나 전화를 걸 수도 있습니다. 이러한 서비스는 비즈니스석뿐만 아니라 이코노미석에도 제공되었으며 미국, 유럽의 내로라하는 항공사들도 상상하지 못했던 서비스였습니다. 싱가포르 항공의 비행기들은 최신 기종들로 구성되어 있으며, 노선 또한 고객을 위해 전략적인 제휴를 맺어 왔습니다.

이러한 하드웨어적인 부분들도 모두 싱가포르 항공의 고객을 위한 놀라운 서비스의 일환입니다. 하지만 싱가포르 항공 서비스의 정점을 찍은 것은 승무원입니다. 마음에 와 닿는 서비스를 고객에게 전달하는 과정에서 가장 중요한 역할을 하는 것이 승무원의 서비스라고 생각했기 때문입니다. 게임 서비스처럼 고객이 좋아할 만한 아이디어를 내더라도 결국 고객들에게 직접 서비스하는 것은 승무원의 몫이며, 가장 많은 고객과의 접점을 가지는 것도 승무원이기 때문입니다. 그래서 싱가포르 항공이 승무원 서비스 교육에 쏟는 엄청난 투자와 정성은 전 세계 서비스 업종에 벤치마킹되고 있습니다.

싱가포르 항공의 승무원 교육은 매우 독특합니다. 고객 마음을 읽는 마인드 컨트롤과 동양식 복종형 서비스 교육이 그 핵심입니다. 동양식 서비스의 예로 기내 좌석에는 승무원을 부르는 버튼이 있지만 승무원들은 고객이 그 버튼을 누르기 전에 기내를 끊임없이 돌며 필요한 것을 챙기고 먼저 "무엇을 드릴까요?"라고 묻는 연습을 한다고 합니다. 또한 승무원들은 승객에게 주문받을 때 바싹 다가와 무릎을 바닥에 대고 꿇어앉은 채 대화합니다. 술에 취한 고객에게는 술 제공 속도를 점차 느리게 하고 대화하면서 술에서 깰 수 있게 유도하도록 교육받습니다. 이러한 서비스는 지속적인 교육 훈련에서 나오는 것으로 직원들은 교육과 훈련이 '하면 더 좋은 것'에서 '기본적으로 갖추어야 하는 것'으로 인식하고 있다고 합니다.

'사롱 케바야'라는 독특한 여승무원 의상은 동양의 서비스 전통을 표현하기 위한 전략이었습니다. 케바야[Kebaya]는 윗옷이고 사롱[Sarong]은 랩스커트 형태의 허리를 묶는 스커트입니다. 이 유니폼은 1972년 파리의 유명 디자이너인 피에르 발망[Pierre Balmain]에 의해 정교하게 디자인되었습니다. 바틱[Batik]이라는 염색 기법을 응용하여 만들었으며 항공사의 아시아 문화유산을 잘 반영합니다. 그뿐만 아니라 시각적인 아름다움으로 고객에게 즐거움을 줍니다.

3-25
싱가포르 항공의 승무원은 '싱가포르 걸'로 불리며 싱가포르 항공의 서비스 정신을 그대로 나타냅니다.

고객의 감각까지 서비스하다

최고의 비행 경험을 제공하기 위한 서비스의 화룡점정으로 싱가포르 항공은 프랑스의 유명 향수 업체와 손잡고 자사만의 향기 마케팅을 진행했습니다. 냄새, 즉 후각은 오감 중 인간의 감정에 가장 강하게 연결되는 감각입니다. 미국 럿거스 대학교 연구에 따르면 좋은 향기는 사람을 적극적으로 행동하게 한다고 합니다. 이 대학 연구팀이 향수를 뿌린 방과 그렇지 않은 방에 사람을 배정하여 기억을 글과 몸으로 표현하는 테스트를 실시한 결과 향수를 뿌린 방에 배정된 사람들은 '행복'과 관련된 단어를 3배 이상 사용하고 좀 더 적극적으로 행동하였다고 합니다. 마틴 린드스트롬[Martin Lindstrom]은 기업이 시각, 청각, 후각, 미각을 활용할수록 고객과 브랜드 결속력이 강화되고 브랜드 가치도 더욱 증가했다는 연구 결과를 발표하기도 했습니다. 특히 후각 마케팅은 시각으로 줄 수 없는 고객 경험을 더욱 돋보여 기업들이 자주 사용하는 오감 마케팅 중 하나가 되었습니다.

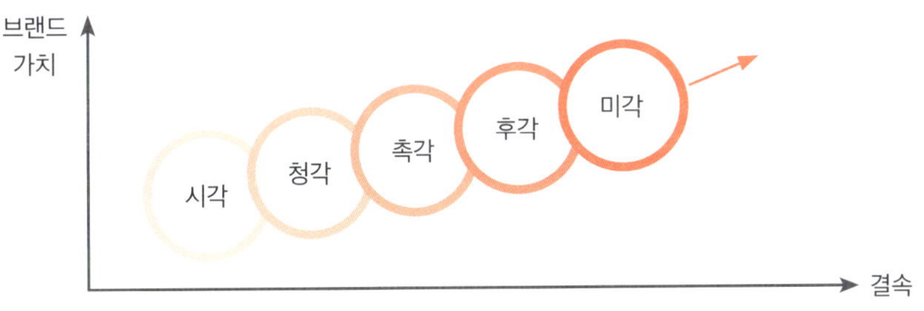

출처: 《세계 최고 브랜드에서 배우는 오감 브랜딩》, 마틴 린드스트롬(06. 4.)

싱가포르 항공은 비행기 내에서 '스테판 플로리디안 워터스'라는 고급 향수를 일정 간격을 두고 은은하게 분사합니다. 승객들에게 나눠주는 뜨거운 물수건에도 이 향수를 몇 방울 뿌립니다. 승무원들도 이 향수만을 사용하여 그들에게서 독특하고도 매혹적인 '싱가포르 항공만의 향'을 맡을 수 있습니다. 그 결과 싱가포르 항공을 반복적으로 이용하는 고객은 고급스러운 향을 싱가포르 항공사와 동일시하게 되었습니다. 싱가포르 항공은 향기 마케팅으로 또 한 번 서비스 혁신 사례로 주목받게 됩니다. 고객을 위한 'Great Way To Fly'를 실천하려는 싱가포르 항공의 진취적이고 혁신적인 마케팅이 바로 오늘날 세계적인 서비스 기업으로 성장시킨 원동력입니다.

신비로운 그녀, 싱가포르 걸

공항에 가면 단정한 유니폼을 입은 여러 항공사의 아름다운 승무원과 마주칩니다. 그중에서도 화려한 무늬와 몸에 밀착되는 아름다운 전통 의상인 '사롱 케바야'를 착용한 향기 나는 여승무원을 보면 한동안 눈을 뗄 수 없을 것입니다. 싱가포르 항공은 크리에이티브 컨셉으로 우아한 싱가포르 항공의 여승무원의 모습을 내세웁니다. 바로 '싱가포르 걸(Singapore Girl)'입니다.

새로운 항공기 도입, 새로운 기내 시설, 새로운 기내식, 새로운 비디오 서비스 등 어떤 것이든 싱가포르 항공 광고에는 싱가포르 걸이 등장합니다. 싱가포르 항공의 궁극적인 목적인 'Great Way To Fly'를 실현하는 '고품질 서비스'를 대표하는 브랜드 아이덴티티이기 때문입니다. 물론 고품질 서비스는 승무원의 역량만으로 이루어 낼 수 없습니다. 엔지니어의 기량, 자신감에 가득 찬 파일럿, 철저하고 빠르게 응대하는 콜센터 직원 등 항공 서비스는 팀원 전체의 역량과도 밀접합니다. 하지만 싱가포르 걸은 단지 승무원을 대표하는 이미지라기보다 흠잡을 데 없는 싱가포르 항공의 고품질 서비스를 대표하는 캐릭터라고 할 수 있습니다. 따라서 동양의 전통 서비스를 잘 표현한 싱가포르 걸은 싱가포르 항공의 서비스 실현인 동시에 광고의 크리에이티브 컨셉입니다.

25년 전, 광고 기획자 이안 베이티(Ian Batey)가 처음 싱가포르 걸을 싱가포르 항공 서비스의 의인화 모델로 삼기 시작한 이래로 이러한 광고 컨셉은 큰 호응을 얻으며 계속되고 있습니다. 사롱 케바야라는 독특한 유니폼이자 전통 의상을 입은 여인은 최고의 서비스를 알리기 위해 광고 전면에 등장합니다. 아울러 이러한 점은 광고 카피에서도 그대로 나타나 '싱가포르 걸, 그대는 최고의 항공 여행을 주는군요(Singapore Girl, You're a great way to fly).'라는 카피를 기본으로 조금씩 변화시켜 매우 가늘고 작으면서도 가독성이 뛰어나게 처리하고 있습니다.

2007년 싱가포르 항공은 TBWA로 광고 대행사를 변경해 25년 동안 계속되어 온 싱가포르 걸의 성공에도 불구하고 새로운 접근법을 시도합니다. 서비스가 주인공이 되고, 싱가포르 걸은 배경이 된 것이죠.

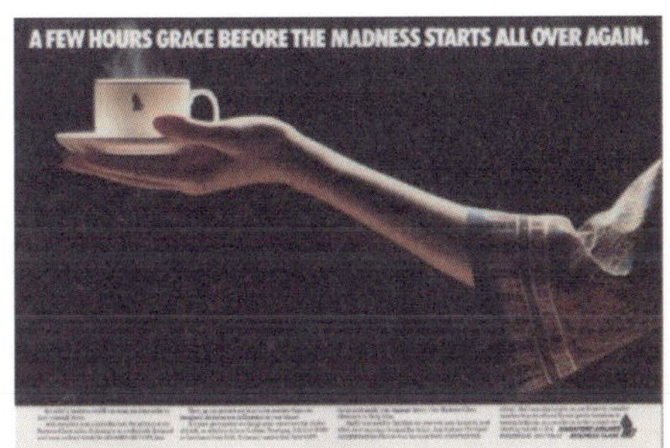

3-26

싱가포르 걸보다 서비스를 내세운 새로운 광고입니다(위쪽).

우아한 손동작과 옆모습을 통해 동양의 신비함과 서비스 두 가지를 담았습니다(아래쪽).

하지만 최근 고객 중심의 확고한 신념을 나타내는 새 브랜드 캠페인 '우리가 가야 할 길(The Lengths We Go To)'을 전개하면서 다시 싱가포르 걸이 중심에 섰습니다. 이 광고는 싱가포르 걸의 팬들에 의해 계속해서 화제를 모으고 있습니다. 광고 영상에는 싱가포르 항공 승무원을 칭하는 '싱가포르 걸'이 고객을 위해 중국 푸지안, 스코틀랜드 글래스고, 이탈리아 베니스를 방문한 모습이 담겨 있습니다. 첫 번째 영상에서 싱가포르 걸은 먼저 프리미엄 재스민 티로 유명한 중국 푸지안을 찾아 직접 찻잎을 고르고 최고 품질의 제품을 승객에게 제공합니다. 즉, 싱가포르 항공은 최고 품질의 푸지안 재스민 티를 중국, 홍콩, 대만 노선의 모든 클래스에 제공하고 있다는 메시지를 전달하죠.

두 번째 영상은 싱가포르 걸이 비즈니스 클래스의 가죽 시트가 생산되는 스코틀랜드 글래스고에 있는 무두질 공장을 찾는 모습을 담았습니다. 싱가포르 항공은 현재 중장기 노선 비즈니스 클래스 좌석에 최고급 가죽을 사용해 비행 중에도 마치 집에 있는 듯한 편안함을 제공하는 것을 알립니다.

세 번째 영상은 베니스 영화제를 찾은 싱가포르 걸이 기내에서 상영할 영화를 직접 고르고 영화를 보며 즐거워하는 승객의 모습을 그렸습니다. 싱가포르 항공은 베니스 영화제 등에서 인정받은 다양한 장르의 영화를 선별해 10개 이상의 언어로 상영하는 서비스를 제공합니다.

몇십 년에 걸쳐 아이콘화되어온 싱가포르 걸은 여성의 성 상품화가 아니냐는 논란에서도 지속 가능한 크리에이티브 컨셉이라는 것을 증명하고 있습니다. 사람들은 싱가포르 걸을 좋아하고 싱가포르 걸은 항공사가 추구하는 아름다움, 편안함, 여유로움의 키워드를 가진 'Great Way To Fly'를 나타내기에 모자라지 않기 때문입니다. 심지어 1994년 런던의 마담 투소(Madame Tussaud) 박물관에 실존하지 않는 인물로 싱가포르 걸이 최초로 서게 되었습니다. 싱가포르 걸의 본질은 다른 항공사가 복제할 수 없는 싱가포르 항공만의 브랜드 자산이자 세계에서 사랑받는 아이콘이 되었죠.

3-27
싱가포르 걸은 다양한 서비스와 프로모션에 등
장합니다. 싱가포르 항공이 자랑하는 편리한 온
라인 시스템에서도 그녀의 모습을 찾아볼 수
있습니다.

녹색의 대명사, 하이네켄

지금까지 감성형 컨셉 개발의 중요성을 계속해서 설명했습니다. 서비스와 다르게 제품은 대부분 구매하는 때와 장소, 사용이 이루어지는 때와 장소가 분리되어 있습니다. 이를 극복하기 위해 일상생활에 가장 많은 정보를 접하도록 도와주는 시각적 요소를 적극적으로 사용하여 관심을 유도하기도 합니다. 즉, 색상에 다양한 경험을 결합하여 확실하게 정서적인 반응을 이끌어 내는 것이죠. 그중 녹색하면 단연 떠오르는 녹색의 대명사, 하이네켄의 사례를 만나 보겠습니다.

시나리오 하이네켄은 자본력이나 기술의 우위로 성공을 거둔 기업이기보다 몇 차례의 위기와 극복을 반복하며 성장한 기업입니다. 1800년대 후반, 하이네켄은 네덜란드 맥주 소비량이 지속해서 감소하고 유럽 맥주 시장의 포화로 미국 진출을 노리지만 미국의 주류 금지법 시행으로 인해 위기를 맞이합니다. 다행히 1933년 미국의 금주법 해제와 함께 미국 시장에 발 빠르게 진출한 하이네켄은 세계 시장의 선두 주자로 도약합니다.

미국 시장에서 선두를 선점하며 제2의 황금기를 맞이한 하이네켄은 시장에서 독보적인 수입 맥주로 거듭납니다. 하지만 굳건했던 하이네켄도 머지않아 강력한 두 라이벌을 만나 1위를 탈환하게 되는데요. 바로 버드와이저와 밀러입니다. 특히, 이 두 라이벌은 현재 맥주 시장에서도 1, 2위의 점유율을 차지하고 있는 브랜드로 하이네켄과 함께 나란히 선두 그룹을 유지하기 위해 각축전을 벌이고 있습니다.

문제 맥주 종주국이라고 하는 독일이나 자본력으로 무장한 미국이 아닌, 유럽의 작은 나라 네덜란드에서 탄생한 하이네켄은 현재 전 세계에서 사랑받는 맥주 브랜드 TOP3로 명성을 떨치고 있습니다. 네덜란드의 작은 양조장에서 시작하여 140여 년 동안 위기를 극복하며 꾸준한 성장과 함께 유럽과 세계 전역에 지금까지 선두 자리를 유지할 수 있었던 비결은 무엇일까요?

인간의 오감 중 80% 이상의 정보가 시각을 통해 전달된다고 합니다. 앞서 감성형 컨셉 개발에서 설명한 것처럼 기능형보다 소비자 심리나 감정을 하나로 딱 맞아 떨어지게 전달하기란 쉽지 않습니다. 시각적인 부분도 상징과 은유의 형태로 표현하거나 색상으로 전달하는 것이 가장 쉬운 방법입니다. 맥주 브랜드 중에서 색상하면 단연 하이네켄이 떠오를 것입니다. 색상은 소비자들이 무언가 인식하거나 감각적인 경험을 할 수 있게 도와주는 상징체계이기 때문이죠.

3-28
하이네켄 병과 로고 디자인

100년 이상의 역사를 자랑하는 하이네켄을 진정으로 완성한 것은 브랜드 고유의 색상이었습니다. 바로 녹색 병에서 이루어진 것이죠. 맥주병 색상은 갈색이어야 한다는 틀에 박힌 생각을 처음으로 깨트린 맥주가 바로 하이네켄입니다. 하이네켄은 녹색을 대표 색상으로 지정한 다음 로고, 패키지 디자인뿐만 아니라 수출국 간 홍보 홈페이지, 프로모션 등에 전면적으로 적용합니다. 그리고 녹색은 하이네켄만의 독자적인 정체성을 확립하는 데 중요한 역할을 하죠. 우리가 늘 접하는 표준 색상에도 찾아볼 수 없는 독특한 녹색은 도전적이고 창의적인 이미지로 'Only Heineken'이라는 하이네켄만의 감성형 컨셉을 대변합니다. 네덜란드 암스테르담의 하이네켄 박물관에 가면 이곳 역시 바닥이나 벽면 할 것 없이 모든 실내 인테리어 및 조명이 녹색으로 도배되어 있습니다. 고객을 맞이하는 직원들의 유니폼 또한 녹색으로 방문객에게 '녹색은 하이네켄'이라는 등식을 명확하게 성립시킵니다. 이처럼 하이네켄은 기업의 개성을 소비자에게 표현하는 방법으로 시각의 힘을 빌렸습니다. 화려하고 개성 있는 녹색은 소비자들의 감성을 자극하고 시선을 붙잡는 데 중요한 기준이 되고 있습니다.

하이네켄이 세계적으로 성공할 수 있었던 핵심 원천으로는 세 가지를 꼽을 수 있습니다. 첫째, 제조 공정에서 100% 자연 친화적인 재료로 순수한 보리, 물, 홉, 그리고 효모만을 사용한 '품질의 우수성'입니다. 하이네켄의 제조 과정은 철저한 감독하에 질 좋은 원료를 사용하여 그들만의 진하고 부드러운 맛과 향을 전달합니다. 둘째, 하이네켄만의 '시장성에 대한 새로운 견해'입니다. '젊은 사람들은 술을 덜 마신다. 하지만 고급스러운 이미지를 위해서는 술을 마실 수 있다.'라는 슬로건을 내걸며 프리미엄 맥주 브랜드로 입지를 공고히 하기 시작합니다. 하이네켄만이 가진 열정과 끼를 함께 발현하고 공유할 수 있는 경제 능력을 지닌 젊은 층을 타깃으로 '유럽 정통 프리미엄 맥주' 이미지를 구축해나간 것입니다. 셋째, 젊은 층이 주류가 되어 차별화된 하이네켄만의 '놀이 문화'를 이끌어나갔습니다. 하이네켄을 마시는 소비자들은 다른 경쟁사 제품과 비교하였을 때 독특한 가치를 형성할 수 있도록 콘텐츠를 창조하는 전략에 주목합니다. 제조 공정의 우수성과 제품의 물리적인 성격만을 홍보하는 것에서 벗어나 하이네켄을 마시는 행위 그 자체만으로도 감성을 공유할 수 있도록 콘텐츠 제공에 힘쓴 것이죠. 그리고 온·오프라인 및 다양한 매체를 통해 소비자와 전방위적으로 소통하기 시작합니다.

과거와 비교하면 소비자들은 감성 경험을 제품 선택의 중요한 기준으로 삼고 있습니다. 애플 사의 제품이 그저 단순하게 구매한다는 소유욕에서 비롯된 것이 아닌 것처럼 하이네켄도 그들의 개성과 문화를 공유하면서 가치를 높인 사례라고 볼 수 있습니다. 특히 최근 하이네켄의 소셜 마케팅 프로젝트는 감성형 컨셉으로 소비자들의 구매욕을 자극하며 주목받고 있습니다. 공감을 통해 큰 성공의 결실을 얻은 하이네켄은 어떠한 표현 전략으로 사랑받는 브랜드로 우뚝 설 수 있었는지 함께 살펴보겠습니다.

크리에이티브 노트 | 문화 경험에서 브랜드 경험으로

하이네켄은 2000년 암스테르담을 시작으로 하이네켄 센세이션(Heineken Sensation) 페스티벌을 통해 음악과 다양한 퍼포먼스를 100만 명 이상의 전 세계 사람들에게 선사하고 있습니다. 이 페스티벌이 점차 유명해지면서 하이네켄만의 스타일을 구축하였으며, 다양한 무대 연출과 유명한 DJ가 만나 관객이 직접 호흡할 수 있는 자리를 지속해서 제공하고 있습니다. 하이네켄은 'Young, Party, Music'이라는 감성형 크리에이티브 컨셉으로 음악과 페스티벌에 관해 확실한 아이덴티티를 구축합니다. 센세이션 페스티벌은 특히 참여를 통한 볼거리와 즐길 거리가 늘어나면서 단순한 페스티벌이 아닌 브랜드를 경험하고 소통할 수 있는 창구 기능을 합니다. 2012년 센세이션 뮤직 페스티벌은 아시아 최초로 국내에서 펼쳐지기도 했는데, 클럽과 페스티벌을 즐기는 20~30대를 타깃으로 케이블 채널에 광고한 결과 30만 원에 달하는 VIP 티켓이 2주 만에 매진되는 홍보 효과를 얻었습니다. 이처럼 하이네켄은 젊은 소비자들에게 그들이 열광하는 문화와 제품의 연결 고리를 만들며 '페스티벌에서 즐기는 맥주'라는 필수품으로 강력한 브랜드 애호도를 형성하고 있습니다.

3-29(왼쪽), 3-30(오른쪽)
하이네켄 U-Code를 통해 페스티벌을 즐기는 사람들

또한 'Heineken U-Code'라는 새로운 캠페인도 함께 진행하였습니다. 'Heineken U-Code' 캠페인은 페스티벌에 참여한 소비자들이 음악을 즐기면서 새로운 사람을 좀 더 쉽고 재미있게 사귈 수 있도록 QR 코드를 이용하였죠. 관객들은 각자 자신의 메시지를 담은 QR 코드를 프린트하여 옷에 부착하고 새로운 사람이 자신에게 접근하려고 할 때 QR 코드를 스캔하면 서로의 관심사나 생각을 쉽게 읽어 낼 수 있도록 하였습니다. 이렇듯 하이네켄은 오프라인 네트워크를 확장하여 디지털로 이어질 방법을 찾았습니다. 결과적으로 이 캠페인은 나흘 동안 진행된 뮤직 페스티벌에서 5,000명 이상이 Heineken U-Code를 프린트하고 소셜 미디어를 통해 재미있는 사진들이 공유되었다고 합니다. 하이네켄은 스쳐 지나갈 수 있는 인연도 젊은 세대 사이에 쿨하게 감성적 교류를 할 수 있도록 다리 역할을 해 준 것이죠.

크리에이티브 노트 | 공감을 통해 만든 입소문의 힘

남성에게 스포츠란 떼려야 뗄 수 없는 소중한 것입니다. 특히 유럽에서 스포츠는 남성 사이에 빠지지 않고 등장하는 화젯거리이기도 합니다. 하이네켄은 젊은 남성의 마음을 사로잡는 방법으로 스포츠나 스포츠 대회를 후원하면서 공격적인 마케팅을 펼치기 시작합니다. 시원한 맥주의 감흥을 스포츠와 연결하고, 하이네켄의 녹색을 홈그라운드 잔디와 매칭시켜 테니스, 미식축구, UEFA 챔피언스리그까지 공식 후원사로 활동하였습니다.

그러던 중 하이네켄은 참신한 이벤트를 통해 챔피언스리그 홍보에서 의미 있는 승리를 거둡니다. 축구를 사랑하는 남성들의 몰래카메라를 통해 감성을 제대로 관통한 것이죠. 유럽에서 주요 축구 경기가 있는 날에 약속을 잡는 남성은 아무도 없을 것입니다. 특히 유럽 최고의 축구팀 레알 마드리드와 AC 밀란의 결승 경기는 두말할 필요가 없습니다. 그런데 중요한 축구 경기가 있는 날 친구와 애인, 교수님과 직장 상사의 권유로 클래식 공연에 꼭 참석해야 하는 상황이 발생합니다. 보고 싶던 축구 경기를 포기하고 어쩔 수 없이 끌려온 사람은 무려 1,000여 명. 클래식 콘서트가 시작되고 15분이 지나 지루해질 때쯤 무대 뒤 대형스크린에서 깜짝 놀랄만한 문구가 나타납니다. '상사에게, 여자 친구에게 싫다고 말하기 참 어렵죠?' '이렇게 중요한 경기를 어떻게 안 볼 생각을 했죠?' '자, 이제 축구 경기 관람을 시작할까요?'라는 문구가 나타난 것이죠. 이를 본 관중들은 격하게 환호하기 시작합니다.

몰래 이루어진 가짜 클래식 콘서트는 축구 팬들에게 큰 감동을 불러일으켰습니다. 그날 1,000여 명의 환호 속에서 하이네켄 로고와 함께 시작한 축구 경기 관람은 참석한 사람들 모두에게 잊을 수 없는 희열이었을 것입니다. 하이네켄 이벤트는 다음날 뉴스를 통해 1,000만 명이 넘는 사람들이 알게 되었으며, 2주 동안 500만 명이 온라인을 통해 방송을 시청하였다고 합니다. 또한 SNS를 통해 많은 팬들이 감사 인사를 남기면서 각종 언론에 재편집되어 엄청난 파급력을 미쳤습니다. 하이네켄의 몰래카메라 소동은 소셜 미디어를 통한 감성형 바이럴의 성공적인 사례로 꼽고 있습니다.

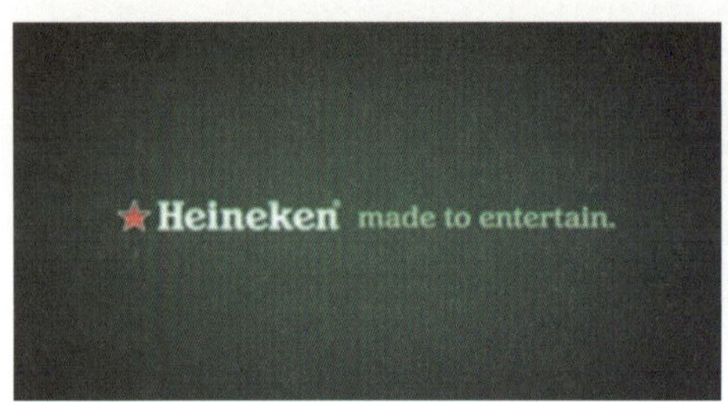

3-31
하이네켄의 성공적인 소셜 미디어 사례로 꼽는 바이럴 동영상

크리에이티브 노트 | 주변의 모든 것을 미디어로, 독특한 앰비언트

형식을 파괴하면 메시지를 전달할 방법은 무궁무진합니다. 일상생활에서 흔히 접할 수 있는 모든 것을 미디어로 활용한다는 앰비언트(Ambient)는 비전형적인 광고 형태라고 정의 내리기도 합니다. 하이네켄은 세계적인 브랜드답게 기존 매체의 한계에 갇히지 않고 트렌디하게 접근하여 많은 사람들의 눈길을 사로잡고 있습니다.

최근 하이네켄은 새로운 캔 디자인을 선보이기 위해 서울 타임스퀘어 중심에 분수 형태의 조형물을 설치하여 지나가던 사람들의 이목을 집중시켰습니다. 대형 분수 조형물에서 콸콸 쏟아지는 시원함과 하이네켄 이미지를 상징화하여 제품 홍보와 더불어 재미있는 이야깃거리를 제공한 것입니다. 크리스마스 시즌에는 3,000개의 하이네켄 병으로 트리를 선보이기도 했으며, 스위스에서는 탱크로리에 대형 캔 형태를 장착하고, 음주 예방을 홍보 수단으로 도로 중심에 찌그러진 캔 조형물을 세우기도 하였습니다.

3-32

일상에서 접할 수 있는 모든 것을 미디어로 활용한 하이네켄

3-33
하이네켄 라이트 맥주(Light Beer) 옥외 광고

또한 뉴욕에서는 '하이네켄 라이트 맥주(Heineken Light Beer)'라는 새로운 방식의 브랜드 체험을 제공하였습니다. 거리에 설치된 하이네켄 옥외 광고는 밤이 되면 모두가 함께 즐길 수 있는 무대로 변신해 흥겨운 음악과 다양한 퍼포먼스를 체험할 수 있는 공간이 만들어집니다. 주변의 모든 환경을 하이네켄만의 미디어로 만들며 기존 매체에 싫증을 느끼는 소비자들에게 즐거움과 놀라움을 제공했습니다. 매일 반복되는 지루한 일상 속에 현대인들은 뜻밖의 이벤트를 경험하면서 브랜드와 소비자 간의 감성적 교감을 확장해나갑니다. 하이네켄만의 문화로 인해 발생하는 감각의 전이는 소비자와의 지속적인 흥미를 불러일으켰으며 감성을 선도하는 대표적인 이미지로 자리매김하고 있습니다. 앞으로도 다양한 형식 파괴를 통해 어떠한 신선함으로 눈길을 사로잡을지 기대되는 브랜드입니다.

컨셉은 소비자의 퍼스널 브랜드다
_ 사회형 컨셉 개발 ❸❹

지성을 목표로 삼는 것만으로는 더 이상 충분하지 않다. 기업은 거기에 그치지
않고 소비자들의 감성을 사로잡아야 한다. 그러나 이것으로도 충분하지 않다.
기업은 이제 소비자들의 '영혼'을 감싸 안는 셋째 단계로 진화해야 한다.
- 필립 코틀러(Philip Kotler)

나카무라 우사기라는 젊은 여성은 명품을 워낙 좋아해서 식사는 대충
때울지라도 돈을 모아 어떤 명품이든 사는 재미를 들였다고 합니다. 하다못해《나는 명
품이 좋다》라는 책까지 썼다고 하는데요, 그 책의 일부분을 소개합니다.

어깨끈이 부착된 검은색 케이스는 언뜻 보아 우산 케이스인지 몰랐는데 점원이 샤넬 마크 걸쇠
를 열자 안에서 검은색 접는 우산이 나타났다. 그런데 우산을 펼쳐 보인 점원의 말을 듣고 나는
귀를 의심했다. "손님, 비가 많이 올 때는 이 우산을 사용하지 마세요." "네? 우산인데, 비가 올 때
사용하지 말라고요?" "비가 약간 내릴 때는 괜찮지만, 색을 보호하기 위해 방수 처리가 되지 않
아 비가 많이 내릴 때는 샐 염려가 있습니다." 비가 많이 오면 새는 우산이 과연 상품 가치가 있을
까? 물론 있다. 왜냐하면 천하의 샤넬이니까. 비가 새건, 우산살이 꺾이건, 다른 우산을 넣고 다니
건 간에 샤넬 마크가 붙은 가죽 케이스를 어깨에 메고 있는 것만으로도 "나는 우산까지 샤넬을 써
요."라고 소리 내어 웃으며 걷는 여왕님에게 시선이 집중될 것이기 때문이다.

사람들은 비를 피하려고 우산을 사용하는데 비를 막지 못하는 우산이라니……. 여러분
은 제 기능을 잃어버린 제품을 어떻게 생각하나요? 기능형 컨셉에 빗대어 생각한다면
이 제품은 존재 가치가 없습니다. 하지만 우사기라는 여성처럼 제품의 기능보다 브랜
드 가치, 그중에서도 '다른 사람들이 나를 어떻게 생각할지'가 중요한 사람들은 기꺼이

이 우산에 돈을 지불합니다. 이러한 심리를 사회적 욕구로 볼 수 있습니다. 인간은 사회적으로 소속감을 느끼고 사람들로부터 존중받고자 하는 욕구가 있으며 나아가 가치 있는 존재가 되고자 합니다. 사회적 욕구는 스스로 중요하다고 느낄 뿐만 아니라 다른 사람으로부터도 인정을 받아야 비로소 궁극적으로 존중의 욕구가 충족되었다고 볼 수 있습니다. 사회형 컨셉은 사람들의 사회적 욕구를 실현하는 컨셉입니다. 단적으로 사람들이 나를 어떻게 느끼는지, 내가 어떤 그룹에 소속하고 싶은지에서부터 자신이 사회적인 존재로서 어떤 꿈을 펼칠지, 어떤 가치를 내세우고 소비할지를 정하는 것까지 사회적 욕구로 분류할 수 있습니다. 이번에는 존경, 자신감, 지위, 선, 자아실현 등의 키워드와 사회형 컨셉에 대해서 함께 살펴보겠습니다.

이야기로 유일성을 소통하다, 에비앙

시나리오 허무맹랑한 수단으로 남을 속이는 일을 두고 우리는 흔히 '봉이 김선달, 대동강 물 팔아먹는다.'라고 합니다. 물을 사서 먹는다는 개념이 생소한 시대도 있었지만 오늘날 대부분 사람들은 대동강 물은 아니더라도 깨끗한 물을 사서 마십니다.

멀리 유럽에서 '카샤의 물(Source Cachat)'이라는 이름으로 처음 선보인 에비앙은 1878년 프랑스 정부로부터 정식 판매 허가를 받아 '상품화된 최초의 물'로 기록되었습니다. 현재 한국을 비롯한 세계 157개국에 수출되고 있으며, 세계의 유명 스타를 비롯한 깐깐한 물 애호가들에 의해 사랑받고 있습니다.

문제 에비앙은 세계 최초로 물을 상품화한 기업이자 고급 생수 시장에서 1등을 고수해 오고 있는 브랜드입니다. 하지만 지금으로부터 130여 년 전 아무리 수질이 좋지 않은 유럽이라도 에비앙이 탄생한 시절에는 물을 사 먹는다는 개념이 생소했을 것입니다. 에비앙의 성공은 과연 어떻게 이루어졌을까요?

에비앙의 역사는 프랑스 레세르 후작에게서 시작됩니다. 프랑스 혁명이 일어난 1789년, 알프스의 작은 마을 에비앙에서는 신장결석을 앓고 있던 레세르 후작이 요양하고 있었습니다. 후작의 병에 별다른 진척이 없어 고민하던 중 그 마을 지하수가 몸에 좋다는 주민 이야기를 전해 듣고 꾸준히 물을 마신 결과 병이 낫게 되었습니다. 이후 후작은 전문가를 불러들여 에비앙 물을 연구하기 시작했습니다. 연구 결과 에비앙 지하수에는 두 가지 특징이 있음을 발견합니다. 한 가지는 알프스에서 녹아내린 만년설이 두꺼운 빙하 퇴적물을 통과하면서 불순물이 걸러진 깨끗한 물이라는 점과 다른 한 가지는 인체에 유익한 미네랄 성분을 다량으로 함유하고 있다는 점이었습니다. 소문은 빠르게 퍼졌고, 에비앙으로 요양 오는 사람의 숫자도 급격히 늘어나기 시작했습니다.

3-34
에비앙의 깨끗한 수원지와 공장 모습입니다.

이처럼 좋은 물이 솟는 땅의 소유주인 카샤^{Cachat}는 자신의 이름을 붙인 제품으로 이 물을 '물'이 아닌 '약'의 개념으로 상품화했습니다. 1879년, 에비앙 생수는 프랑스 정부로부터 공식 판매 허가를 받고 상품으로 출시된 세계 최초의 물로 기록되었습니다. 당시 기록에 따르면 지역 의사들도 처방전에 에비앙 물을 포함했다고 합니다. 이후 여러 회사를 거쳐 다국적 기업인 다논 그룹이 '물 판매권'을 확보했으며, 다논은 에비앙 마을과 제휴하여 이를 상품화했습니다. 프랑스 정부의 도움으로 에비앙 마을이 수원 보호 구역으로 지정되면서 에비앙은 깨끗하고 순수한 물, 몸에 좋은 물로 주목받았습니다.

에비앙은 '이 세상에 단 하나뿐인 물'이라는 컨셉을 가지고 브랜드 전략을 이끌어 오며 '오직 한 곳'에서 만들어집니다. 어떤 공해나 오염도 닿을 수 없는 해발 4,800m의 알프스에서만 만들 수 있으며 프랑스 정부가 에비앙 수원을 보호 구역으로 지정해 법적인 보호를 받고 있습니다. 이렇게 에비앙 생수는 공해나 오염으로부터 완벽히 보호되어 가장 순수한 광천수^{미네랄 워터}임을 강조하며 제품의 품질을 지켜 오고 있습니다. 또한, 에비앙은 알프스의 '천연 필터'를 거친 물입니다. 에비앙에서 내세운 천연 필터는 다름 아닌 3만 년이라는 세월에 걸쳐 만들어진 알프스의 지하 암석층입니다. 이 특별한 암석은 알프스 표면의 신생대 제4기의 융기와 침강 작용으로 생긴 두꺼운 이중 진흙층이라고 합니다. 만년설이 녹아 암석을 통과하면 불순물이 하나도 없는 깨끗한 '약수'가 됩니다. 마지막으로 에비앙이 만들어지는 데는 '한 방울에 15년'이 걸립니다. 알프스 표면의 물이 광천수가 되려면 최소 15년의 세월이 필요하기 때문이죠. 이 물은 1년에 100~300m씩 지상으로 흘러내려 오는데 이 느린 과정이 에비앙의 '순수함'이라는 절대적 가치를 부각합니다.

3-35
공해 없는 청정 알프스 이미지를 그대로 사용한 에비앙 광고입니다.

현재 에비앙은 대형 마트 외에도 카페나 파티, 물을 전문으로 파는 워터 카페 등에 진열되면서 다양한 유통 경로를 확보하고 있습니다. 더불어 마시는 물뿐만 아니라 다양한 분야로 사업을 확장하였습니다. 1962년 에비앙 물을 이용한 에비앙 워터 스프레이가 개발되었으며, 이를 기반으로 미스트, 화장수 등의 화장품 사업에도 진출하였고 그 결과는 성공적이라고 평가받았습니다. 또한 의료용 생수나 약품 제조를 위한 목적으로도 활용되며 의료 사업 분야에도 진출하고 있습니다.

에비앙은 건강함, 순수함, 세련됨 등 특유의 제품 이미지를 바탕으로 소비자들과 소통하고 있습니다. 이러한 제품 이미지를 지속해서 유지하기 위해 고급화 전략을 고수했고, 주로 상류층이 소비하는 음료라는 인식이 더해져 상류층 소비 성향에 대한 동경과 자기과시 욕구가 소비를 촉진했습니다. 여기에는 할리우드 스타들이 에비앙 생수를 마신다는 사실이 알려지기 시작하면서 브랜드 이미지가 더욱 고급화되었습니다.

3-36
에비앙 미스트 스프레이

월드 스타 마돈나는 콘서트 투어에서 머무는 호텔마다 욕조 가득 에비앙을 채워 달라는 조건을 걸었다고 합니다. 섹스 심벌로 1990년대를 풍미했던 킴 베이싱어는 에비앙으로 머리를 감는다고 했습니다. 또한 팝 스타 마이클 잭슨 역시 에비앙으로 세안했다고 합니다. 이런 이야기는 에비앙을 아무나 먹는 물이 아닌 '특별한 물'로 인지시킵니다. 또한 《코스모폴리탄》과 《포천지》와 같은 공신력을 갖춘 유명 잡지에 에비앙과 함께하는 스타들의 모습을 광고하여 고급화 이미지 구축과 패션 아이템 이미지를 구축하였습니다. 에비앙은 미디어를 신중하게 선택했는데 고급스러운 이미지에 손상을 적게 주면서 새로운 소비자를 찾는 활동 위주로 진행하였습니다.

에비앙의 유통 전략도 고급 이미지에 초점이 맞춰져 있습니다. 최고급 레스토랑, 호텔, VIP 석 등에서 판매되어 고급스러운 이미지를 유지하는 동시에 헬스장 및 운동 경기장에 에비앙을 배치하여 건강성^{Healthy}을 강조합니다. 또한 스타벅스와 같은 유명 커피숍에서 판매되어 물이 아닌 고급 음료라는 브랜드 이미지를 유지합니다. 에비앙 화장수는 약국이나 피부과 병원에 판매되며 전문적인 이미지를 부각시켜 소비자들의 신뢰성을 얻었습니다.

3-37
스타들이 사랑하는 에비앙

크리에이티브 노트 | 나를 표현하는 물, 에비앙

현대인은 자신이 소비하는 것으로 자신을 대변합니다. 브랜드는 단지 상표가 아닙니다. 명품에 푹 빠진 우사기처럼 사회로부터 존중받고 주목받고 싶어 하는 욕구뿐만 아니라 자신의 신념을 나타내거나 고상한 취향을 반영하는 자기표현의 수단이죠. 이렇게 브랜드를 통해서 자신을 표현하고 싶어 하는 욕구로 인해 때때로 패키지는 내용물을 안전하게 보호하기 위한 본래 기능 외에도 자기표현 욕구를 충족시킬 수 있는 수단이 되고 있습니다. 특히 '스몰 럭셔리'의 대표 제품군인 향수는 일찍이 여성 구매자들의 감성을 만족하게 하는 패션 아이콘으로 여겨졌죠. 실제로 향수를 선택할 때 중요하게 여기는 것은 향기가 아니라 용기 형태라는 조사 결과도 있습니다. 구매자의 다양한 니즈 때문에 패키지는 이제 단순히 기능성이나 합리성만을 위해 사용하는 것이 아니라 생활의 질적인 향상과 함께 소비자 기호(Select)와 취향에 대한 니즈를 만족하게 할 수 있는 소비 유형을 따라가기 시작했습니다.

에비앙 또한 높은 브랜드 인지도와 프리미엄 브랜드 이미지를 바탕으로 패키지 즉, 병(보틀) 디자인의 '트렌드' 형성도 성공적으로 수행하고 있습니다. 밀레니엄 기념 제품 출시를 기점으로 해마다 한정판 보틀 디자인을 선보이는 특판 마케팅을 통해 에비앙 병을 신종 수집 아이템으로 등극시켰죠. 무취, 무미, 무향의 물에 이렇다 할 변화를 주기 어려운 제품 속성을 간파한 전략은 소비자들에게 장수 브랜드 에비앙에 관한 새로운 시선을 부여하고 있습니다.

1993년부터 1999년까지는 알프스 산맥의 빙하를 연상시키는 우윳빛 색상을 더한 단순한 디자인으로 한정판(리미티드 에디션)이 출시되었습니다. 2000년 밀레니엄을 맞이하여 물방울 모양의 스페셜 에디션이 출시되었고 이때부터 본격적으로 스페셜 에디션 마케팅을 하게 됩니다. '천사의 눈물'을 컨셉으로 물방울 용기를 선보인 에비앙은 2004년까지 색상과 그림을 바꿔 다양한 시리즈를 출시했습니다.

2008년 디자이너 크리스티앙 라크루아와 콜라보레이션(Collaboration)한 에비앙은 병 모양 자체에 변화를 주기보다 패키지에 디자이너 고유 스타일로 브랜드의 느낌을 표현하는 데 집중합니다. 크리스티앙 라크루아는 기성복이 아닌 오트 쿠튀르로 데뷔해 자신만의 패션 세계를 구축한 디자이너입니다. 패션쇼에 오트 쿠튀르와 프레타 포르테의 두 가지 스타일 쇼가 있듯이 에비앙 병도 두 가지로 출시해 프레타 포르테는 레스토랑 등 고급스러운 장소에서 판매되었고, 오트 쿠튀르는 프레타 포르테보다 더욱 소량으로 생산되어 수집용으로 판매되었다고 합니다.

이듬해 장 폴 고티에와 콜라보레이션한 제품이 출시되었는데, 푸른색 모노그램을 사용하여 모던하게 디자인했습니다. 장 폴고티에의 오트 쿠튀르 버전 보틀은 일곱 개만 만들어졌는데 물방울이 병에서 흘러내리는 듯한 모양으로 프랑스 패키지 디자인 상을 받았습니다.

2010년에 출시된 한정판 콜라보레이션 보틀은 감각적인 스트라이프로 사랑받는 폴 스미스가 디자인했습니다. 폴 스미스 특유의 스트라이프 패턴으로 디자인되었고 다섯 가지 색상을 병뚜껑에도 적용했습니다. 2011년에는 일본 디자이너 이세이 미야케와 콜라보레이션 한 제품으로 주목받았습니다. 플리츠 기법으로 만든 꽃 한송이가 병에 그려져 있는데, 물의 청량감을 살리고 꽃 한 송이의 순수한 느낌을 강조했습니다. 2012년에는 앙드레 쿠레주라는 미니멀리즘 디자이너에 의해 기하학적인 무늬로 재해석되었고, 2013년에는 미국 패션계 아이콘인 다이안 본 퍼스텐버그 캘리그라피를, 2015년에는 병에 물이 들어 있을 때 나타나는 돋보기 효과와 착시를 이용한 재미있는 겐조의 패턴을 입었습니다.

3-38
다이안 본 퍼스텐버그(Diane von Furstenberg aka DVF)가 디자인한 2013년 에비앙 스페셜 에디션

3-39
에비앙은 브랜드 인지도와 프리미엄 브랜드 이미지를 바탕으로 패키지
즉, 보틀 디자인의 '트렌드'를 이끌어갑니다.

에비앙 패키지 디자인은 실용적인 부문에서도 훌륭한 선례를 남겼습니다. 페트병의 용기 성형에 따르는 취약한 구조 강도를 보완하고자 표면에 요철을 넣어 포장 및 운송 편의를 도모한 것입니다. 하루 한 번 200가지 수질 검사를 거쳐 철저한 품질 관리에 힘써 페트병을 만들 때도 친환경적인 이미지를 강조하기 위해 특별한 과정을 거쳐 플라스틱병을 만듭니다. 에비앙 생수는 분리수거 과정을 거쳐 공장으로 회수하면 이것을 녹여 다시 원료로 만듭니다. 또한 쉽게 구겨지고 재활용되는 플라스틱병은 친환경적이고 깨끗한 브랜드 이미지 제고에 효과적입니다. 세계 여러 나라에서 생산되는 각종 생수 페트병은 에비앙을 참고하여 만들어지고 있습니다.

에비앙의 주 소비자인 젊은 여성에게 생수는 갈증 해소가 목적이 아닙니다. 이들 사이에서 생수병은 트렌드의 표현이고 나를 표현하는 수단입니다. 한정판 보틀 디자인의 성공은 생수병 휴대가 음용 목적을 넘어 휴대폰과 같은 개념으로 패션 아이템처럼 여겨진다는 반증이기도 합니다.

특별한 물을 마신다는 느낌을 주는 에비앙처럼 고급 이미지를 구축하는 것은 단기간에 이루어지지 않습니다. 차곡차곡 하나의 컨셉을 지켜온 브랜드만이 가질 수 있죠. 지금까지 많은 사랑을 받는 에비앙은 겉모양이 계속해서 바뀌더라도 '프리미엄'이라는 속성은 계속될 것입니다. 소비자들의 사랑도 함께 이어갈 테죠.

무엇이든 할 자유와 아무것도 안 할 자유, 클럽메드

행복은 어디에서 오는 것일까요? 그동안 많은 학자들이 행복을 찾아 나섰지만 뾰족한 결론을 내리지 못했습니다. 그러나 '하버드 성인 발달 연구소'는 75년 동안의 오랜 연구를 통해 행복의 비밀을 조금은 밝혀낸 듯 보입니다. 연구팀의 결론은 뻔한 이야기 같지만 좋은 관계가 행복의 열쇠라는 것입니다. 좋은 대학을 나왔든, 사회적 지위가 높든 주변 사람들과 좋은 관계를 맺고 있는 사람들은 행복하고 수명도 길 확률이 높다고 합니다.

여기, 우리를 행복의 길로 한걸음 인도할 브랜드가 있습니다. 제2차 세계대전이 끝난 직후 모두가 슬픔에 빠져 있던 시기에 행복을 제창하며 생겨난 리조트 브랜드 '클럽메드'입니다.

시나리오 제2차 세계대전이 끝나고 전후 복구가 한창이었던 당시 유럽의 분위기는 암울했습니다. 전쟁의 포성은 멎었지만 휴식, 여행, 행복과 같은 단어가 사람들에게는 여전히 낯설게 느껴지던 1950년, 제라드 블리츠는 올림픽 텐트에서 쉬던 중 생각해낸 아이디어를 실행하기 위해 청년 50여 명을 모아 태양이 작열하는 스페인의 알쿠디아 해변으로 여행을 떠났습니다. 각자 낸 회비를 모아 세를 낸 해변에 텐트를 치고 숙박하며 휴가를 즐겼죠. 여행이 성공한 후 다음으로는 이탈리아의 바라티로 휴가를 떠납니다. 회원 수는 더욱 많아졌고 점점 많은 사람들이 모이자 1954년, 경영 수완이 뛰어난 길버트 트리가노가 공동 경영자로 합류하면서부터 수익금을 남기는 영리 법인의 형태를 갖추었습니다.

초기 클럽메드는 텐트나 밀짚으로 지은 방갈로에 공동으로 쓰는 샤워실 등 매우 단순하고 열악한 환경이었지만, 그 인기가 얼마나 많았는지 수용 공간이 부족해 발걸음을 돌린 사람들만 해도 1만 명이 넘었다고 합니다. 1955년 유럽인에게는 환상의 섬으로 불리던 타히티에 클럽메드 빌리지가 문을 연 이후 현재 클럽메드는 전 세계 120개 빌리지를 운영하는 거대한 리조트 체인으로 진화했습니다.

문제 보통 리조트 사업은 아름다운 자연과 편리한 시설 등을 내세우며 사람들의 감성을 자극하는 감성형 컨셉으로 볼 수 있습니다. 하지만 클럽메드는 왜 사회형 컨셉으로 분류되는 것일까요? 그리고 처음에는 열악한 시설에서부터 시작했지만 전 세계 사람들에게 지금까지 사랑받으며 발전해 온 클럽메드의 성공 컨셉은 무엇일까요?

클럽메드의 '메드'는 지중해를 뜻하는 프랑스어 '메디테라니^{Mediterranee}'의 약자로 지중해 클럽이라는 뜻입니다. 프랑스 파리에 본사를 둔 세계 최대, 최고의 휴양 레저 리조트인 클럽메드는 순환형이 아닌 자체 숙박 시설을 통한 체류형 상품을 제공합니다. 클럽 회원으로 가입한 사람들은 패키지 금액을 내면 항공, 숙박, 식사, 다채로운 게임 및 수십 가지의 레저 스포츠와 엔터테인먼트 프로그램 등을 모두 즐길 수 있습니다. 물론 천혜의 자연환경에서 아무것도 하지 않고 종일 빈둥거리며 여유롭게 시간을 보내도 되죠.

무엇이든 할 자유와 아무것도 안 할 자유를 모토로 삼고 있는 클럽메드의 목적은 지구촌 사람이 한데 모여 어울려 여행하며 서로가 서로에게 배우자는 것이었습니다. 지금까지도 G.O 시스템으로 계승되는 이 철학은 클럽메드를 설립한 제라드 블리츠로부터 시작되었습니다. 그는 1920년대 올림픽 프랑스 국가 대표 수구 선수였던 모리스 블리츠^{Maurice Blitz}의 아들로 그 역시 프랑스의 국가 대표 수구 선수였으며, 1936년 독일 나치 치하의 베를린 올림픽 참가를 거부하면서 레지스탕스^{Resistance}의 일원이 되기도 했습니다.

제라드 블리츠는 38세에 전쟁에 지친 전후 유럽에 국경과 계급을 뛰어넘어 휴식과 행복을 누릴 수 있는 유토피아^{Utopia}를 건설하고 싶었습니다. 코르시카^{Corsica} 섬에서 올림픽 클럽 텐트 빌리지에 머물던 그는 '자연과 어우러진 환경에서 다양한 스포츠를 즐기며 몸과 마음을 단련하자'와 같은 새로운 휴가 개념에 대한 아이디어를 생각해냈습니다. 그리고 1950년 클럽 메디테라니^{Club Mediterranee}라는 연합회로 시작한 이 모임은 굉장한 성공을 거두었습니다. 이 성공을 바탕으로 세워진 최초의 빌리지^{클럽메드에서의 리조트 개념}를 찾은 사람들은 300프랑의 회비를 내고 해변에 머물며 다양한 스포츠와 활동을 즐겼습니다. 최초의 빌리지 시설에도 불구하고 자연과 스포츠를 통해 휴식을 취하고 사람들과 어울려 시간을 보내는 클럽메드의 휴가 개념은 당시 사람들에게 신선한 충격을 주었습니다.

3-40
클럽메드의 초창기 모습

유토피아를 꿈꿨던 제라드 블리츠의 철학은 확고했습니다. 지구촌 사람들이 함께 어울리고 여행하며 서로에게 많은 것을 배우자는 것이었습니다. 이러한 그의 코스모폴리탄^{Cosmopolitan} 적인 생각이 유럽에서 큰 공감을 얻으며 퍼져나갔고 그가 세운 빌리지 또한 사람들의 발길이 끊이지 않았습니다. 처음에는 스페인의 마조르카^{Majorca} 섬 알쿠디아^{Alcudia} 해변에 최초의 클럽메드 빌리지를 열었고, 1970년대와 1980년대에는 다섯 개 대륙 120여 곳에서 리조트를 설립 및 운영하며 황금기를 맞았습니다.

오직 클럽메드에만 존재하는 것들

클럽메드에만 있는 것이 두 가지 있습니다. 첫째는 'G.O 시스템'인데요, 클럽메드에서는 리조트에 상주하는 직원을 G.O$^{Gentle Organizer}$, 고객을 G.M$^{Gentle Member}$이라고 합니다. 1956년 스위스 레이신^{Leysin} 지역에 스키와 각종 동계 스포츠 강습을 제공하는 클럽메드의 첫 번째 스키 빌리지가 만들어졌습니다. 이때 클럽메드 최초로 G.O들을 선발하고 운영하기 시작했습니다. 보통 G.O를 호텔리어와 착각하기 쉽지만 조금 다른 개념입니다. 호텔리어는 손님들에게 깍듯하게 서비스를 제공하지만 G.O는 친구처럼 이야기를 건네고 함께 식사하기도 하며, 수영을 가르쳐 주거나 저녁 시간에는 그들 고향 문화에 대해 경험할 수 있는 프로그램을 제공하기도 합니다. 현재 클럽메드에는 96개국에서 온 G.O들이 근무합니다. 다양한 언어를 사용하는 그들로 인해 고객들은 언어로 인한 불편함 없이 지낼 수 있습니다. 또한 G.O는 클럽메드 빌리지 안에서 고객의 일정을 상담해 주는 현지 직원이기도 합니다. 그들은 스포츠 강사, 기념품 가게 점원, 안내, 식당, 미니 클럽 등 각자 전문적인 포지션에서 일합니다. 저녁이면 화려한 의상을 입고 무대 위에서 공연하는 것부터 자신들의 문화를 잘 보여 주는 미니 프로그램을 계획해 고객들에게 다양한 경험을 제공하는 엔터테이너로 변신합니다.

이처럼 즐거운 경험을 제공하는 G.O를 다시 만나기 위해 클럽메드를 재방문하는 고객들이 있을 정도로 G.O 시스템은 클럽메드만의 차별점인 동시에 경쟁력입니다. 클럽메드를 설립할 당시 유토피아를 세워 다양한 사람들이 어울려 다양한 경험을 나누게 하고 싶었던 '컨셉'이 계속해서 이어져 올 수 있었던 것도 G.O 시스템이 제대로 자리를 잡았기 때문이 아닌가 합니다.

둘째는 무엇이든 할 자유와 아무것도 안 할 자유를 위한 '올 인클루시브$^{All Inclusive}$' 서비스입니다. 처음 스키 빌리지가 생겼을 때 클럽메드는 교통편과 객실, 장비 대여, 스키 리프트 이용권이 하나로 포함된 서비스를 최초로 선보였습니다.

올 인클루시브 서비스는 별도의 계획 없이 일정 비용을 내고 클럽메드 회원이 되기만 하면 다음 목록에서 추가 비용 없이 '모든 것'을 자유롭게 이용할 수 있다고 합니다. 어떤 것들이 있는지 한번 살펴보겠습니다.

왕복 항공권(공항세, 유류할증료), 다양한 객실(슈페리어, 디럭스, 스위트 룸 중 원하는 형태를 선택할 수 있고, 가족 고객을 위해 두 개의 방이 연결된 커넥팅 룸도 제공), 전 일정 1일 3식 뷔페 식사와 코스 요리, 그리고 스낵 서비스(뷔페 레스토랑에는 현지 요리뿐 아니라 세계 각국의 요리가 준비되어 있고, 스페셜티 레스토랑에서는 코스 형태의 식사 가능. 시간에 구애받지 않고 자유롭게 식사할 수 있도록 늦은 아침과 늦은 점심 및 스낵 제공), 오픈 바에서 무제한으로 제공되는 각종 음료와 주류, 스포츠 전문 G.O가 진행하는 각종 스포츠 강습(윈드서핑, 웨이크 보드, 서커스, 암벽 등반, 골프, 테니스 등), 다양한 스포츠 장비 무료 대여(골프채, 스쿼시, 테니스, 탁구, 윈드서핑, 배드민턴, 아쿠아 슈즈, 스노클링 장비 등), 다양한 활동과 스포츠 이벤트(수구, 발리볼, 스쿼시, 테니스, 농구, 축구, 스노클링 등), 매일 밤 펼쳐지는 G.O들의 공연(서커스, 코믹 쇼, 카바레 쇼, 현지 전통춤 등 다양한 공연) 및 이브닝 쇼 이후에도 G.O와 함께하는 댄스파티

이 정도면 무엇이든 할 자유는 충분히 만족시킬 수 있을 것입니다. 이 서비스는 세계 최초로 클럽메드에서 선보인 컨셉이었는데 1990년대 많은 여행사와 리조트들에 의해 모방되었죠. 현재 클럽메드는 경쟁사들과 차별화 전략의 목적으로 이를 계속 보완하여 프리미엄 올 인클루시브 서비스로 업그레이드하고 있습니다.

하지만 클럽메드는 괌과 사이판에 있는 리조트 체인 PIC^Pacific Islands Club도 '올 인클루시브 서비스'를 내세우며 클럽메드의 경쟁 업체로 등장했으며 유럽 경기 침체와 전세기가 추락하는 사고로 인해 위기의 기로에 들어섰습니다. 이런 상황을 타개하고자 올 인클루시브 휴가 컨셉 대신 중저가 여행 시장에 진출했다가 브랜드 아이덴티티가 흐려져 연간 수천만 유로의 손실을 낼 정도로 전에 없는 위기를 맞게 됩니다. 2002년 '올 인클루시브 리조트'로 최초 컨셉으로 돌아가는 전략을 펼쳤고 타깃을 휴양을 원하는 고객들로 전환하면서 다시 흑자 회사로 돌아서게 되었습니다.

3-41

어린이들이 특히 좋아하는 다양한 국적의 G.O

3-42

올 인클루시브 서비스 중 요가 프로그램

클럽메드는 대표적인 사회형 컨셉입니다. 대부분 감성형으로 아름다운 자연에서의 '휴식'만을 강조하는 여행사와 리조트들과는 다르게 여러 사람이 어울리고 그 안에서 행복을 찾아가기를 바라죠. 올 인클루시브 서비스를 프리미엄이나 고급 휴양의 개념으로 생각하는 사람들도 있지만, 클럽메드의 설립 이념이나 철학 등을 살펴보면 이것은 사람들이 즐길 자유를 제공하기 위한 기반 장치에 더 가깝습니다.

3-43
올 인클루시브 서비스 중 스키 강습, 어린이 프로
그램, 나이트 프로그램

틀에 짜인 스케줄 없이 아무것도 하지 않을 자유로 시작해 친절한 G.O들의 도움으로 다
양한 문화권의 여러 사람과 어울리며 무엇이든 할 자유까지 누릴 수 있는 클럽메드. 하
버드가 75년 동안 연구 끝에 발견한 행복의 비밀을 제라드 블리츠는 일찍 깨달았던 모
양입니다.

3-44
클럽메드의 대표적인 리조트 몰디브 빌리지와 발리 빌리지

바로 지금 행복해지세요

제라드 블리츠는 클럽메드의 존재 이유에 대해 다음과 같이 말했습니다. "우리 삶의 궁극적인 목적은 행복해지는 겁니다. 행복할 시간도 바로 지금, 그리고 행복해질 곳도 바로 지금, 여기죠." 그는 클럽메드의 역할이 일상을 떠나 온 이들에게 행복감을 느끼게 해 힘을 북돋워 주는 데 있다고 생각했습니다. 그래서 관습, 허례허식, 화려한 기술을 구사하는 기존 광고를 거부하고 단순하고 솔직한 정신적 가치를 내세우는 광고 전략을 취했습니다. 부경대 신문방송학과 남인용 교수는 《광고와 설득》에서 클럽메드는 기업 역사나 디자인 모두 휴일 공동체의 평등주의적 라이프스타일을 강조해왔다고 합니다. 클럽메드의 광고들은 마치 환경 보호 제품 광고처럼 물질주의에 찌든 사람들의 감성을 자극하면서 기업의 철학을 그대로 반영하였습니다. 1976년, 클럽메드의 황금기에 선보였던 인쇄 광고를 보면 하나의 이미지에 한 문장도 아닌 하나의 단어만이 굵고 강렬하며 단순하게 들어가 있습니다. 이 시리즈 중 가장 대표적인 광고는 해변을 바라보는 한 여자의 뒷모습입니다. 광고 카피는 'Contempler: 프랑스어로 바라보다, 응시하다'는 뜻으로 서브 카피도 없이 단 하나의 단어만으로 '올 인크루시브 서비스'를 감성적으로 풀었습니다.

이외에도 'Jouer(놀다)', 'Parler(이야기하다)', 'Pleurer(느끼다)', 'Rire(웃다)' 등 클럽메드에 와서 사람들과 어울려 할 수 있는 것들을 강조했습니다. 화면에 자연 장관이나 화려한 인테리어는 없고 사람들만 있습니다. 초창기 클럽메드가 오두막과 텐트에서 시작했지만 사람들에게 사랑받을 수 있었던 것은 그곳에 가면 자연스럽게 서로 어울리며 놀고, 이야기하고, 느끼고, 웃을 수 있었기 때문이 아닐까요?

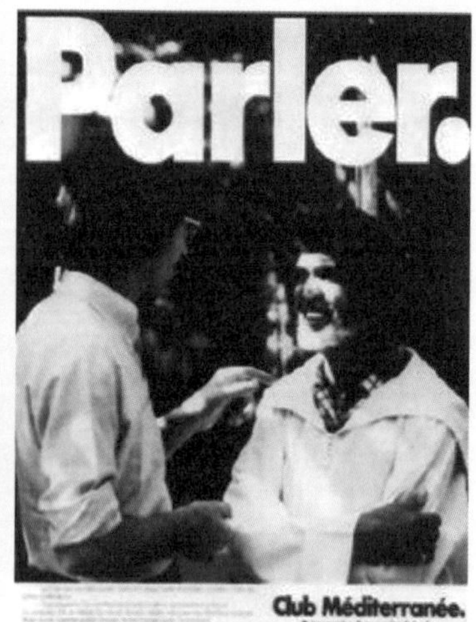

3-45

클럽메드 황금기의 인쇄 광고들

행복을 나타내는 크리에이티브 컨셉은 바로 사람

클럽메드는 설립 이후 시대에 맞게 다양한 광고와 캠페인을 선보였습니다. 60년이라는 긴 세월 동안 일관성 있게 표현해 온 것은 바로 '행복'입니다. 클럽메드의 광고 카피(슬로건)를 살펴보면 1970~1980년대는 '행복은 단순한 것이다. 기본으로 돌아가는 것처럼(Happiness Is A Simple Affair, Like A Return To Basics)', 1980~1990년대는 '행복은 당연한 선택이다(Happiness Is A Free Choice, Acknowledged And Demanded)'였습니다. '행복은 다시 새로워지는 것이다(Happiness Is A Renewal)' '행복은 세상에 마음을 여는 것이다(Happiness Means Opening Up To Others)' '행복은 다양한 얼굴을 가지고 있다(Happiness Is Multifaceted)' '행복은 참여적이다(Happiness Has Become Participative)'라고 말하고 있습니다.

'행복'을 표현하기 위해 클럽메드는 사람들이 휴양지에서 즐거워하고 행복해하는 모습을 담았습니다. 자연과 화려한 시설은 행복의 '원인'이 아니라 사람들이 그 안에서 즐기고 행복해하는 활동 속의 '도구'로 활용됩니다.

우리는 여행지에서 각자 원하는 것이 다릅니다. 요트 타기를 꿈꾸거나 칵테일 한잔을 마시고 싶어하기도 합니다. 남성 또는 여성, 엄마 또는 아이가 원하는 것도 분명 다를 것입니다. 게다가 자신도 야구를 즐기고 싶고, 스쿠버 다이빙도 즐기고 싶어하기도 합니다. '이 모든 것을 충족시켜 줄 곳은? 바로 클럽메드.'라는 표현을 광고 카피가 아닌 아이콘으로 단순화하여 직관적으로 표현하였습니다.

3-46
아이콘으로 단순화하여 직관적으로 표현한 광고

3-47

행복한 사람들과 자연이 있고, 패턴처럼 보이도록 옷과 모자에 다양한 활동들을 숨겼습니다. 아이의 수영복에는 키즈클럽에서 G.O와 즐길 수 있는 서비스가 있고, 여인의 수영복과 모자에는 마사지와 스포츠 활동이 자연스럽게 표현되어 있습니다.

이번에는 사람이 아닌 자연이 주가 되는 이례적인 광고를 살펴보겠습니다. '비주얼 펀'으로 표현 방법이 주목받기도 했던 다음 광고는 사실 아름다운 풍광이 주가 되는 것처럼 보이지만 사실은 사람들의 행복한 모습을 재미있게 표현하고 있습니다.

언뜻 보면 파랗고 넓은 바다에 떠 있는 몇 척의 작은 배들만 보이지만 섬들이 모여 만든 전체적인 모습을 살펴보면 미소 짓는 사람의 얼굴이 보입니다. 이런 식으로 바닷속이나 아름다운 산속에 사람들의 미소를 숨겼습니다. 게슈탈트 심리학에서 가까운 것끼리 집단화되는 근접성의 원리로 인한 착시를 비주얼 펀으로 표현한 광고 사례라고 할 수 있습니다.

최근 클럽메드는 행복을 주제로 새로운 글로벌 브랜드 캠페인을 선보였습니다. 이 캠페인은 16개의 새로운 메시지를 담은 이미지로 구성되어 있는데 각각의 이미지는 클럽메드에서 보내는 진정한 휴가를 통해 느끼는 행복을 표현하였습니다. 구름 위에서 노니는 듯한 스키, 공중에 떠 있는 듯한 황홀한 마사지, 무지개까지 쏘아 올릴 듯한 행복한 활쏘기, 시리즈로 구성된 이 광고들은 행복에 대해서 이야기하며 또한 올 인클루시브 서비스의 장점에 대해서도 이해시킵니다.

다양한 즐거움을 보여주며 일상에 대해 환기시켜 주는 클럽메드의 이번 광고는 다시 한 번 휴가를 꿈꾸게 합니다. 브랜드를 통해 행복해질 수 없지만 브랜드를 이용해 행복할 수 있다는 것을 보여주는 클럽메드의 사례였습니다. 계속되는 불황에 리조트 업계가 적자를 면치 못하고 위안화의 강세로 인해 최근 클럽메드의 주인은 유럽인에서 중국인으로 바뀌었습니다. 하지만 창립자의 철학을 담은 클럽메드의 컨셉만은 계속해서 지켜지기를 바랍니다.

3-48
비주얼 펀을 이용한 광고 캠페인

3-49
2013년부터 시작된 새로운 광고 캠페인 '꿈꾸던 휴가, 그 이상의 행복'

가방에 그린을 입히다, 프라이탁

최근 세계적으로 떠오르는 이슈 중 하나는 지속 가능한 성장입니다. 이에 많은 기업이 자발적으로 친환경 제품을 만들거나 캠페인을 펼치며 윤리적인 소비를 이끌어내고 있습니다. 이번에는 재활용할 수 있는 제품에 아이디어나 특별한 디자인 요소를 가미하여 고부가가치를 생산한 사회형 컨셉 '프라이탁^{Freitag}'을 소개합니다.

시나리오 사용하지 않는 트럭의 덮개 천, 내구성 강한 자동차 벨트로 40만 원 이상을 웃도는 프리미엄 재활용 가방을 만드는 회사가 있습니다. 고가의 가방임에도 불구하고 유럽과 일본에서는 없어서 못 파는 제품이라고 하는데요. 바로 프라이탁입니다. 창업을 시작한 형제는 어린 시절부터 부서진 자전거나 TV 등 폐품으로 장난감을 만들며 성장하였고 프라이탁 역시 재활용할 수 있는 폐품을 활용하여 가방을 만들기 시작합니다.

최근 친환경을 통해 공익에 집중한 사회적 기업들이 대거 생기면서 현대인들의 삶에도 긍정적인 영향을 미치고 있습니다. 그런데 너무나 지나친 공익을 내세운 나머지 고객이 필요로 하는 니즈를 읽지 못하는 결과가 발생하거나 사회 문제 해결에 일조하는 착한 소비자 역할을 하더라도 그것이 스스로 별다른 가치를 지니지 못하면 그 제품은 시장에서 사라져 버립니다. 하지만 프라이탁은 버려진 제품을 있는 그대로 활용하여 지저분하거나 오래가지 못할 것이라는 부정적인 이미지를 깨고 스위스의 대표적인 재활용(Up-Cycling) 기업으로 성장하였습니다.

문제 세계적으로 환경 문제 이슈의 부상, 지속 가능한 성장을 위해 개발과 환경 보전에 관한 논의가 꾸준히 이루어지고 있는데요. 이때 버려진 것을 재활용하는 리싸이클(Recycle)의 개념을 뛰어넘어 기발한 아이디어나 상상력을 입힌 재활용이 떠오르기 시작했습니다. 친환경이라는 키워드를 통해 세계적인 제품으로 입지를 굳힌 프라이탁을 설립한 형제들은 어떻게 소비자 마음을 움직일 수 있었을까요?

트럭 위에 씌우는 방수 천으로 가방 형태를 만들고 폐차의 안전띠를 어깨 끈으로, 자전거 고무바퀴를 떼어 접합부에 붙여 탄생한 제품이 있습니다. 다시 말해 폐품을 있는 그대로 '재활용'하여 만든 '친환경 가방'인데요. 바로 이 회사의 컨셉이기도 합니다. 그런데 버려진 쓰레기들로 만든 이 제품이 매년 전 세계에서 30만 개가량 팔리는 명품 가방이라고 합니다. 왜 사람들은 폐품을 재활용하여 만든 가방을 수십만 원씩이나 주고 구매하며 또 열광하는 것일까요?

1993년 그래픽 디자이너인 마르쿠스 프라이탁과 다니엘 프라이탁 형제는 1년 중 130일이나 비가 내리는 스위스 날씨 때문에 고민에 빠집니다. '자전거를 타고 다니면서도 비에 젖지 않는 가방을 만들 순 없을까?'하고 말이죠. 그렇게 생각에 생각을 거듭하던 중 지나가는 화물용 트럭의 방수포를 보고 영감을 얻어 가방 제작에 들어갑니다. 일차적으로는 실용성에 중점을 두고 탄생했지만 폐품을 기본 자재로 활용하여 만든 제품인 만큼 환경을 생각했다는 점에서 소비자들에게 큰 호응을 불러 모았죠. 프라이탁은 초창기 낮은 브랜드 인지도에도 불구하고 방수가 잘 되는 기능성 가방을 찾는 사람, 친환경 제품을 찾는 사람, 그리고 나만의 개성을 찾고 싶은 사람들에 의해 점차 시장이 확대되기 시작했습니다.

3-50
마르쿠스 프라이탁과 다니엘 프라이탁 형제

프라이탁의 모든 공정은 수작업으로 이루어집니다. 양질의 원자재 수급을 위해서는 그들만의 까다로운 기준을 통과해야만 재활용 재료로 사용할 수 있습니다. 특히 중요 포인트인 트럭의 방수포는 5년 이상 사용한 방수포 중 가방의 일부로 사용했을 때 심미적으로도 손색이 없을 만한 천을 선택합니다. 그리고 선택된 천이라도 오염 물질이 묻어 있기 때문에 방수천을 재단하여 여러 번 세탁하고 그중에서도 가방에 사용될 천을 선별하죠. 또한 제품을 만들 때 필요한 물의 30%는 빗물을 받아 저장한 다음 필요할 때 이용하며 세탁할 때도 세제를 넣지 않습니다. 이처럼 제작 과정은 최소한의 공정을 통해 친환경적으로 이루어지고 있습니다. 꽤 비싼 고가의 가방이지만 모든 것이 재활용을 통해 탄생하기 때문에 이를 높이 평가하는 소비자들은 기꺼이 돈을 지급합니다. 그리고 구매 행위 자체만으로 환경을 되살리는 데 일조했다는 가치를 스스로 부여하며 자신만의 지위를 지키고 싶어 하는 소비자들로부터 꾸준히 사랑받습니다.

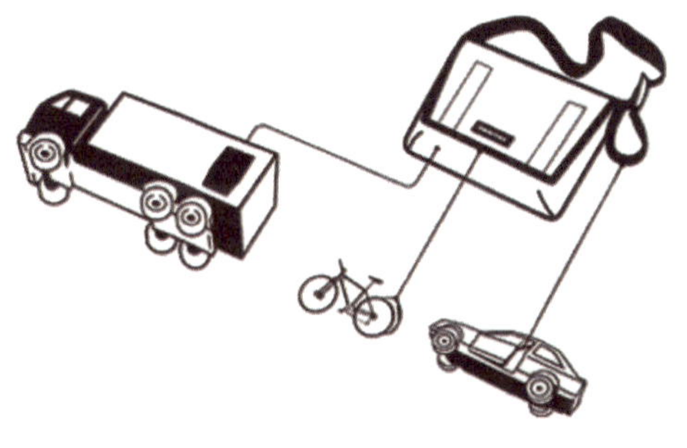

3-51
취리히 프라이탁 매장

고객들의 마음을 더욱 사로잡는 건 그들만의 스토리텔링 때문일 것입니다. 프라이탁 가방을 구매하면 가방 설명서와 함께 광고지^{리플렛}가 들어 있습니다. 가방 사용 설명서에는 연출 방법, 사용 방법, 세탁 방법 등이 표시되어 있으며 광고지에는 저마다 5년이라는 방수포의 탄생 '스토리'가 실려 있습니다. 무엇을 위해 만들어졌으며 어떤 일을 했었는지 프라이탁만의 고유한 스토리가 하나의 역사로 소비자들에게 전달되는 것이죠. 그리고 소비자들은 가방을 사용하면서 새로운 역사를 덧붙여 갑니다. 재활용이란, 또 다른 시작이라는 의미가 있기 때문이죠. 그뿐만 아니라 제작 과정을 상세하게 기록한 설명서는 환경에 관한 윤리 인식을 심어 주며 재활용에 대한 부정적인 생각을 깨는 데 중요한 역할을 하였습니다. 프라이탁은 '다른 회사라면 새 제품을 만든 다음 마케팅팀 등에서 제품을 설명하는 최적의 이야깃거리를 만들었겠지만 억지로 만든 스토리는 의미가 없다고 생각했습니다. 진짜 스토리가 있어야 한다고 생각했고 지금도 생산 설비 모든 부분에서 그러한 규칙이 지켜지고 있어요. 그게 다른 회사와의 큰 차이점입니다.'라고 이야기합니다.

제품 제작은 가방뿐만 아니라 지갑, 휴대폰 케이스 등 방수 천으로 만들 수 있는 모든 아이템에 적용하여 라인을 확장하기 시작합니다. 전 세계 500개 이상의 매장을 보유하면서 유럽인 20여 명 중 한두 명은 꼭 매고 다닐 정도로 대중적인 아이템이 되었죠. 프라이탁은 디자인 프라이스 스위스 2011에서도 대상을 차지하면서 재활용, 에코, 디자인, 기능성을 모두 갖춘 성공적인 브랜드로 자리매김하였으며, 한 해 매출 500억 원이라는 성과를 달성하게 됩니다.

3-52

프라이탁 제품 제조 과정

 # 세상에 단 하나뿐인 가방

프라이탁의 디자이너들은 항상 새로움과 마주합니다. 아크릴 프레임에 방수 천을 대고 오려 제작하는 프라이탁은 디자이너의 손에 의해 완성되기 때문입니다. 여기에서 단순함을 강조한 디자인이든, 프린트의 화려함을 살려 만든 디자인이든 디자이너의 안목과 손길에 따라 하나뿐인 가방으로 새롭게 태어납니다. 그래서 디자이너들은 자신의 재량에 따라 매번 참신한 디자인을 만들 수 있다는 점에서 자부심을 가지고 일하죠.

프라이탁 가방은 똑같은 디자인이 없습니다. 어떻게 재단하고 박음질하느냐에 따라 프린트된 글자와 색상이 달라지므로 하나밖에 없는 제품을 만들어 냅니다. 그래서 'Every Bag is Different!' 세상에 단 하나뿐인 가방 또는 스타일이라는 크리에이티브 컨셉으로 소비자의 소유욕을 자극합니다. 프라이탁 가방을 하나 구매하더라도 또 다른 디자인을 갖고 싶은 이유가 여기 있죠. 특히 정형화된 교육을 강조하는 일본에서는 프라이탁만의 유일무이한 철학이 회자되고 있습니다. 일본의 프라이탁 판매 디렉터인 켄 융니켈은 이런 말을 합니다. "일본 사람들은 개성 있는 존재가 되라는 격려를 받기보다 사회에 자신을 맞추도록 교육받으며 자란다. 프라이탁 제품에 담긴 철학 가운데 하나인 개성과 고유성에 대한 강조는 구매자가 세상에 단 하나밖에 없는 제품을 선택하는 존재가 되어 사진을 드러내며 자부심을 느끼게 한다. 프라이탁이 일본에서 특별한 사랑을 받는 것은 그 때문이다."

2002년 10월 프라이탁은 온라인 매장을 통해 고객이 원하는 부분을 직접 골라 디자인할 수 있도록 F-Cut 시스템을 도입하였습니다. 직접 참여하여 자신만의 이야기를 담고 싶어 하는 소비자들의 니즈를 반영한 것입니다. 소비자가 디자이너 역할을 대신 할 수 있게끔 말이죠. F-Cut 시스템은 자신이 원하는 방수포 부분을 재단하고 색상을 선택할 수 있습니다. 그리고 선택한 방수포가 실제 가방으로 만들어졌을 때 어떤 모습인지 시연으로 볼 수 있어 부담 없이 원하는 디자인을 마음껏 만들어 볼 수 있죠. 각자의 취향을 존중한 사용자 경험은 단순히 재활용 가방이라는 인식을 넘어 세상에 단 하나밖에 없다는 희소성에 대한 '자기표현 욕구'를 대변합니다. 따라서 기존 가방 가격의 몇 배를 높여 판매해도 소비자들이 덜 민감하게 반응하는 것입니다. 프라이탁만의 새로운 시스템 도입은 2000년대 말 온라인 구매의 혁신적인 사례로 일컬어지며 많은 기업의 재활용 벤치마킹 세례를 받았습니다.

3-53
프라이탁 가방 및 휴대폰 케이스

3-54
F-Cut 시스템

크리에이티브 노트 윤리적인 패션 소비 아이템

프라이탁만의 기발한 스토리는 직접적으로 컨셉을 외치지 않아도 추론할 수 있습니다. 특히 환경에 관한 연구나 방안들이 논의되는 지금, 프라이탁의 재탄생 이야기는 더욱 설득력을 높이고 있죠. 동물의 가죽이나 모피, 털을 사용하는 패션계를 향한 소비자 시선이 따가워지면서 상대적으로 윤리적인 기업의 대명사로 불리고 있습니다.

프라이탁은 2011년도에 로드킬(Roadkill: 교통사고 사망) 프로젝트를 통해 도로 위 차 사고로 수많은 동물이 죽어 가는 것을 추모하기 위한 캠페인을 펼쳤습니다. 특히 대형 화물 트럭에 의해 무참히 희생되는 경우도 빈번했기 때문이죠. 그래서 고주파 용접기로 동물의 윤곽을 찍어 가방에 매달 수 있도록 '로드킬 팬던트'를 만들기 시작했습니다. 동물들을 추모하기 위한 하나의 상징체계를 그들만의 액세서리로 승화시킨 것입니다.

소비자는 자신이 사용하는 제품을 통해 문제를 해결하거나 고통을 줄이며 자신이 즐겁다고 느끼는 감정도 드러내고 싶어 합니다. 프라이탁은 사회 문제에 대해 함께 고민하고 해결하고 싶어 하는 일차적인 욕구를 넘어서 그것을 드러내고 싶어 하는 소비자들의 숨은 사회적 심리를 헤아렸던 것이죠. 환경 개선을 위해 솔선수범하는 프라이탁의 진정성에 소비자들은 공감하며 3만 명이라는 애호가를 만들었고 그들만의 특별한 디자인은 자연과 가까이 있음을 더욱 부각시키는 캠페인이었습니다.

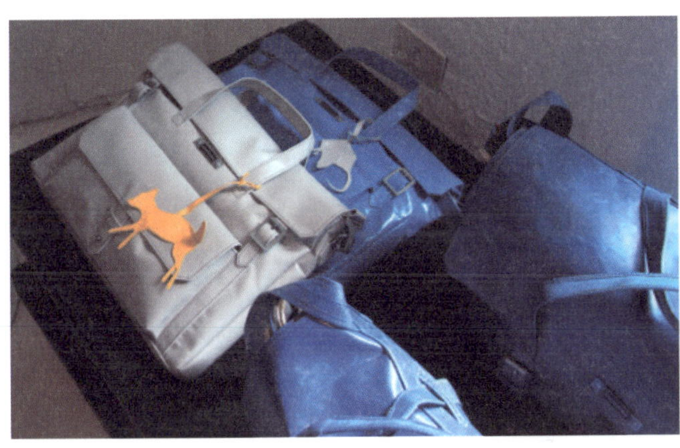

3-55
로드킬 팬던트

더불어 같은 해 프라이탁 형제는 기발한 홍보 전략을 펼칩니다. 가방을 만드는 회사가 엉뚱하게 야채수프를 만들어 고객에게 나눠주는 프로모션을 진행한 것입니다. 왜 그랬을까요? 당시 상황은 이러했습니다. 프라이탁이 많은 소비자로부터 사랑받으면서 미그로스라는 업체가 프라이탁의 가방을 모방하는 일이 발생한 것이죠. 이에 프라이탁은 센스 있는 행동으로 되받아칩니다. 미그로스 가방을 도용하여 F52MIAMI VICE라는 일회용 가방을 만든 것입니다. 그리고 카페에 놀러 온 사람들을 위해 야채수프를 만들고, 먹다 남은 찌꺼기를 그 가방에 담아 무료로 전합니다. 집에 돌아가 퇴비로 쓰고 사진으로 기록하겠다는 조건을 서명으로 받고 말이죠. 상대 업체가 다시는 프라이탁 가방을 도용하지 못하도록 그들만의 독특한 전략으로 대응하였습니다. 이러한 과정에 참여한 소비자들은 환경 오염에 대한 사회적 문제를 인식할 뿐만 아니라 문제를 해결해 보려는 그들의 새로운 시도가 컨셉과 맞닿아 있어 다른 브랜드와의 차별성을 더욱 높였습니다. 그리고 프라이탁만의 경험을 살려 소비자들의 감성적 동기를 사회적 동기로 자연스럽게 전이시키며 외면당하지 않고 사랑받는 제품으로 남을 수 있었습니다. 프라이탁은 윤리적인 패션 아이템으로 주목받으며 친환경 제품의 대표적인 브랜드로 자리매김하고 있습니다.

컨셉은 변하는 것이 아니라
진화한다 _ 리뉴얼 컨셉 개발 ❸❺

구일신(苟日新) 일일신(日日新) 우일신(又日新).
언젠가 한때 새로워진다면 나날이 새로워질 것이고 또한 새로워질 것이다.
- 은나라 시조 성탕(成湯)

리뉴얼 컨셉은 브랜드의 임기 연장과 같습니다. 즉, 기존 사업을 이어 나가기 위해, 더 나아가 강화하기 위한 목적의 컨셉입니다. 새로운 시장을 창출할 새로운 브랜드를 만드는 것 못지않게 만들어진 브랜드를 유지하고 발전시키는 것도 중요합니다. 새로운 브랜드를 만드는 것이 쉽지 않을뿐더러 시장에 나온 브랜드들이 단번에 성공하는 것은 더욱 어렵기 때문입니다. 또한 선도 제품으로 시장에서 자리 잡더라도 후발 주자가 개선된 제품을 내어놓기 때문에 추월당하지 않기 위해 시장 지배력을 더욱 키워야 합니다.

브랜드 리뉴얼이란 브랜드의 고유한 정체성을 유지하면서 새로운 이미지를 창출하는 가치 혁신 전략을 말합니다. 브랜드 리뉴얼과 비슷한 의미인 브랜드 리포지셔닝은 목표 고객을 재설정하여 시장을 확대하고 새로운 수요를 창출하는 마케팅 혁신 전략을 말합니다. 브랜드 스타를 만드는 상상 엔진 IDEA, 쉽게 말해 다음의 세 가지 경우에 브랜드 리뉴얼을 단행해야 합니다.

01.   브랜드 이미지가 노후되어 현재 트렌드에서 벗어날 때

02.   신규 시장 진입으로 브랜드 확장을 꾀할 때, 그래서 새로운 브랜드 이미지가 필요할 때

03.   인수·합병(M&A)이나 조직 구조에 변화가 있을 때

리뉴얼 컨셉 개발은 브랜드의 핵심, 본질을 추출하는 것에서부터 출발합니다. 특히 소비자들에게 현재 브랜드에 대해서 아쉬운 것은 없었는지, 그대로 가져가야 하는 장점은 무엇인지 FGI^{포커스 그룹}를 통해 알아볼 수 있습니다. 컨셉 개선안이 마련되면 어디까지 개선하고 어디까지 유지할 것인지를 정합니다.

브랜드의 핵심 본질을 잘 지켜 가고 있는 니베아는 제품 패키지를 리뉴얼할 때 기존 자산을 계승함으로써 제품의 일관성과 전통성을 소비자에게 전달하고 있습니다. 제1차 세계 대전이 끝나고 1920년대 중반부터 현대적인 생활 양식이 사회 전반에 등장하면서 1925년 니베아도 대대적인 패키지 리뉴얼 작업에 들어갔습니다. 기존의 꽃무늬 디자인을 버리고 파란색 바탕에 세리프체^{Serif: 획 끝부분에 돌출선이 있는 글자체}가 아닌 모던한 산세리프체의 흰색 로고를 사용하였습니다. 이때 나온 디자인이 우리에게 친숙한 '블루틴^{Blue Tin}'입니다. 획기적인 블루틴 디자인은 독일 정치가인 티우도 호이스^{Theodor Heuss}의 부인 엘리 호이스 크냅^{Elly Heuss-Knapp}에 의해 디자인된 것으로 이후 이 파란색과 흰색의 색상 조합은 그대로 니베아 광고 캠페인에도 적용되었습니다. 니베아는 100여 년이라는 시간 동안 여덟 차례 디자인을 리뉴얼했지만 바탕색의 파란색 농도와 로고 서체만 조금씩 다듬었고 둥근 형태의 파란색 철제 박스에 흰색 색상 조합이라는 니베아 크림의 기본 요소는 유지하며 브랜드 아이덴티티를 확고히 했습니다.

3-56

니베아 틴 케이스의 발전

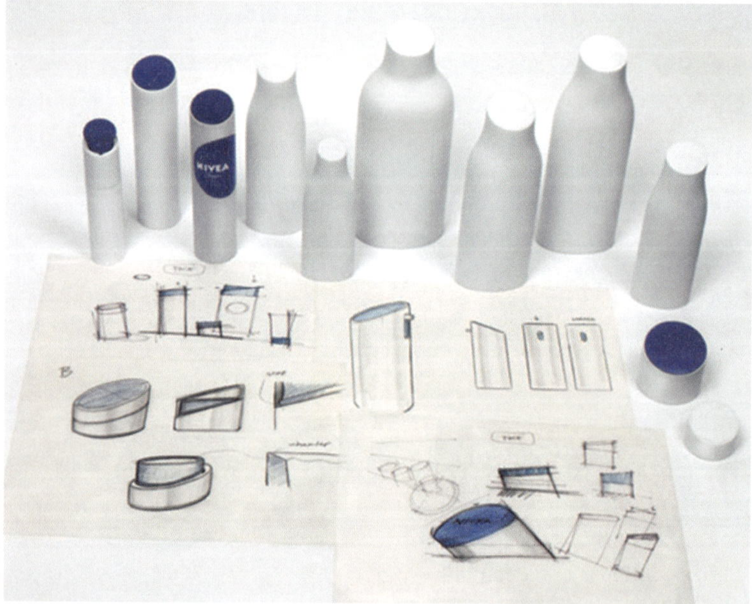

3-57

니베아의 연도별 튜브형 용기 발전과 다양한 스케치

브랜드 핵심을 그대로 계승하면 기존 브랜드의 장점을 현재 트렌드에 맞게 변형하는 정도로 끝나기 때문에 최소 비용으로 최대 효과를 얻을 수 있습니다. 그러나 이미 브랜드에서 많이 벗어나 노후화된 브랜드이거나 새로운 이미지를 얻기 원하는 브랜드라면 기존 이미지에 관한 사람들의 인식까지 바꿀 수는 없습니다. 한때는 좋아했던 것들이 시간이 지나고 나면 고루해지고 경멸하게 되죠. 부모님이 쓰던 물건을 자식 세대도 좋아한다는 보장은 없습니다. 때로는 소비자가 새롭다고 느낄만한 변화가 필요하기도 합니다. 고리타분해 보이는 박카스는 '젊음은 절대 나약하지 않다'는 광고 카피 하나로 전 세대의 공감을 얻어내 세대 교체에 성공합니다. 30년 된 돼지바 또한 이효리를 모델로 기용해 젊은 세대의 사랑을 이어나가다가 월드컵 심판을 패러디한 유머 광고로 브랜드 연상 중 '오래되다'라는 키워드를 '재미있다'로 바꾼 성공 사례입니다.

브랜드 리뉴얼에서 간과해서는 안 될 중요한 것이 하나 더 있습니다. 신중하게 고려되지 않고 성급하게 이루어진 브랜드 리뉴얼은 소비자들의 거부 반응으로 이어질 수 있다는 것입니다.

Gap의 사례를 살펴봅시다. 1969년 샌프란시스코에서 설립되어 지금은 미국을 비롯한 세계 곳곳에서 사랑받는 브랜드 갭[GAP]은 합리적인 품질과 가격, 기본 디자인으로 오랜 시간 동안 꾸준히 인기를 이어왔습니다. 그러나 2010년 갭에서 야심 차게 공개한 새로운 로고는 소비자의 조롱과 비난을 포함해 엄청난 주가 폭락까지 가져오게 됩니다. 사건의 경위는 이러합니다. 갭은 뉴욕의 디자인 컨설팅 회사 레어드 앤 파트너스[Laird & Partners]가 디자인한 새로운 로고를 웹 사이트에 공개하고 이를 알렸습니다. 그러자마자 페이스북에서는 갑작스럽게 바뀐 로고에 당황한 소비자들이 불만을 털어놓기 시작했습니다. 혁신적일 것으로 생각해서 바꾼 로고가 IT 기업 같다는 등, 모서리에 있는 푸른색 사각형 부분이 무슨 의미를 담는지 모르겠다는 등, 차라리 내가 디자인하는 게 낫겠다며 너도나도 패러디 물을 쏟아 내기 시작합니다.

3-58
리뉴얼 전 로고(왼쪽), 리뉴얼 후 로고(오른쪽)

이런 움직임에 대응하여 갭은 로고 변경에 대한 이유를 설명한 다음 더 좋은 아이디어
가 있으면 제안해 달라며 '클라우드 소싱 제안'을 통해 이 사태를 무마하려 했으나 이
미 여론을 돌리기에는 부족했습니다. 10일 만에 갭의 새 얼굴은 이전의 파란색 박스로
돌아갔습니다. 소셜 미디어를 통해 소비자들이 자신의 의견을 강하게 내비친 사례로도
회자되는 갭의 10일 동안의 헤프닝은 진정한 브랜드 가치와 의미에 대해 다시 한 번 고
민하게 합니다.

3-59

갭 패러디 로고를 만드는 사이트까지 등장했습니다.

3-60

당시 페이스북 상황

3-61

갭 패러디

Yesterday Once Again, 버버리

시나리오 "영국이 낳은 것은 의회 민주주의와 스카치위스키, 그리고 버버리 코트이다.", 버버리의 창립자인 토마스 버버리가 남긴 말은 영국을 대표하는 브랜드로서 버버리에 대한 자부심을 보여줍니다. 영화 '카사블랑카'에서 험프리 보가트가 입었던 버버리 트렌치코트는 낭만적인 남성들에게 더 없는 패션의 아이콘으로 각인됐습니다. 또 다른 영화 '애수'에서 로버트 테일러가 버버리를 입고 연인 비비안 리와 비가 내리는 워털루 다리에서 포옹하는 장면은 영화 역사상 가장 아름다운 장면으로 꼽힙니다. 버버리 트렌치코트는 영국 여왕부터 영국 출신 펑크밴드 섹스 피스톨즈(Sex Pistols)의 베이시스트까지 영국인이라면 누구나 즐겨 입는 옷이자 영국인들이 즐겨 찾는 펍(Pub: 영국식 선술집 겸 카페)에서 쉽게 볼 수 있는 옷이었습니다. 이처럼 트렌치코트는 '영국다움(Englishness)'의 상징 그 자체로 사랑받아왔습니다.

문제 버버리 트렌치코트의 영광에는 동전의 양면과 같은 위기가 숨어 있었습니다. 90년대 성장의 안정 속에서 미래를 대비하지 않은 태만이 그 위기를 수면 위에 올려놓았습니다. 한두 가지 디자인과 무늬를 통한 버버리의 강력한 브랜드가 곧 장점이자 단점이 된 것입니다. 이처럼 강한 브랜드 연상이 소비자들에게 오히려 진부함으로 연결될 소지가 있다는 것에 대한 고민이 이루어지지 않은 것이지요. 게다가 사업 확장 및 매출에만 집중한 나머지 버버리의 강력한 체크무늬 연상이 오히려 전 세계에 수많은 복제품을 양산한 원인이 되었습니다. 지금도 우리는 버버리의 체크무늬를 옷가게 비닐 봉투, 전통 시장의 싸구려 가방에서 쉽게 발견할 수 있습니다. 한술 더 떠 버버리 그룹은 복제품에 대한 관리를 제대로 하지 않아 소비자들은 어디서나 흔히 볼 수 있는 버버리 제품을 더는 원하지 않게 되었습니다. 브랜드 가치가 떨어지면서 소비자 이탈로 이어지며 악재가 계속되자 버버리는 CEO 교체라는 특단의 조치에 이릅니다. 이렇듯 큰 위기를 겪고 난 후 2008년 버버리의 회계 연도 매출 총액이 사상 처음으로 10억 파운드(약 1조 9,683억 원)를 넘어서는 기염을 토합니다. 위기를 기회로 극복해낸 버버리의 새 CEO '로즈마리 브라보(Rosemary Bravo)'의 전략은 어떤 것이었을까요?

영국이 사랑한 브랜드

버버리의 역사는 1856년 토마스 버버리가 햄프셔 지방 윈체스터 거리에 포목상을 열면서 시작되었습니다. 토마스 버버리는 농부와 양치기들의 리넨 소재 작업복에서 착안해 여름에는 시원하고 겨울에는 따뜻한 특수 가공된 소재를 개발했습니다. 1888년 특수 가공을 통해 방수 기능과 견고성을 개선하면서 시원하고 통풍이 잘되는 직물 '개버딘'을 개발하는 데 성공하죠. 새로운 직물을 트레이드마크로 등록한 버버리는 개버딘 원단을 수출하기 시작했습니다.

에베레스트, 남극 정복 등이 열강 사이 자존심 경쟁이 된 1900년대 초반, 버버리는 영국의 탐험가들을 지원함으로써 국가의 자존심을 세웠습니다. 1919년 조지 5세^{초창기 버버리 레인코트를 즐겨 입은 에드워드 7세의 아들}는 왕위에 오른 뒤 토마스 버버리에게 영국 왕실에서 입을 재킷과 코트를 만들어 납품할 것을 명합니다.

시간이 흘러 1942년 카사블랑카 영화에서 주목받은 버버리 코트는 이후로도 많은 영화에서 남자 주인공들의 남자다움과 세련된 멋을 살리는 조연 역할을 톡톡히 해냈습니다. 스타 마케팅이 일반화되지 않은 20세기 중반에 영화를 통해 대중에게 알려지게 된 것입니다. 별다른 홍보 수단이 없던 시절 버버리 코트는 아름다운 이야기 속 주인공들의 의상으로 선명하게 각인됐습니다. 1955년과 1989년 버버리는 영국 여왕의 품질 보증서이자 왕실에 제품을 제공하는 자격증의 일종인 로열 워런티를 획득하며 승승장구합니다.

또한 영국인들이 가장 존경하는 위인인 영국의 전 총리 윈스턴 처칠^{Winston Churchill}은 버버리 트렌치코트를 즐겨 입어 트렌치코트가 영국을 상징하는 옷으로 인식되는 또 한 번의 계기가 되었습니다.

THE TIELOCKEN

"This coat is so comfortable that I shall be sorry when it is worn out. It is the best protection against wind, snow and rain that I have ever met."—H.S.

Illustrated Naval or Military Catalogues Post Free

Officers' Complete Kits in 2 to 4 Days or Ready for Use

The Severest Test

BURBERRYS Haymarket LONDON

8 & 10 Boul. Malesherbes PARIS; and Provincial Agents

3-62

버버리 코트는 왕실 납품 및 스타 마케팅 등으로 영국을 상징했습니다.

3-63

영화 애수(위)와 카사블랑카(아래)의 한 장면

3-64

찰스 황태자와 다이애나 왕세자빈(위),
버버리 코트를 입은 오드리 햅번(아래)

90년대에 찾아온 버버리의 위기

버버리 코트가 세계적으로 유행하면서 버버리도 다른 패션 회사들처럼 향수, 액세서리 등 종합 패션을 지향하는 그룹으로 성장했습니다. 하지만 세상일이 모두 그렇듯이 버버리 그룹의 행복도 계속 유지되지는 않았습니다. 강력한 브랜드 연상인 체크무늬가 상징이자 약점이 된 것입니다. 버버리의 강력한 체크무늬 연상이 오히려 전 세계에 수많은 복제품을 양산한 원인이 되었고 라이선스를 남발한 탓에 유통망 관리가 제대로 되지 않아 어디서나 버버리 제품을 살 수 있게 되었습니다. 고급 매장의 경우 버버리 제품을 취급하지 않는 경우도 생겼습니다.

또한 버버리 그룹은 시대가 요구하는 상품과 트렌드 변화에 적절히 대응하지 못했습니다. 중장년 남성 고객 위주의 한정된 제품군과 똑같은 체크무늬가 고루하게 느껴지기 시작했기 때문입니다. 소비 트렌드를 파악하지 못한 버버리는 제품 경쟁에서 단순히 성능과 가격 경쟁보다 가치나 욕구 사이 경쟁이라는 더 높은 차원으로 진화한 소비자들을 간과했습니다. 이때는 이브 생로랑이나 피에르 가르뎅, 베르사체와 같은 세계적인 패션 기업들도 유사한 위기를 맞았습니다.

버버리의 가장 큰 실수는 결국 하나로 귀결됩니다. 고급스러운 이미지를 계속 관리하기 위한 디마케팅이 이뤄지지 않았기 때문입니다. 수요가 늘었다고 해서 결코 좋은 것만은 아닙니다. 폭발적인 수요에 적극적인 공급으로 대응하다 보면 브랜드 수명 주기가 짧아집니다. 상품에 대한 고객의 구매를 의도적으로 줄임으로써 적절한 수요를 창출하는 디마케팅은 단기적인 이윤보다 장기적인 이익을 바라보는 것을 말합니다. 버버리 코트가 전 세계적인 트렌드를 주도하면서 수요가 급격하게 증가했고 버버리는 이에 발맞춰 유통망을 확장했습니다. 게다가 복제품 관리도 제대로 하지 않았습니다. 흔한 것이 되어 버렸죠. 고급스러움은 사라지고 매장 분위기는 중년 남성 타깃 제품으로 낙후되어 보였습니다. 버버리의 위기는 어쩌면 우쭐한 자만에 빠져서 자기 쇄신을 게을리한 브랜드의 당연한 절차처럼 보입니다.

> 디마케팅: 기업들이 고객의 구매를 의도적으로 줄여 적절한 수요를 창출하고, 장기적으로는 수익의 극대화를 꾀하는 마케팅 전략을 말합니다. 공급을 줄여 인력과 비용을 절감하고, 수익은 극대화하려는 모든 유형의 마케팅에 해당합니다.

새로운 CEO의 영입과 혁신 전략

위기 속에서 기회가 온다고 했습니다. 버버리의 새로운 CEO로 뉴욕 삭스 피프스 애비뉴의 여사장이었던 '로즈마리 브라보'가 취임하면서 버버리는 전환점을 맞이합니다. 로즈마리 회장은 취임 이후 과감한 브랜드 리포지셔닝 전략을 펼칩니다. "버버리는 단지 잊혀 가는 체크무늬 check Design that was Heading towards Oblivion 일 뿐이다."라고 이야기하며 '버버리=체크무늬, 트렌치코트'로 통하는 등식을 없앱니다. 그가 생각한 리뉴얼 컨셉은 '관능적이지만 영국의 전통적인 품위를 가진 브랜드'로 전통적인 것은 그대로 가져가되 관능미를 더해 패셔너블한 분위기를 연출했습니다.

이러한 리뉴얼 컨셉 아래 버버리의 핵심 브랜드 속성을 달라진 시장 환경에 적합하도록 재구성하는 작업을 진행했습니다. 타깃에 맞게 다양한 서브 브랜드들을 만든 것이죠. 버버리 블루라벨, 블랙라벨 등 핵심 브랜드 속성은 유지하면서 세분된 시장을 위한 차별화를 두고 브랜드 리뉴얼을 시도합니다. 이에 따라 버버리는 중장년층을 위한 브랜드라는 기존 이미지에서 모든 세대에 적합한 패밀리 브랜드 이미지로 변화했습니다.

원활한 유통 전략을 위해서는 세계 각국의 주요 명품거리에 매장을 열고 기존의 소규모 매장을 과감히 정리하는 등 대대적인 유통망을 개편했습니다. 도매 유통망은 브랜드와 관련성이 높은 곳만 선정하고 남발되었던 라이선스를 상당 부분을 철수하는 등 디마케팅 전략을 시작했습니다.

3-65
로즈마리 브라보

크리에이티브 노트

저건 짝퉁이야, 버버리가 저렇게 야한 옷을 만들 리 없어

일본의 여가수 아무로 나미에가 연하 남편과의 결혼 발표를 하면서 매우 짧은 미니스커트를 입었습니다. 이에 대한 네티즌들의 이견은 분분했습니다. "짝퉁이다! 버버리에서 저렇게 야한 미니스커트를 출시할 리 없어." 이것은 곧 버버리의 새로운 행보를 대변할 만한 이야기입니다. 로즈마리 브라보는 영국적 자부심과 전통에 호소하던 기존의 버버리 마케팅 기조를 완전히 바꿨습니다. 버버리는 기본 갈색 체크무늬에서 벗어나 디자인 혁신을 시작했습니다. '질 샌더'의 수석 디자이너였던 '로베르토 메니체티(Robert Menichetti)'를 영입하여 버버리 레인코트를 비롯한 여러 전통적인 제품들을 새롭게 디자인했습니다. 이에 따라 버버리는 제품 라인을 다양하게 확장하고 젊은 취향의 연분홍색, 연하늘색 등 좀 더 밝고 가벼운 색깔의 버버리 체크무늬를 사용했습니다.

버버리의 혁신 전략은 광고마저 바꿨습니다. 브랜드 이미지를 변화시키기 위해 유명 패션 사진작가 마리오 테스티노(Mario Testino), 모델 스텔라 테넌트(Stella Tennant), 케이트 모스(Kate Moss)를 기용해서 버버리의 낡은 이미지를 개선하는 데 주력했습니다.

이러한 버버리의 노력은 시간이 지나면서 열매를 맺었습니다. 효과적인 브랜드 리포지셔닝을 통해 고가의 명품 시장과는 다른 매스티지 럭셔리(중저가 명품)를 지향하여 차별화된 소비자층을 확보하기 시작했습니다. 다양한 액세서리의 확장으로 속옷까지도 젊어진 디자인으로 중년부터 어린아이까지 버버리 이미지가 되었습니다.

3-66
다양한 색으로 재탄생한 버버리 패턴

3-67(위), 3-68(아래)
버버리는 당시 하이 패션 모델의 선도자였
던 스텔라 테넌트, 케이트 모스를 기용하여
새로운 버버리의 이미지를 인지시키고자
했습니다.

매체도 전략이다! 디지털 브랜딩을 선도하는 명품

다양한 세대를 아우르는 브랜드가 되기 위해 버버리는 명품 업계에서 선도적으로 디지털 기술을 활용한 프로모션을 진행하고 있습니다. 2009년 9월 버버리는 2010년 겨울/봄 컬렉션을 온라인으로 생중계합니다. 자사 디지털 플랫폼은 물론 70여 개 온라인 뉴스 채널을 총동원한 대규모 중계를 통해 전 세계 1억 명이 패션쇼를 동시에 관람할 수 있도록 했습니다. 2010년에는 광고 캠페인에 명품으로서는 최초로 디지털 인터랙티브(Digital Interactive: 온라인상에서도 제품을 확대하고 회전해 매장에서 실제로 제품을 보는 것처럼 생생하게 전달) 촬영 방식을 도입해 고객들이 상품이나 모델, 제품들을 직접 선택하여 볼 수 있게 했습니다. 광고를 촬영할 때 총 40여 대의 카메라를 동원한 이 광고 캠페인은 고객들이 마우스를 이용하여 제품을 360도 회전하고 확대하여 볼 수 있도록 했습니다. 이러한 효과를 통해 일반 소비자들은 쉽게 다가가기 어려울 수 있는 명품인 버버리를 마치 매장에서 구경하는 것과 유사한 경험을 할 수 있습니다. 체크무늬로 가득했던 과거 쇼룸이 브랜드 리뉴얼을 통해 세련된 디지털 쇼룸으로 변신한 것입니다. 당시 명품 브랜드의 홍보 수단은 ATL에 한정되어 있었지만 버버리는 선제로 새로운 매체를 도입 및 운영했습니다.

여기서 그치지 않고 2011년 버버리는 명품으로서 최초로 맞춤 제작(Bespoke) 트렌치코트를 런칭했습니다. 비스포크는 맞춤 제작이라는 뜻으로 오직 한 사람을 위한 작품을 의미합니다. 고객

ATL: TV, 라디오, 신문, 잡지 등의 4대 주요 매체입니다. 4대 매체에 해당하지 않는 매체(인터넷 광고 등)는 BTL로 구분하였습니다. 지금은 다양한 미디어의 발달로 이 구분이 희미해지고 있지만 TV 매체의 영향력은 계속 유효할 것으로 전망됩니다.

은 온라인에 접속해 취향에 맞게 트렌치코트의 길이, 소재, 색상, 디자인, 세부 장식 등을 선택할 수 있습니다. 이렇듯 세상에 하나뿐인 '나만의 트렌치코트'를 주문 제작할 수 있도록 한 것입니다. 제품을 주문하면 영국 요크셔(Yorkshire)에 있는 버버리 공장에서 만들어져 최장 8주 후 특별 한정판임을 입증하는 번호를 달고 고객에게 전달됩니다. 코트가 만들어지는 동안 메시지를 보내 디자인을 수정할 수 있고 만들어지는 과정을 확인할 수도 있습니다. 맞춤 제작은 기존 트렌치코트보다 두 배 이상 가격대가 높지만 전반적인 브랜드 인식에 영향을 미치는 주요 고객을 위한 서비스라는 점에서 긍정적인 평가를 받고 있습니다. 2013년에는 구글과의 합작 프로젝트 '버버리 키시스(Burberry Kisses)'를 선보였습니다. 구글의 디지털기술과 버버리

3-69
맞춤 제작 트렌치코트를 입은 최초의 배우 엠마왓슨(왼쪽), 맞춤 제작 트렌치코트 제작 화면(오른쪽)

의 감성을 조화시키는 시도였죠. 고객들이 구글 크롬, 카메라, 휴대폰 등의 다양한 디지털 기기를 통해 버버리 키시스(kisses.burberry.com)에 방문하여 화면에 자신의 실제 키스 마크를 담을 수 있습니다. 또한 버버리에서 제공하는 뷰티 립 컬러를 선택하여 화면에 담긴 키스 마크 색상을 바꿀 수 있고, 소셜 미디어를 통해 키스 마크에 사랑을 담아 애인 또는 친구들과 공유하게 됩니다. 할리우드 스타 시에나 밀러의 약혼자였던 영화배우 톰 스터리지가 버버리 키시스 플랫폼을 사용한 캠페인 비디오를 선보이면서 더 유명해졌습니다. 이 플랫폼은 디지털 기술에 감성을 담은 독특한 프로젝트로 인정받았으며 기술에 마음과 영혼을 담아 보내는 디지털 브랜딩 혁명이라는 평가를 받았습니다.

최근 버버리는 또 한 번 이니셜 프로젝트를 시작했습니다. 온고지신(溫故知新), 옛것을 알아야 새것을 안다는 말이 있듯이 옛것을 소중히 여기는 영국의 브랜드다운 발전입니다. 여러분은 어떤 것을 바꾸고 어떤 것을 지켜나가고 싶나요?

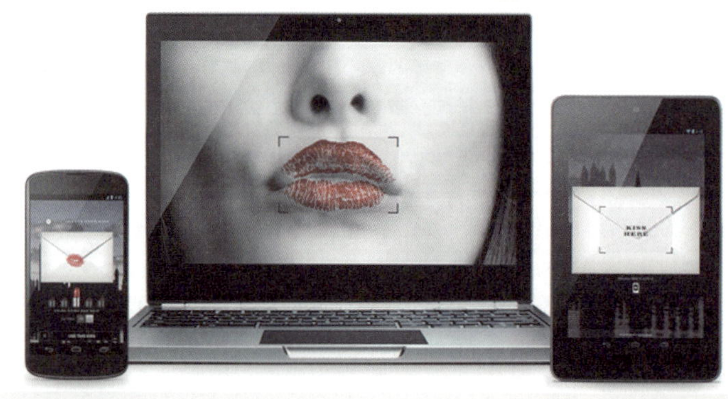

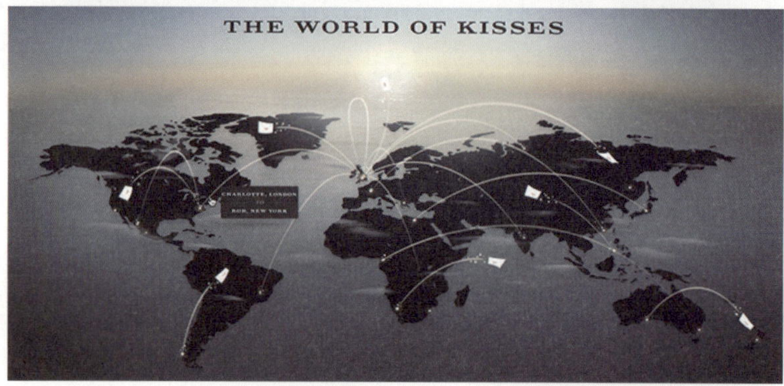

3-70(위), 3-71(아래)
뉴미디어를 활용한 버버리 키시스(Burberry Kisses) 캠페인

컨셉으로 경영을 re:디자인하다, 기아자동차

브랜드가 노후화되거나 신규 시장으로의 진입이 필요해 새로운 이미지를 덧입어야 하는 리뉴얼 과정과 다르게 인수·합병$^{M\&A}$이나 조직 구조의 변화가 있는 경우에는 독립 선언을 하듯 리브랜딩이 필수적으로 진행됩니다. 특히 기업의 인수합병의 경우 같은 업종에 속한 기업이라도 기업 문화나 경영 방침은 천차만별이기 때문에 이질성을 극복하고자 기업 아이덴티티 변경이 반드시 필요합니다. 또한 그룹에서 분리되거나 분사될 때는 그 그룹에서 비롯되는 연상이나 연계를 끊고 독립된 브랜드나 회사로 출발하기 위해 리브랜딩 작업을 필수적으로 거칩니다.

하지만 아무리 처음 새 직장으로 출근해서 소속이 달라지더라도 이전 기업에서 쌓은 역사와 가치는 유·무형의 유산입니다. 우리는 그것을 '헤리티지$^{유산, 자산}$'라고 합니다. 특히 소비자 인식이 성공의 가장 큰 열쇠인 브랜드에서는 기존 요소와 이미지를 선별하여 계승하는 것이 가장 올바른 선택으로 여겨집니다. 과거와의 갑작스러운 단절은 새로운 출발이라는 측면에서 효과적으로 보일지 모르지만, 역효과를 낼 수도 있다는 사실을 우리는 '갭'이라는 브랜드를 통해 배웠습니다. 여기, 과거의 유산을 발판 삼아 과감하게 리뉴얼을 시도했던 기업이 있습니다. 바로 인수합병으로 인해 현대자동차와 가족이 된 기아자동차입니다. '변화'를 단순히 제품 컨셉을 '리뉴얼'한 것에 그치지 않고 더욱 적극적이고 광범위하게 진행했던 기아자동차의 리뉴얼은 어떤 헤리티지와 컨셉을 가지고 갔는지 알아봅시다.

시나리오 1997년 기아자동차의 몰락은 IMF 경제 위기의 기폭제 중 하나였습니다. 당시 엄청난 개발비를 투입한 크레도스와 아벨라의 디자인이 시장에서 철저히 외면당하면서 경영 악화를 면치 못했습니다. 결국 기아자동차는 1999년 6월 현대자동차그룹으로 합병되어 '현대기아자동차그룹'이라는 이름 아래 기아자동차 브랜드를 확고히 해야 하는 숙제를 떠안았습니다.

과거 기아자동차는 동력 성능과 기술 면에서 뛰어나 승차감 위주의 현대자동차와는 다른 색깔로 사랑받아왔습니다. 많이 알려지지 않았지만 기아자동차는 1944년 12월 세워진 경성 정공으로부터 시작하여 한국 최초의 자동차, 최초의 승용차, 최초의 자전거, 최초의 종합 자동차 공장을 세운 한국 자동차 산업의 시초입니다. 1990년대 기아자동차의 프라이드와 세피아는 베스트 셀러였고 마니아층도 상당했습니다. '기술의 기아'라는 별명도 있었지요. 그런 기아자동차가 합병 이후 시너지 효과를 위해 현대자동차와 네 개의 같은 플랫폼을 쓰면서 두 회사 제품 간 기술적 차이는 크게 줄었고, 시장에서 인정받던 기아자동차만의 색깔을 잃었습니다. 차량 플랫폼은 같지만 외관만 현대와 기아로 분리되어 있었으므로 브랜드 인지도 및 디자인에서는 현대자동차보다 당연히 열세일 수밖에 없었습니다. 거기다 경영진이 기아와 현대를 어떤 전략으로 다르게 운영해 나갈 것인지 제대로 계획을 세우지 않은 채 운영해나갔고, 그러는 동안 기아자동차의 애매한 포지션이 오히려 시장 점유율을 깎아 먹어 현대자동차에게도 이득이 되지 않는 상황이었습니다. 이러한 과도기를 가장 잘 보여주는 게 2005년 출시한 '로체'입니다. 현대자동차의 소나타 브랜드와 같은 파워 트레인을 탑재하였고 가격도 저렴하게 책정되었지만 시장 반응은 냉담했고 급기야 중형차인 로체에 준중형차인 아반떼 플랫폼을 썼다는 구설에도 오르내렸습니다.

문제 기아자동차의 가장 근본적인 문제점은 현대자동차와의 차별화였고 나아가 다른 어떤 브랜드와 다른 '기아자동차만의 색깔'을 찾는 것이 가장 시급한 문제로 떠올랐습니다. 2006년은 영업 이익이 적자를 기록한 해였지만, 기아자동차가 찾은 해답으로 인해 그 성과는 예상보다 빨리 나타났습니다. 2008년 3,085억 원의 흑자를 기록하였으니까요. 지금도 현재 진행형에 있는 기아자동차의 성공 핵심은 무엇일까요?

디자인은 1900년대부터 기업 활동과 연관되면서 역할과 위상이 적극적으로 강조되기 시작했습니다. 1990년대에는 상품의 외형만을 담당하던 소극적인 역할에서 상품 개발을 주도하는 역할로 변모하기 시작한 디자인은 경쟁에서 필수 조건이 되었습니다. 디자인은 상품을 그저 아름답게만 하는 것이라는 개념에서 벗어나 출시 전 기획부터 마케팅까지 전반적인 활동을 디자인을 중심으로 한 기업들의 성공 사례가 주목받았기 때문입니다. 하버드 경영대학원 명예교수 로버트 하이즈는 포천지[1991]와의 인터뷰에서 '기업은 가격으로 경쟁했고 지금은 품질로 경쟁한다. 미래는 디자인 경쟁의 시대가 될 것이다.'라고 했습니다. 2000년대 디자인은 경쟁 요소를 넘어 프로세스를 디자인하는 것으로 더욱 확대됩니다. 디자인의 창의적인 프로세스를 경영 활동에 포함하기 시작했고 '디자인+경영'을 융합한 디자인 경영 시대가 본격적으로 진행되었습니다.

기아자동차 성공의 중심에는 '디자인 경영'이 있었습니다. 기술력으로 인정받던 기아자동차는 합병 이후 계속해서 국내 시장을 녹점하는 현대자동자의 트렌드를 쫓아가는 전략을 취했습니다. 그러다 보니 개성을 잃어버렸다는 비판과 함께 현대자동차의 아류 정도로 취급되어 점점 더 브랜드 가치가 하락하고 있었습니다.

정의선 사장은 기아자동차의 뛰어난 성능에도 판매 부진의 원인을 차별화 실패라고 보았습니다. 그래서 시장 경향으로 주목받은 디자인의 중요성 그리고 성공 가능성, 내부 여건 및 잠재력을 분석해 당사 브랜드 방향성을 다각도로 분석했고 그 결과 디자인을 미래의 핵심 전략으로 선정했습니다. 디자인 경영을 경영 컨셉으로 정한 것이죠. 그해 삼고초려를 거쳐 피터 슈라이어를 디자인 총괄 부사장으로 영입하는 데 성공합니다. 피터 슈라이어는 아우디에서 외장, 인테리어, 컨셉 디자인 담당으로 일하기 시작해 폭스바겐의 익스테리어^{외부 장식} 디자인 부문으로 이동하며 TT, A6, A3, 뉴 비틀, 골프 등 수많은 명차 디자인을 맡으면서 화제를 모은 세계적인 디자이너입니다. 회사 안에서는 굳이 외부 디자이너를 영입할 필요가 있느냐는 목소리도 있었지만, 정 사장은 '디자인 경영에는 그가 꼭 필요하다.'며 밀어 붙였다고 합니다. 과거에 기업 고위층 의사에 따라 디자인이 달라졌던 현대자동차 문화와는 다르게 슈라이어 부사장은 국내뿐만 아니라 유럽, 미국, 일본 등의 기아자동차 해외 디자인 거점들을 모두 관장하며 차별화된 독자적인 디자인 개발에 주력했습니다.

디자인 경영을 기업 문화로 정착하라

기아자동차가 피터 슈라이어를 CDO로 영입한 것은 단순히 유명 디자이너를 합류시킨 것만을 의미하지 않습니다. 그의 영입을 통해 개방적이고 혁신적인 기업 문화, 끊임없이 도전하는 분위기, 제품 개발 프로세스 등 기업의 전반적인 문화까지 변화시키겠다는 의지였습니다. 그래서 기아자동차는 단순히 디자인을 잘하는 회사보다는 '항상 새로운 디자인에 대한 기대감을 불러일으키는 창의적, 혁신적인 기업'으로의 변화를 꾀합니다. 겉모양이 아닌 생각 방식, 그리고 디자이너에 국한되지 않은 전 임직원의 창의적 사고와 행동을 '디자인'이라는 키워드 아래 변화시키기 위한 다양한 경영 활동이 행해졌습니다.

대내적으로는 'Design Our Communication', 'Design Our Team', 'Design Our Feeling', 'Design Our Work' 등 디자인 마인드를 고양하는 정책을 펼쳤습니다. 도시락 데이, 회식 문화뿐만 아니라 생산 현장을 지속적으로 개선해 최고 품질과 기술을 지향하는 기아자동차 경쟁력의 원천으로 삼고 디자인이 비단 아름다움의 문제가 아닌 생산 프로세스에도 변화와 혁신을 일으키도록 노력했습니다.

또한, 전 임직원이 일상생활에서 디자인 의미와 중요성을 경험하도록 사내 디자인 캠페인 포스터를 비롯하여 사무실 집기, 각종 서식 등을 다양하게 활용해서 디자인을 통한 브랜드 생활화를 활발하게 전개해나갔습니다. 이렇게 변화와 혁신의 마인드[Design Thinking]와 창의적인 행동의 방식[Design Acting]을 3만 3천여 명의 모든 임직원이 함께 공유하고 내재화해 창의적인 디자인 경영의 자양분이 되도록 했습니다.

디자인 경영은 국내 기업 중 삼성, LG 등이 먼저 도입해 시도했습니다. 하지만 가장 안정적으로 도입하여 성장 동력으로 만든 기업은 기아자동차라고 평가됩니다. 제품의 디자인에만 치중하는 좁은 의미의 디자인 경영이 아니라 창의적인 사고를 중심으로 기업 문화를 바꾸는 디자인 경영, 즉 기업을 디자인하는 경영 전략이었기 때문입니다. 기아자동차가 표현하려는 디자인은 형태, 라인, 외관만이 아니었습니다. 고객의 생활과 자동차에 대해 끊임없이 물음을 던지며 명확한 해결책을 찾고자 하는 '변화와 혁신의 마인드, 창의적인 생각의 방식'을 디자인했기 때문에 이 성장 동력은 지금도 유효한 것입니다.

3-72
피터 슈라이어가 디자인한 기아의 패밀리룩

비상사태였던 기업의 헤리티지는 살리면서
새로운 디자인 언어를 창조하다

'유럽 및 미주 시장에서는 왜 기아자동차를 볼 수 없을까?'라고 의문을 가졌던 피터 슈라이어는 '없는 것'이 아니라 '보이지 않는 것'이라는 결론을 내렸습니다. 그는 기아자동차의 무색무취 디자인에 새로운 얼굴이 필요하다고 판단했고 그 얼굴은 강력하고 독특해야 한다고 생각했습니다. 멀리서도 단번에 식별할 수 있을 정도로 말이죠. 피터 슈라이어는 '기아자동차는 현재 브랜드를 만들어 가는 도전과 기회 앞에 서 있다. 이를 위해 처음 스케치하는 디자이너에서부터 생산 라인에서 일하는 근로자까지 같은 방향을 바라보고 에너지를 집중시켜야 한다.'고 생각했습니다.

원래 기아자동차는 기능과 성능을 강조한 자동차를 오랫동안 만들어 왔는데, 아우디와 폭스바겐에서 독일의 기능주의적인 디자인을 선보였던 피터 슈라이어의 디자인 방향과 잘 맞아떨어졌습니다. 기능성과 역동성을 강조해 온 기아자동차의 헤리티지에 독일식 기능주의 디자인이 잘 어우러져 기아자동차만의 독특한 디자인이 완성된 것입니다.

이처럼 기아자동차는 '직선의 단순화'라는 분명한 크리에이티브 컨셉 아래 미래 디자인의 방향을 제시하며 국내 자동차 업계 최초로 '패밀리 룩(Family Look: 디자인 통일)'을 시도했습니다. 호랑이 코와 입을 모티브로 한 라디에이터 그릴 디자인으로 동물의 인상을 형상화해 제품의 기능적인 특성이 강조되었습니다. 이빨을 드러낸 호랑이의 코와 입 모양처럼 상하단 라인 가운데가 안쪽으로 들어간 독특한 선은 일명 '슈라이어 라인'이라고도 합니다.

기아자동차의 패밀리 룩은 지난해 프랑크푸르트에서 공개된 컨셉 카 키(Kee)에 최초로 적용됐으며, 뉴욕 모터쇼에서 선보인 컨셉 카 쿱(Koup)에도 적용되어 소비자들의 호응을 이끌어 냈습니다. 양산 차로는 로체 이노베이션에 이어 포르테와 쏘울 등에 적용됐고 본격적으로는 K시리즈를 완성하기에 이릅니다.

메르세데스 벤츠, BMW, 아우디 등 세계적인 자동차 업체들은 이미 수십 년 전부터 패밀리 룩을 적용하고 있습니다. 자동차 업체들이 패밀리 룩을 적용하는 것은 수많은 업체끼리 경쟁하면서 각자 독특한 디자인 철학을 통해 경쟁 업체와 차별화하기 위해서입니다. 패밀리 룩을 통한 디자인 일관성으로 각 업체는 추구하는 방향과 정체성을 나타냅니다.

예를 들어, BMW는 두 개로 나뉜 라디에이터 그릴이 사람의 신장 모양을 닮았다고 해서 키드니 그릴(Kidney Grille)이라고 이름 붙인 패밀리 룩을 적용하고 있습니다. 푸조는 '펠린 룩(Feline Look)'을 이어 오고 있습니다. 고양잇과를 의미하는 펠린은 말 그대로 고양이의 우아함과 날렵함을 연상시키는 디자인을 말합니다. 아우디는 범퍼까지 내려오는 대형 라디에이터 그릴과 사각형 헤드 램프를 패밀리 룩으로 채택하고 있습니다.

3-73
BMW의 키드니 그릴

 # 디자인 경영을 커뮤니케이션하다

철저하게 컨셉의 일관성을 유지하며 디자인 파트뿐만 아니라 생산, 마케팅 등 경영 전반의 혁신을 이끌어낸 기아는 대외 광고와 커뮤니케이션 기조를 리브랜딩 방향에 맞춰 진행했습니다. 먼저 기아자동차 디자인 슬로건은 영어 DESIGN의 알파벳 'S'를 호기심을 나타내는 '?(물음표)'로 알파벳 'I'를 창의적인 아이디어를 나타내는 전구로 표현합니다. 이는 고객 생활에 끊임없는 물음을 던져 더 나은 가치를 창출하고자 하는 기아자동차의 미래 경영 철학을 함축적으로 전달합니다.

3-74
기아자동차 디자인 슬로건

이러한 슬로건 아래 2007년 디자인을 주제로 한 기업 프로모션(PR) 광고를 하며 '디자인 기아(DESIGN Kia)'를 대·내외에 알렸습니다. '연구도 디자인이다', '영업도 디자인이다', '생산도 디자인이다'라는 3편의 기업 홍보 광고 카피는 디자인(Design)이라는 테마로 전 부문에서 고객을 위한 새로움을 만드는 기아자동차를 표현합니다. 기아자동차 기업 PR 광고는 '디자인이란 단순히 차량의 외관만을 바꾸는 것이 아니라 창의적이고 열정적인 기아자동차만의 브랜드 이미지'라는 의미를 전달해 소비자들의 마음을 움직이기 시작했습니다.

2000년대 중반 '전 세계에서 곧 사라질 운명에 처한 회사 10곳' 중 하나였던 기아자동차를 2015년 '4년 연속 세계 100대 브랜드', '브랜드 가치 57억 달러', '갖고 싶은 차 1위'로 되살린 것은 디자인을 중심으로 한 경영 컨셉 때문입니다. 디자인 경영의 첫 작품이라 할 수 있는 로체 이노베이션이 출시되고, 국내 최초로 박스 카 쏘울이 공개된 2008년 기아자동차는 3,085억 원의 흑자를 기록하였습니다. 특히 K5와 스포티지R이 세계 3대 디자인상인 레드닷 디자인상을 수상하며 100만 대 수출을 달성했죠. '독일 오토모티브 브랜드 콘테스트'에서 자동차 브랜드 디자인 부문 최우수상을 수상하기도 했습니다. 리먼 쇼크로 전 세계 완성차 브랜드가 극심한 불황에 빠졌던 2008년임을 감안하더라도 기아자동차의 매출은 놀라웠습니다.

현재 기아자동차는 're:Design' 프로젝트를 진행하고 있습니다. 창의성이 핵심이 되는 디자인 경영에 대한 의지를 다시 한번 가다듬고 있는 셈이죠. 기아자동차는 기술력이라는 시즈를 계속해서 가져가되 제품, 마케팅, 그리고 경영까지 모든 것을 '디자인 경영'이라는 경영 컨셉 아래 진행해나갔습니다. 경영자 의지가 강력하게 반영되기도 했지만 전사적으로 함께 같은 컨셉을 바라보며 움직여 유럽과 미주 등에서 당당하게 '젊음'의 가치를 내세울 수 있는 탄탄한 브랜드로의 성장이 가능했습니다. 디자인 경영의 핵심 가치 '창의성'은 기아자동차의 계속적인 성장 동력이 될 것입니다.

크리에이티브가 컨셉을 리드한다
_ 컨셉 개발 예외 ❸❻

훌륭한 디자인이 곧 훌륭한 비즈니스다.

- IBM 회장 톰 왓슨(Tom Watson)

이번에는 컨셉에 대해 조금 더 새롭게 접근해 볼까 합니다. 영화 '아바타'를 기억하나요? 아바타는 개봉 당시 엄청난 흥행 성적을 거두었습니다. 인간의 의식을 주입해서 원격 조정할 수 있는 새로운 생명체인 아바타를 만날 수 있다는 것도 신선했지만 무엇보다 관객의 흥미를 끌었던 것은 시작부터 끝까지 눈을 뗄 수 없었던 압도적인 시각 효과, 즉 영상미 때문이었습니다. 평소 생각과 논리에서 벗어나 새로운 관점으로 장면을 묘사해 관객의 마음을 사로잡았던 것입니다.

브랜드를 구매하는 소비자의 마음도 '아바타'와 같을 것입니다. 디자인이 기술의 경계를 넘나들거나 스스로 기준에서 벗어나는 새로운 표현 가치를 만날 때 소비자들은 주저 없이 그 브랜드를 구매합니다. 앞서 기능형, 감성형, 사회형이라는 세 가지 니즈 범위에 따라 컨셉을 분류하였지만 크리에이티브 컨셉이 중요해지는 이유도 이와 같습니다. 해당 브랜드만이 가지는 본질적인 특성과 보이지 않는 내부 가치를 외부로 전달할 수 있는 유일한 수단이기 때문이죠.

최근 경영진의 기업 운영 방식이 달라지기 시작했습니다. 타사와 구별되는 뚜렷한 아이덴티티와 우호적인 평판을 형성하기 위해 디자인 운영의 활동 범위를 확대하기 시작한 것입니다. 특히 인터페이스나 서비스 환경이 중요하게 인식되면서 단순히 표현 영역이 아름다운 비주얼을 구현한다는 의미를 뛰어넘어 기업이나 브랜드 가치와 골자를 표현하는 창조적인 방식으로 해석되고 있습니다.

새로운 보금자리를 만든다고 가정한다면 두 가지 방법이 있습니다. 먼저 많은 사람이 일반적으로 사는 형식의 구조물을 취하되 외관만 새로 페인트를 칠하거나 재질을 바꿔 변화를 추구하는 공사 방법이 있죠. 그리고 기존의 구조물은 모두 허물고 건물 자체를 새롭게 설계하는 방식이 있습니다.

전자는 카테고리 속에 대표 브랜드가 있거나 대기업 사이에서 현실적으로 경쟁하기가 불리할 때 디자인을 통해 약점을 극복하는 브랜드라 할 수 있습니다. 상대적으로 제품의 차별화가 미미하고 유통 경로 등 상당한 제약이 따를 때 우세한 디자인을 수단으로 제품 가치를 극대화하는 것이죠. 또한 출시 직전 제품 컨셉이 시장 트렌드와 맞지 않거나 시장 세분화를 통해 소비자가 더욱 선호하는 니즈를 발견하였다면 초반에 생각하지 못했던 아이디어나 창의적인 디자인들이 핵심적인 강점으로 거듭나기도 합니다. 즉, 디자인으로 브랜드의 차별화를 이루어 나가는 것이죠. 시장이나 시대가 요구하는 변화를 끊임없이 감지하며 이미지 변신을 시도하거나 뛰어난 디자인으로 제품의 차별력을 강화한다면 디자인 컨셉이 전체 제품 컨셉을 강화하여 소모적인 경쟁에서 벗어날 수 있습니다.

후자의 개발 방법은 더욱 과감합니다. 기존 체제를 모두 무너트리고 디자이너가 선발대가 되어 새로운 시장을 개척하는 것을 의미합니다. 관찰과 분석으로 담을 수 있는 소비자, 시장 조사가 아니라 대세에 순응하지 않고 불확실하더라도 도전적이고 창조적인 방식으로 브랜드를 구축해 나가는 것이죠. 디자이너와 기술의 경계를 허물며 기술, 기획자들보다 독창적인 디자이너들의 의견을 최대한 우선시합니다. 창의적인 크리에이티브 컨셉이 결국 제품 컨셉 그 자체가 되는 것이죠. 차별화된 디자인으로 기능을 넘나들며 새로운 환경을 제안하고 가치 없는 것을 가치 있게 만들며 독자적인 표현을 통해 혁신을 이끌어 가는 힘의 중심이 디자이너로부터 발현되는 것이라고 할 수 있습니다.

브랜드 가치를 표현하는 '수단'으로써의 디자인과 제품 개발을 '주도'하는 주도형 디자인으로 기업이 변화하고 성공하는 데 큰 영향을 미칠 수 있다는 것을 알 수 있었습니다. 기업이 달성하고자 하는 목표에 따라 디자인을 어떻게 효과적으로 사용할 것인지 고려하여 전체적인 컨셉력을 강화시킨다면 브랜드에 성공적인 결과를 가져올 것입니다. 이 두 가지 디자이너의 역할을 통해 기업의 경제 효과를 이해하고 브랜드 아이덴티티를 강화한 혁신적인 사례에는 어떤 것들이 있었는지 더욱 자세하게 알아보겠습니다.

디자인으로 브랜드를 차별화하다, 앱솔루트 보드카

앱솔루트Absolute 보드카는 술을 마시지 않는 사람들에게도 사랑받는 술로 유명합니다. 미미한 차별화 속 경쟁의 쳇바퀴에 과감하게 뛰어들어 호기심을 유발하고 소유욕을 자극한 유일한 보드카 브랜드죠. 앱솔루트는 기존 보드카 시장의 경쟁에서 벗어나 색다른 소비 문화를 제안하였습니다. 무색무취의 뚜렷한 개성도 없었던 앱솔루트가 세계 시장을 석권하고 나선 것입니다.

앱솔루트 보드카는 100주년인 1979년에 이르러서야 세계 시장 진출을 노립니다. 그 당시에는 '스톨리치나야Stolichnaya', '스미노프Smirnoff'와 같은 최고급 러시아 보드카 브랜드들이 세계적으로 주도권을 잡고 있었습니다. 특히 스웨덴 제품이었던 앱솔루트는 대표적인 러시아 보드카 사이에서 기선 제압을 할 만큼의 두드러진 차별력을 지니지도 않은 상황이었습니다. 게다가 보드카의 불모지인 스웨덴에서 앱솔루트 보드카를 알리는 일은 생각보다 쉽지 않았죠. 그런데 머지않아 앱솔루트는 정체성을 더욱 효과적으로 나타내며 세계적인 활로를 개척해 나가기 시작합니다. 제품력의 쇄신보다 차별화된 디자인으로 약점을 극복하고 시장 우위 선점에 나선 것이죠.

그들은 크게 두 가지를 변화시켰습니다. 먼저 멀리서도 식별할 수 있는 독특한 병 모양을 선보이기 위해 카를손 & 브로맨Carlsson & Broman 광고 회사에서 스웨덴의 특징을 살린 독특한 병 모양을 고민하게 됩니다. 그러던 중 카를손은 스톡홀름의 어느 골동품 가게에서 구식 의약용 병을 보고 영감을 얻습니다. 앱솔루트의 목 부분을 짧게 하여 금속 스크루 마개로 덮었으며 종이 라벨을 과감히 없애고 단순하고 순수함을 내세우는 미니멀리즘 풍의 디자인으로 탈바꿈한 것입니다.

앱솔루트는 지역이나 특별한 행사에 따라 병의 기본적인 형태는 유지하면서 폭, 높이, 표면 처리 방식을 다르게 하여 지속해서 새로운 디자인을 선보였습니다. 특히 도시별로 각국의 개성을 표현한 '앱솔루트 보드카 리미티드 에디션'은 술을 좋아하는 사람들뿐만 아니라 여행을 좋아하고 예술을 사랑하는 수집가들에게도 큰 호응을 얻었습니다. 디자인을 자세히 들여다보면 '리미티드 에디션 앱솔루트 런던'의 경우 과거 패션의 중심지였던 런던 문화와 세인트 폴 성당, 빅 벤, 런던 아이 등 런던의 대표적인 건물을 화려하게 그려 표현하고 있습니다. 그리고 모스크바의 앱솔루트 디자인은 러시아 패션 디자이너 알레나 마크마델리나^{Alena Akhmadulina}가 디자인했는데 바로크 건축 양식과 러시아 고전 동화에서 영감을 받아 모스크바라는 도시의 매력을 표현했다고 합니다. 멕시코의 앱솔루트 디자인은 재규어, 깃털, 바람 등 마야 문명을 소재로 담아냈습니다. 이 외에도 이스탄불, 로스앤젤레스, 마이애미 등의 다양한 문화를 앱솔루트 보드카 병에 새겨 보드카로서의 단순한 기능을 넘어 세계인들과 소통하는 브랜드 핵심 요소로 디자인 차별화에 주목하고 있습니다.

3-75

기본 앱솔루트 병 디자인

3-76

앱솔루트 런던 병 디자인

3-77

앱솔루트 모스크바 병 디자인

3-78

앱솔루트 맥시코 병 디자인

앱솔루트의 광고 전략 또한 남달랐습니다. 앱솔루트가 세계 시장에서 큰 성공을 거둘 수 있었던 배경이 되기도 한 광고는 TBWA 광고 대행사와의 협력을 통해 이루어졌습니다. 제품을 어떻게 알려야 좋을지 고민하던 TBWA의 그래픽 디자이너 제오프 헤이즈^{Jeoff Hayes}는 보드카 속성이나 맛을 강조하지 않았습니다. 대신 'Absolut Perfection', 'Absolut Heaven', 'Absolut Dream' 등 앱솔루트와 연결된 두 단어로 단순한 광고 카피에 독특한 그래픽 디자인을 선보였습니다. '절대 달라지지 않지만 항상 변화한다^{Never Different, but Always Changing}'라는 앱솔루트 슬로건처럼 '앱솔루트+새로운 단어'의 조합과 배치는 유지하면서 광고 배경 이미지는 영화, 지역 문화, 패션 등의 다양한 장르를 넘나들며 표현의 역동적인 변혁을 이룩합니다. 특히 1985년부터는 세계적으로 유명한 예술가 앤디워홀, 키스 해링 등이 참여하는 아트 마케팅을 실시하며 크리에이티브한 디자인을 거침없이 보여주기 시작했습니다.

앱솔루트가 세계적인 보드카 브랜드 사이에서 불필요한 경쟁을 줄이고자 선택한 길은 결국 '디자인'이었습니다. 이미지 소비를 통해 이루어낸 '아트 보틀^{Art Bottle}'이라는 수식어와 기발한 광고는 강력한 식별 능력을 가지며 보드카 시장의 상징적인 브랜드 차별화를 이루어냈습니다. 그리고 시시각각 바뀌는 소비자 기호를 잘 반영하면서 지금까지도 디자인으로 전체 제품력을 강화한 대표적인 사례로 꼽고 있습니다.

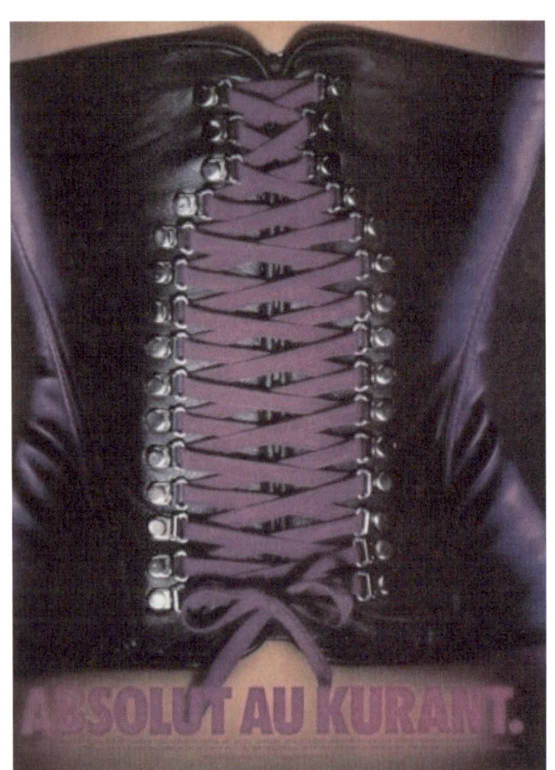
ABSOLUT AU KURANT.

ABSOLUT BROOKLYN.

WWW.ABSOLUTAD.COM
ABSOLUT HOLIDAY.

WWW.ABSOLUTAD.COM
ABSOLUT AMSTERDAM.

앱솔루트 광고

3-79
앱솔루트 광고

디자인이 제품 개발을 선도하다, 뱅앤올룹슨

뱅앤올룹슨^{Bang & Olufsen, B&O}은 다른 회사와 차별화된 내부 시스템을 도입하였습니다. "디자이너들은 아이디어가 넘치지만 그 아이디어가 기술적으로 구현 가능한지 모를 때가 많다. 이때 기술자들이 명확한 선을 그어 준다." 책임 디자이너 토르첸 발뢰르의 이야기입니다. 제품 개발은 보통 선형적으로 시장 조사, 제품 기획, 연구·개발^{R&D}, 디자인, 생산 순서로 이어지지만 뱅앤올룹슨은 디자이너 주도하에 제품 개발이 이루어지고 결정권을 가집니다.

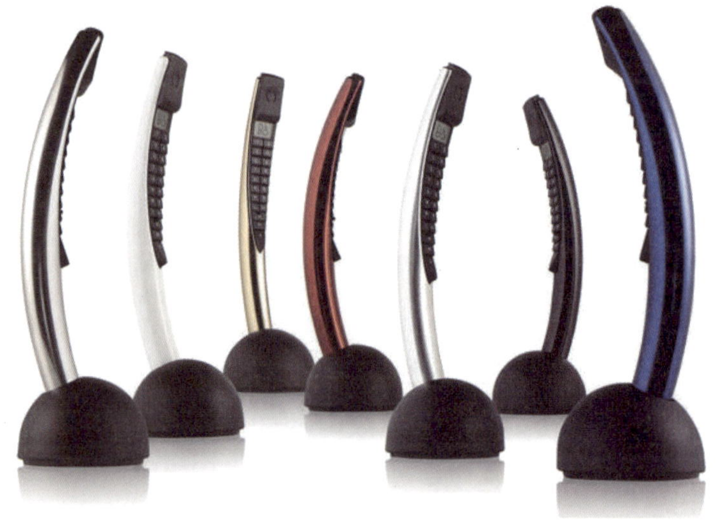

3-80(위), 3-81(아래)
뱅앤올룹슨의 차별화된 제품 디자인

기능형 컨셉 개발처럼 시즈[seeds], 즉 기술력에서부터 출발하는 것이 아니라 디자인이 제일 먼저 고려된다는 점이죠. 이 회사는 기술자나 기획자들보다 디자이너의 견해를 최우선으로 생각합니다. 디자인이 결국 제품 컨셉이 되는 것이죠. 뱅앤올룹슨은 아름다운 디자인과 혁신 기술이라는 이 둘 사이의 완벽한 조화를 창출하기 위해 '디자인을 위한 제조[Manufacturing for Design]'라는 그들만의 독특한 철학을 원칙으로 하고 있습니다.

1925년 피터뱅^{Peter Bang}과 스벤트 올룹슨^{Svend Olufsen}, 두 엔지니어가 함께 설립한 덴마크의 오디오 회사인 뱅앤올룹슨은 '가격보다 디자인과 품질을 추구하는 사람들을 위해서'라는 선전 구호^{캐치프레이즈} 아래 디자이너, 건축가들과 협업하고 있습니다. 이 회사의 특징은 디자이너들의 자유로운 생각과 독창성을 유지하기 위해 기업 내부에 디자인팀을 꾸리거나 사내 디자이너를 고용하지 않고 외부에 맡긴다는 것입니다.

무수한 베스트셀러 제품을 창조한 데이비드 루이스^{David Lewis}는 40년 동안 뱅앤올룹슨의 수석 프리랜서 디자이너로 유명합니다. 디자인은 초기에 어떻게 개발할 것인지에 대해 뱅앤올룹슨의 컨셉 부서인 '아이디어 랜드^{Idea Land}'와 긴밀한 협력을 통해 이루어집니다. 실제 루이스가 디자인한 '베오사운드 9000'은 10년이 넘는 지금까지도 꾸준히 사랑받고 있는 스테디셀러라고 합니다. 그는 "고객이 원하는 게 무엇인지 고려하지 않습니다. 단지 사람들에게 팔리는 제품과 상관없이 우리만의 특별한 디자인을 추구할 뿐입니다."라고 말했습니다. 그는 깔끔한 라인이 돋보이는 스칸디나비아풍과 바우하우스^{Bauhous}의 영향을 받은 디자인을 선보이며 뱅앤올룹슨만의 디자인 문화를 형성하는 데 크게 기여하였습니다.

3-82

뱅앤올룹슨 수석 디자이너 데이비드 루이스(David Lewis)

3-83

베오랩(BeoLab) 8000(iF Design Award Winner 1992)

3-84

베오사운드 9000(iF Design Award Winner 1996)

뱅앤올룹슨은 제품 기획 단계에서 소비자 표적 집단 면접이나 심층 분석을 통해 나온 결과에 연연하지 않습니다. 오히려 사회적 맥락에서 '소비자들이 어떻게 생활하며, 집은 어떻게 꾸미는가?'라는 라이프스타일 관찰을 통해 의미를 찾고자 합니다. 기술의 편리성보다 문화, 예술, 생활, 감성 등의 키워드가 속한 환경과 어우러지는 디자인 중심의 혁신적인 제품을 추구하는 것이죠. 그리고 무엇보다 삶의 질을 향상시키고 만족할 수 있는 정서적 관계를 지향하였습니다. 다른 부서의 제한된 의견이나 소비자들의 고정관념을 깨는 것에서부터 시작한 뱅앤올룹슨은 시대 상황에 적응하지 못하고 퇴장하는 다른 제품과 다르게 표현 영역에 제한을 두지 않음으로써 여전히 저력을 과시하며 건재하고 있습니다.

디자인이 제품 컨셉 자체가 되는 또 하나의 재미있는 사례가 있습니다. 친환경이라는 키워드보다 디자인이라는 수식어가 더 잘 어울리는 주방용품 '메소드^{Method}'입니다. 메소드는 '깨끗함 그 이상의 아름다움'이라는 컨셉의 친환경 브랜드입니다. 단순히 외형적인 심미성을 넘어 소비자들에게 어떠한 가치를 자극하고 채워 줄 수 있는지에 관한 문제 해결 수단으로 디자인을 이해한 것입니다. 메소드는 소비자들이 '주방용품 역시 싱크대 아래로 숨길 필요 없이 아름다운 제품을 원한다.'는 일상 속 숨은 니즈를 발견하고 창업 초기부터 소비자들에게 어필할 수 있도록 디자인에 집중하기 시작하였습니다.

3-85
친환경 주방용품 브랜드 메소드

회사 재정 상황이 여의치 않았음에도 불구하고 최대한 자산을 끌어 모아 제품 개발 초기 단계부터 많은 디자이너의 의견을 반영하였습니다. 그리고 메소드는 세계직인 디자이너 카림 라시드^{Karim Rashid}와의 협업을 통해 기업 가치를 전달하고 소비자들과 소통하는 수단으로 디자인을 적극 활용하였습니다. 그들만의 독특한 디자인 철학은 '메소드가 세제가 아닌 디자인을 판매하는 회사'라는 인식을 심어 줄 정도로 브랜드에 활력을 불어 넣었습니다.

결국 메소드는 '디자인이 단기적으로 얼마나 팔릴까?'를 생각하기보다 소비자들에게 '기업의 브랜드 가치를 어떻게 제공하고 표현할 수 있을까?'를 고민하는 일련의 활동이었습니다. 기업의 목표 달성을 필두로 디자이너들의 아이디어를 현실화하여 차별화를 이끌어낸 것이죠. 2007년 메소드는 향수병을 연상하게 하는 식기 세제를 내놓으며 세제 시장에 큰 영향력을 발휘하였습니다. 그리고 2010년 미국산업디자인협회^{IDSA}가 주최하는 IDEA^{International Design Excellence Awards}에서 최고상을 받았으며, 창립 10년 만에 패스트컴퍼니와 타임이 선정한 세계에서 가장 혁신적인 500대 기업 중 7위에 선정되는 영예를 안게 됩니다.

이렇듯 뱅앤올룹슨과 메소드는 디자이너가 제품 개발의 선발대가 되어 기존 체제를 무너뜨리고 혁신적인 브랜드를 이끄는 데 크게 기여하였습니다. 결과적으로 디자이너의 창의적인 감각으로 전체 제품 기능까지 통합하면서 성공에 중요한 영향력을 행사한 것이죠. 디자이너는 마케팅 도구로서의 표현에서 확대되어 전체 브랜드 가치를 커뮤니케이션하는 주체자로 거듭 성장하고 있습니다. 표현 영역의 다채로운 개발은 단기적으로는 기업 목표와 소비자 니즈를 충족시키고 장기적으로는 기업이나 브랜드가 가진 긍정적인 가치를 발휘할 수 있는 뼈대가 되므로 디자인의 중요한 의미를 잘 새겨 효과적인 전략을 제시하는 것이 무엇보다 중요합니다.

좋은
컨셉 만들기
자가 진단!
컨셉
체크리스트

 Give a real simple point.

Part. 4

핵심만
단순하게 전달하라 ❹❶

여러분은 혹시 일상적이고 당연한 일에 대해 과신하다가 미처 생각지 못한 실수를 저지른 적이 있나요? 여기, 마지막 파트에서는 컨셉 체크리스트를 제안합니다. 좋은 컨셉이 가진 속성을 알고 그러한 속성을 적용한다면 여러 가지 컨셉 시안 중 특출난 것을 알아볼 수 있겠지요. 또한 컨셉을 잡아 나가는 도중 옆길로 새지 않도록 길라잡이가 되어 줄 것입니다.

히스 형제는 뻔해 보이는 체크리스트의 힘을 '스위치'에서 강조합니다. 그들은 체크리스트야 말로 간단해 보이지만 중대한 실수를 저지를 가능성을 낮춰준다고 합니다. 고심해서 만든 컨셉의 방향이 길을 잃지 않도록 함께 컨셉 체크리스트를 살펴봅시다.

TV 리모컨에 어떠한 기능들이 있으며 버튼 개수와 위치, 하나의 버튼이 어떤 역할들을 가지는지 기억하나요? 발전할수록 늘어나는 기능 때문에 놓치게 되면 리모컨을 이용할 때도 멈칫하게 됩니다. 기술이 급격하게 발전하고 정보가 넘치면서 그에 따라 더해지는 기능들은 본래 취지를 잊게 할 정도로 복잡해졌습니다. 리모컨의 기본 기능은 전원, 채널, 음량 버튼으로 딱 세 개의 단순한 의도에서 시작된 것인데 말입니다. '어린 왕자'의 작가로 유명한 생텍쥐페리는 단순함에 대해 명료하게 정의 내렸습니다. '완벽함이란 더할 것이 없을 때가 아니라, 더는 뺄 것이 없을 때 완성된다.'고 말이죠.

사우스웨스트 항공 Southwest Airlines 은 1971년 설립 이후 총 여객 운송 수 기준으로 아메리칸 항공, 델타 항공에 이어 세계 3위 항공사입니다. 미국 항공사 중 최저 불만 접수, 빠른 수화물 처리, 정시 도착 등으로 서비스 만족도 1위를 달리며 단 한 번의 적자 없이 38년 동안 연속 흑자라는 경이로운 기록을 세웠다면 믿을 수 있나요? 사우스웨스트 항공이 성공할 수 있었던 핵심은 바로 고객 세분화를 통해 이루어진 '저가 항공'이라는 단순하지만 핵심적인 컨셉 때문이었습니다.

사우스웨스트 항공은 저가 정책을 시행하기 위해 항공사를 주로 이용할 것 같은 고객이 아니라 철도와 자동차를 이용하는 고객을 타깃으로 설정하여 단거리 노선 위주로 운행했습니다. 또한 비행기 기종을 '보잉 737'로 단일화하여 조종사나 승무원들의 교육 비용 그리고 유지 보수 비용까지도 절감할 수 있었죠. 좌석 역시 등급제를 없애고 탑승 수속 순서에 따라 좌석을 배치하였으며 기내식이 없어 전체적인 항공 요금을 낮출 수 있었습니다. 어느 항공사도 따라갈 수 없는 저렴한 가격으로 더 많은 사람이 항공 여행을 경험할 수 있도록 적절한 선택과 포기를 통해 지속적인 전략을 펼쳤습니다. '가장 저렴한 비용으로 승객이 원하는 목적지까지 데려다준다.'는 본연에 충실한 내용과 간결함으로 고객과 소통을 이어간 것입니다.

4-01
사우스웨스트 항공

핵심적으로 설계된 단순한 메시지는 사람들의 행동을 결정하는데 어마어마한 위력을 가지고 있습니다. 여기서 단순하다는 것은 '모든 것을 제거하다', '정보를 쉬운 말로 고치다'라는 의미가 아닙니다. 단순함의 개념은 나타내고자 하는 것에 명확한 '핵심'을 지녀야 한다는 것을 말하죠. '단순함'의 반대가 '복잡함'인 것처럼 복잡하고 불필요한 요소들은 최대한 제거하고 본질을 알아챌 수 있도록 메시지를 전달해야 합니다. 사우스웨스트 항공도 30년 동안 '가장 저렴한 항공사'라는 핵심 메시지로만 소비자의 마음을 관통한 것입니다.

프레젠테이션의 대가 스티브 잡스에게는 그만의 '잡스'식 프레젠테이션이 있습니다. 바로 간단 명료하게 핵심만 선보인다는 점이죠. 자신이 만든 신제품을 소비자들에게 선보이는 자리에서 제품의 장점을 하나하나 말하고 싶은 것이 CEO 마음일 텐데 스티브 잡스는 그렇지 않습니다. 제품의 전체 정보 중 핵심 사항 10%만 간결하게 말하고 나머지 추가 정보는 질의·응답으로 대체합니다. 스티브 잡스는 "'집중'과 '단순함', 이게 내 원칙 중 하나다. 단순함은 복잡함보다 어렵다. 생각을 명쾌하게 해 단순하게 만들려면 굉장히 노력해야 한다. 하지만 결국 그럴 가치가 있다. 일단 단순함에 도달하면 산을 움직일 수 있기 때문이다."라고 말하며 자신의 모든 철학은 단순함으로 귀결됨을 말해 주고 있습니다.

E.Sober 외 다수 심리학자들에 의해 우리의 지각은 복잡한 해석보다 단순한 해석을 선호하며 관심을 둔다는 것이 증명되었습니다. 사람은 직관적으로 단순한 표현일 때 자연스럽게 접근할 수 있으며 긍정적인 이미지를 형성한다는 것을 의미합니다. 많은 정보를 알려 줄수록 소비자의 선택은 흐트러지며 핵심은 사라집니다. 결과적으로 단순함은 세부 사항 열 가지를 나열하여 핵심 대목을 파악하지 못하는 우려를 범하지 않게 만드는 것입니다. 그러므로 컨셉의 방향을 잡아가는 과정에서 쉽고, 질리지 않으며, 오래 기억시키기 위해 단순하게 표현하고자 노력해야 합니다. 소비자들은 결국 단순한 것에 귀를 기울이고 움직이기 때문입니다.

고객에게
차별성을 인식시켜라 ❹❷

　　　　　　일본의 사과 산지로 유명한 아오모리 현에 태풍이 심하게 불어 사과의 90%가 땅에 떨어지고 10%만 남는 사태가 발생하였습니다. 농부는 10%밖에 남지 않은 맛없는 사과가 다른 사과와 경쟁하는 것은 의미가 없다고 판단했습니다. 그런데 이 사과는 기존 사과보다 10배 넘는 가격이 붙고 선풍적인 인기를 끌게 됩니다. '초속 53.9m 강풍에서도 떨어지지 않은 행운의 사과'라는 차별화된 컨셉으로 일본 전역의 수험생 학부모에게 불티나게 판매된 것이죠. 즉, 태풍을 견디고 10분의 1밖에 남지 않은 사과라는 특별한 사실을 소비자에게 인식시킨 것입니다. 아오모리 현의 농부가 이처럼 컨셉을 차별화하지 않고 일반 사과와 경쟁했다면 시장에서 살아남을 수 있었을까요?

시장에는 하루에도 무수한 브랜드가 쏟아져 나오며 기업은 자사 제품이 소비자들로부터 선택받기 위해 지속해서 더 나은 품질과 서비스를 제공하고 있습니다. 이런 초 경쟁 시대에서 살아남기 위해 '차별화'는 생존을 위한 핵심 조건이 될 수밖에 없죠. 그렇다면 차별화란 무엇일까요? 사전적 의미로 차별화는 '둘 이상의 대상을 비교하였을 때 차이를 두어 구별되는 상태가 되게 하는 것'을 의미합니다. 즉, 단순하게 남들과 다른 것이라는 뜻도 있지만 더불어 우리만이 가지고 있는 더 좋은 무언가를 인식하게 한다는 뜻도 내포된 것이죠. 마케팅의 대가 잭 트라우트도 시장 점유 경쟁에서 승리할 수 있는 유일한 무기는 차별화라고 주장하였습니다. 모든 기업이 차별화의 중요성을 알고 있지만 실질적인 방법은 잘 알지 못하는 현실을 꼬집으며 22가지 전략 방안을 설명한 저서를 펼쳤습니다. 그만큼 차별화란 기업이 마케팅 활동을 하는 데 있어 소비자 마음속에 먼저 기억되는 브랜드로 만드는 가장 중요한 전략이라고 할 수 있습니다.

60년대 광고계의 대가 로저 리브스^{Roser Reeves}는 USP^{Unique Selling Proposition}라는 차별화 전략 개념을 처음으로 제시하였습니다. 이 전략은 차별화의 개념을 잘 알지 못하는 사람들에게 가장 대표적이고 기본적인 전략으로 지금까지도 사용되고 있습니다. 그 내용은 다음과 같습니다.

01.   자사 제품만의 독창적인 장점을 전달해야 한다.
02.   자사 제품만이 갖고 있는 독창적인 장점은 경쟁사에서는 찾아볼 수 없다는 것을 소비자들에게 알려야 한다.
03.   자사 제품만의 장점을 수백만 소비자들의 마음이 움직일 만큼 크고 강력하게 알려야 한다.

출처: 네이버 지식백과, 차별화 /《디자인 기획과 전략》커뮤니케이션북스

스웨덴의 가구 업체 이케아^{IKEA}는 독특한 서비스로 성장 기회를 잡은 대표 기업입니다. 일반 가구 매장을 방문하면 다양한 가구와 스타일에 압도당하기 마련이죠. 매장마다 영업사원들이 손님에게 취향을 물으며 구매 범위를 좁힐 수 있는 제안을 하도록 교육받고 있습니다. 최종 구매가 이루어지면 영업 사원은 소비자 만족도를 위해 배달과 설치까지 마무리하도록 돕는 것이 보통 가구 업체 프로세스입니다. 특이하게도 이케아는 '고객과 함께 일하여 돈을 번다'는 것이 컨셉입니다.

4-02
이케아 내·외부 사진

이케아가 미국에 진출했을 때 소비자들은 기존과 다른 구매 방식에 당황했습니다. 가구를 직접 찾아야 하며, 조립도 직접 해야 하고, 하물며 직접 배송까지 해야 하는 불친절한 기업이었죠. 튼튼해서 평생 사용할 수 있다고 말하는 다른 가구 업체와 다르게 스스로 '우리의 반제품은 시간이 지나면 교체해야 하는 소비재 가구입니다.'라며 황당한 이야기를 합니다. 기존 발상에서 어긋나는 뻔뻔한 상황이지만 뜻밖에 소비자들은 이케아의 차별화된 방식에 흥미를 느낍니다. 과잉 친절과 서비스에 싫증난 소비자들은 저렴한데다 조립하는 재미까지 제공하는 이케아만의 독창적인 USP 전략에 빠진 것이죠. 아이러니하게도 경쟁사에서 찾아볼 수 없었던 차별화된 USP가 소비자의 니즈와 딱 들어맞으며 '불편함'이 이케아를 찾는 이유가 된 것입니다.

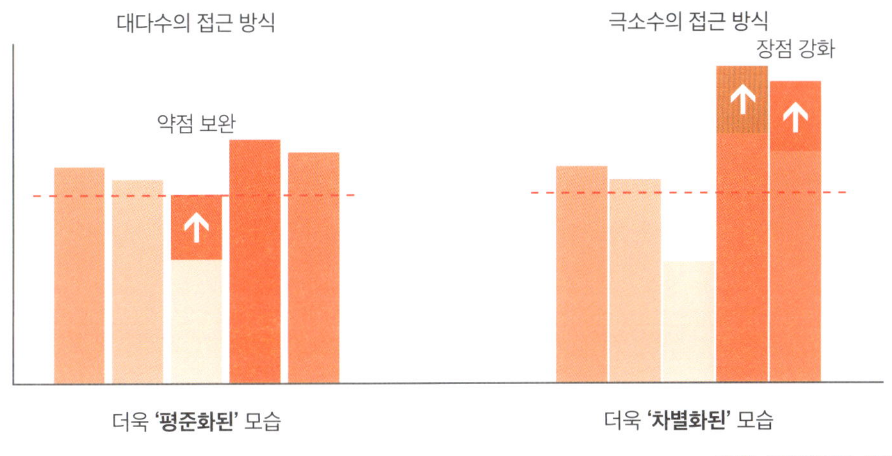

출처: 《디퍼런트》 문영미

하버드 대학 문영미 교수의 저서인 《디퍼런트》는 경쟁에서 핵심 무기는 바로 차별화지만, 대다수의 기업은 경쟁이 치열할수록 뛰어난 항목에 집중적으로 투자하여 더욱 차별화된 모습을 꾀하기보다 약점을 보완한다고 합니다. 그리고 경쟁사보다 부족한 점을 채우려는 시도가 이어져 비슷한 강점들이 모여 '평준화된' 모습을 보인다는 것이죠.

'구글'은 시장에서 대다수의 접근 방식이 아닌 극소수의 접근 방식을 택하며 남들이 생각하지 못한 차별력으로 그들만의 입지를 다집니다. 당시 야후^{Yahoo}나 익사이트^{Exite} 등 유명 포털 검색 사이트들은 뉴스, 광고, 게임 등 새로운 서비스를 모두 한 페이지에 담으려고 안간힘을 쓰고 있었습니다. 대형 포털 사이트 사이에서는 이러한 흐름이 정보에 접근할 수 있는 일반적인 틀이라고 할 수 있었죠. 그러나 시류를 거스르는 예상치 못한 구글의 등장에 신선한 충격을 받습니다. 하나라도 더 표현하려고 만든 타 프런트 페이지와 달리 로고와 검색창만으로 구글은 '빠른 검색'이라는 강점을 더욱 강하게 표현하고자 했던 그들의 전략이 진정한 차별화를 이룬 것입니다.

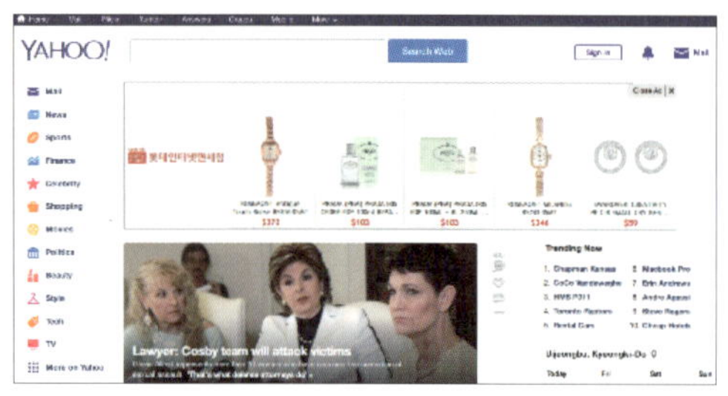

4-03

야후 페이지

4-04

구글 페이지

하루가 다르게 기술의 진보가 가속화되고 정보가 넘치면서 차별성을 지속해서 유지한다는 것은 쉽지 않은 일입니다. 기존에 중요시되던 USP 전략을 넘어 시대에 맞는 시각과 접근법으로 차별화 정의를 새롭게 내렸습니다. 그리고 기술 평준화 시대에 진정한 차별성을 추구하기 위해서는 기존 사고방식을 경계하고 생각을 허무는 시도와 노력이 절실히 필요하다고 주장합니다. 아오모리 현의 사과, 이케아, 구글의 사례처럼 기존의 틀을 깨고 강점을 더욱 강화시킴으로써 소비자들에게 새로운 관심과 호감을 얻을 수 있었던 것처럼 차별화는 궁극적으로 남이 쉽게 모방할 수 없을 만큼 다르다는 것을 전달하고 인식하게 해 주는 것을 의미합니다.

기업은 매우 작은 기능, 가격, 맛 등의 차이를 별다른 고민 없이 차별화라고 합니다. 하지만 소비자들은 이와 같은 작은 변화를 차별화라고 인식하지 않습니다. 진정으로 차별화를 추구하기 위해서는 사소한 것에 목숨 걸기보다 주변의 경쟁 업체에서 벗어나 현실적인 한계를 과감하게 떨치는 것에서부터 시작해야 합니다. '기존 가치를 부정하는 것이 아닌 부가 가치를 없애고, 예전에 경험할 수 없었던 새로운 가치를 부여하여 새로운 가치를 만들어 내는 것'이 차별화라고 정의내리는 것이죠. 세계적인 기업인 애플, 구글처럼 차별화된 기업으로 거듭나기 위해 우리가 할 수 있는 가장 빠른 발견은 차별화이며 차별화만이 강한 브랜드로 살아남는 길입니다.

고객이
다시 찾게 하라 ❹❸

케이블 TV 광고 중에는 외국인이 출연하는 '절대 떨어지지 않는 접착제', '모든 얼룩을 제거하는 매직 블록', '모든 먼지를 제거하는 먼지떨이' 등이 있었습니다. 여기에는 보통 제품명에 '매직'이라는 단어가 들어 있었는데요. 어찌나 신통방통하던지 광고를 넋을 잃고 보기 일쑤였습니다. 그때는 당장에라도 전화기를 들어 주문해야 할 것 같았죠. 최근에는 왜 이런 제품들을 찾을 수 없을까요? 성능이 뛰어나면 할인점이나 마트 또는 동네 구멍가게에서도 손님이 계속해서 찾을 법하지 않나요?

1997년 출시된 LG 클라이덴 미백 치약은 치아를 하얗게 만들고 싶어 하는 여성들의 니즈에 화답하여 출시된 제품입니다. '미백 치약'이라는 컨셉은 치과에서 많은 돈을 주고 시술받아야 하는 것보다 저렴하고 사용 방법도 간단해 출시하자마자 소비자들의 큰 호응을 얻었습니다. 하지만 출시한 지 반년이 지나자 매출이 급감하기 시작했습니다. 미백 치약의 효과가 나타나려면 오랫동안 양치질을 공들여 해야 하는데 우리나라 사람들의 생활 습관은 그렇지 않았고 사람들은 '써보니 효과가 없네'라며 재구매하지 않은데 원인이 있었죠. 금세 하얀 이를 가질 줄 알았는데 기대가 너무 컸던 탓이었습니다.

미백 치약 매출 추이

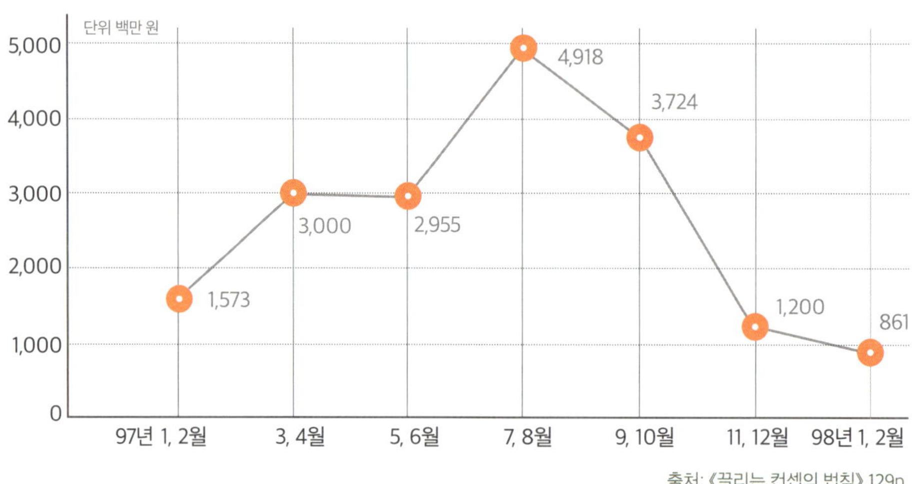

출처: 《끌리는 컨셉의 법칙》 129p

여기서 중요한 교훈이 있습니다. 컨셉에 대한 소비자 기대치가 너무 높을 때 그것을 책임져야 한다는 사실입니다. C/P 밸런스 이론에 의하면 좋은 컨셉은 상품의 컨셉력이 좋아서 소비자로 하여금 첫 구매를 일으키는 요인 C와 그 기대만큼 퍼포먼스 P가 조화를 이루어야 합니다. '와! 이거 정말 좋을 것 같은데!'라며 기대치가 '100'이었는데 막상 사용해 보니 만족감이 '60' 정도라면 소비자의 실망과 더불어 재구매까지 연결되지 않는 것입니다.

상품력에 의해 운명이 결정된 판매 패턴(C-P 밸런스 이론)

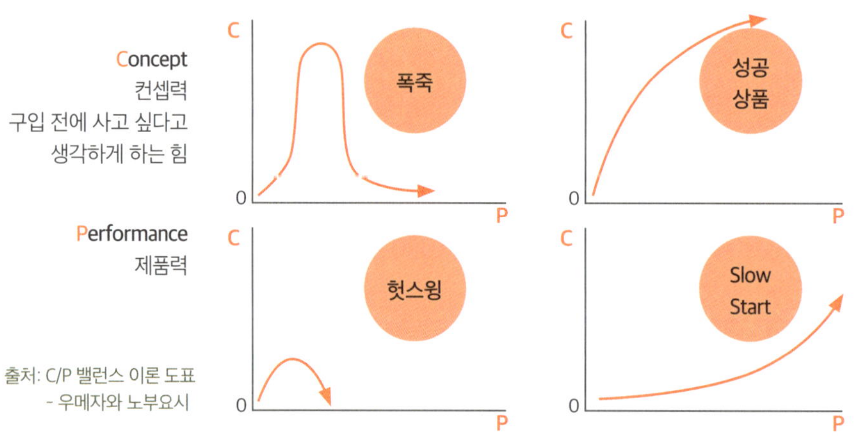

그렇다면 그 기대치는 어떻게 조절하는 것이 좋을까요? 다음 사례를 살펴봅시다.

CJ 제일제당의 팻다운은 2003년 몸짱 열풍과 함께 출시되어 지금까지 사랑받는 제품입니다. 가르시니아 캄보지아 껍질 추출물이 들어 있어 섭취된 음식물이 체내 지방 합성을 저해하는 데 도움을 주는 건강 기능 식품이죠. 소비자 조사에 의하면 건강 기능 식품을 소비하는 소비자들이 가장 중요하게 생각하는 것은 제품의 효능이라고 합니다. 팻다운은 이전에 출시된 체중 감량 음료가 컨셉력보다 퍼포먼스가 좋지 않아 실패한 것을 거울삼아 소비자들의 기대 수준을 낮추기로 합니다. '모든 사람들이 살이 빠지는'이 아닌 '운동할 때 체지방 감량을 도와주는', 체중이 아니라 '체지방' 감량으로 제품 컨셉을 잡았습니다. 사람들이 이 음료를 먹으면 무조건 살이 빠진다는 기대 수준에서 운동할 때 마시면 체지방 감량에 도움을 주는 제품이라는 인식을 심어 줍니다. 제품 효능을 뒷받침하기 위해 8주 동안 피트니스 프로그램도 개발해 소비자에게 제안했습니다. 크리에이티브 컨셉 또한 운동 효과를 높이는 음료에 알맞게 링겔 병 용기로 출시해 기능을 연상하게끔 했습니다. '운동하면서 한 번, 마시면서 또 한 번'이라는 슬로건 아래 피트니스 센터와 제품 효능에 관해 설명할 수 있는 홈쇼핑을 적극적으로 공략했습니다. 결과는 성공적이었습니다. 먹으면 바로 살이 빠진다는 기존 다이어트 제품들과는 다르게 운동 효율을 높이는 것이라 믿었기 때문에 사람들은 실제로 열심히 운동해서 살을 빼고 살이 빠지지 않더라도 운동을 열심히 하지 않아서라고 생각했기 때문입니다. 12년이 지난 지금까지 팻다운은 연간 100억 원의 매출을 올리는 스테디셀러가 되었고 팻다운 아웃도어 등으로 브랜드 확장을 꾀하고 있습니다.

무조건 살이 빠진다고 해서 소비자의 기대를 높이면 일시적으로 매출이 늘어날 것입니다. 하지만 제품력보다 컨셉력이 좋아 제품 기능이 소비자들의 기대만큼 만족감을 주지 않는다면 자연스럽게 제품에 대한 신뢰가 떨어지고 매출도 급하강하겠지요. '무조건', '절대', '최고' 등은 차별화되지 않을 뿐더러 소비자에게 외면당합니다. 실제로 기능성이 다른 제품보다 뛰어나더라도 소비자의 기대치에 미치지 않는다면 그것은 결국 실패한 컨셉이 될 것입니다. 소비자는 컨셉을 구매하지만, 컨셉은 반드시 그 기대를 보증해야 합니다.

스토리로 무장하라 ❹❹

똑같이 생긴 두 개의 라이터가 있습니다. 하나는 '성능 좋은 라이터'라는 설명이 있고, 다른 하나는 '생명을 구해 준 라이터'라는 설명이 있습니다. 어떤 것이 더 매력적인가요?

지포 라이터는 1933년 미국에서 출시 당시 '방풍 라이터'로서의 기능이 강조되었으며 많은 사람의 호주머니에 들어가 그들과 함께 세상을 돌아다녔습니다. 제2차 세계대전이 일어나자 군인들의 호주머니 속에서도 함께 하게 되었죠. 그러던 중 전쟁에 참여한 미국의 육군 안드레즈 중사는 적이 쏜 총알을 맞았지만, 다행히 윗옷 주머니에 넣어둔 지포 라이터가 총알을 막는 바람에 생명을 건질 수 있었습니다. 이 이야기가 라이프^{Life} 지에 실리면서 널리 알려지게 되었습니다. 그 이후 군인들은 마치 지포 라이터를 소중한 보물이자 불행을 막아 주는 부적처럼 어느 곳에서든 휴대하게 되었습니다.

4-05
기능을 뛰어넘어 스토리로 무장한
지포 라이터

지포 라이터는 단순히 바람이 거세게 불어도 불을 잘 붙일 수 있는 방풍 라이터가 아닌 '어디서나 함께하는 나의 수호신'이라는 이미지를 더했습니다. 결국 러브마크로 자리 잡았고 사람들은 지포 라이터를 자신만의 것으로 만들기 위해 이름이나 그림, 출신 지방 등을 새기기도 했습니다. 자신의 꿈이나 그리움에 관한 메시지를 새겨 넣은 사람도 있었죠.

컨셉이 힘을 가지려면 사람들에게 가까이 다가가야 합니다. 이야기는 컨셉에 힘을 더 합니다. '스틱STICK'에서 히스 형제는 사람들에게 고착되는^{착 달라붙는} 메시지에는 공통적인 특성이 있으며 그런 특성을 잘 띤 메시지들은 더욱 성공적이라고 말합니다. 그중 '이야기^{스토리}'는 일종의 정신적인 경험을 하게 함으로써 뜻하지 않은 상황에서 유용하고 효과적인 행동을 취할 수 있도록 도움을 준다고 합니다.

이야기를 듣는 청중은 듣기만 하는 것으로 상당히 수동적으로 보이지만 사람들의 '뇌'를 살펴본 결과 실제로는 '청중'과 '이야기의 주인공' 사이 경계가 상당히 희미한 것으로 나타났습니다. 이야기의 주인공이 물을 마신다고 하면 실제 물을 마실 때 활성화되는 뇌 부분이 똑같은 활동을 완벽하게 시연하는 것이 밝혀졌습니다. 정신적인 것이 물리적인 것으로 이어지는 것이죠. 이야기를 듣는 청중들은 그에 따른 뇌가 활성화됨과 동시에 브랜드나 제품이 좀 더 착! 달라붙게 되고 강화됩니다. 이렇듯 컨셉은 소비자들에게 더욱 생생하고 가까이 다가가기 위해 이야기라는 무기로 무장할 수 있습니다.

브랜드 스토리는 브랜드를 개발하는 과정 중에 생기는 브랜드 히스토리와는 다릅니다. 좀 더 근본적이고 큰 개념이죠. 브랜드 스토리는 크리에이티브 컨셉만을 담은 스토리텔링 광고와도 다릅니다. 브랜드, 제품 전체에 녹아든 스토리를 핵심 스토리라고 하며 핵심 스토리는 브랜드의 사실을 바탕으로 브랜드, 제품의 본질, 본질과 연관된 이야기로써 소비자에게 전하는 브랜드의 약속을 담아야 합니다.

출처: 브랜드 스토리 유형이 소비자 태도에 미치는 영향 연구
_ A.J.Greimas의 서사 이론과 FCB Grid 모형을 중심으로, 오승현, 2009

앞서 살펴본 아오모리 현의 사과는 원래 특별한 품종과 기후 덕에 크고 맛 좋기로 유명했지만 태풍을 이겨낸 스토리로 인해 '품질 좋은 사과'의 컨셉이 강화되었습니다. '최초의, 최고의the First, the Best'라는 컨셉은 소비자를 사로잡을 수 없습니다. 하지만 최고나 최초에 역경 극복과 노력, 승리 쟁취 등의 스토리를 발굴한다면 설득력이 강화되고 결국 컨셉력도 높아지는 것이죠.

어떤 컨퍼런스에서 강의자들의 논의를 요약하기로 했습니다. 다른 컨퍼런스와는 달리 이번에는 요약하는 사람들이 듣기에 가장 흥미로운 요소들로 구성하기로 했죠. 이렇게 만들어진 요약본은 대체로 흥미로운 스토리들이 남는데 고리타분한 내용을 걷어낸 요약본은 매우 명쾌하고 인상 깊었다고 합니다. 하지만 정작 강의자들은 요약본을 보고 화를 냈습니다. 자신들의 진지한 논의 중에서 스토리만 발췌했다는 데 모욕감을 느낀 것입니다. 자신들의 수많은 진지한 강의 중 가벼운 일화나 스토리만 남겼다는 게 싫었겠죠. 이러한 실수를 컨셉 개발 중에서도 자주 발견할 수 있습니다. 마케터나 디자이너들이 강의자와 같은 실수를 하지 않더라도 기업가들에 의해 컨셉력의 매력적인 부분보다는 그저 그런 두루뭉술한 내용이 주목받습니다. 건강한, 품질 좋은, 예쁜……, 하지만 이제 컨셉 전문가인 여러분들은 한발 물러서서 그 실수를 다시 들여다볼 필요가 있습니다. 컨셉력을 강화하는 것은 컨셉을 흐리는 다양한 미사여구가 아니라 컨셉을 부각시키는 단 하나의 무기, 스토리로 무장하고 있느냐에 달려있다는 것을요.

길을 잃지 않게
컨셉을 유지하라 ❹❺

'길을 잃으면 북극성을 보라.' 북극성은 세계 어디서나 중심이 되어 많은 상인과 행인들의 길잡이가 됩니다. 험한 세상살이에서도 길을 잃었을 때 보아야 하는 것은 혼란스러운 사물들이 아니라 하나의 점, 진리, 본질입니다.

제품과 브랜드가 시장에서 길을 잃지 않도록 컨셉이라는 것이 존재합니다. 컨셉은 제품이 탄생할 때, 제품이 시장에서 성장할 때 고유한 특성과 차별화 또는 단순함 등을 잃지 않고 '일관성'을 유지하게 합니다.

'대학생 기숙사'라는 컨셉 아래 혼다 엘리먼트라는 브랜드는 뒷좌석, 시트, 선루프 등 대학생들의 라이프스타일을 자동차에 담아냈습니다. 한방 화장품 '후'는 '왕후가 쓰는 화장품'이라는 컨셉으로 브랜드명, 패키지, 기능을 추출했습니다. 이렇게 컨셉을 추출한 다음 그 기준에 맞게 기능과 마케팅, 광고 역량을 집중하는 게 컨셉이 첫째로 하는 '길잡이' 역할입니다.

만들어진 제품과 브랜드가 오래도록 시장에서 살아남아 경쟁해야 하므로 컨셉은 둘째로 '일관성'을 유지하는 길잡이 역할을 합니다. 제품이 성공하기 위해서는 시간이 필요합니다. 성공한 제품이 시장에서 제 기량을 펼치기 위해서도 시간이 필요하죠. 또한 시장에서 1등이 되더라도 다른 제품들의 추격을 막기 위해 끊임없이 많은 시간을 버텨야 합니다. 단순히 좋은 제품에서 브랜드, 브랜드에서 러브마크가 되기까지는 많은 시간이 필요합니다. 코카콜라, 바셀린 등 100년을 이어온 브랜드를 살펴보면 시간과의 싸움에서 제품을 굳건하게 만드는 것은 결국 컨셉이라는 것을 알 수 있습니다. 리뉴얼 컨셉처럼 제품 또는 브랜드가 오랜 시간을 지나 이제는 다른 이미지로 다가가고 싶은 시점이 오더라도 제품 컨셉, 브랜드 컨셉은 바뀌지 않아야 합니다. 컨셉이 자주 바뀌거나 소비자들이 알아챌 수 없을 만큼 미세하게 변한다면 일관성이 없어져 컨셉 자체가 정립될 수 없습니다. 컨셉은 본질이며 제품 그 자체이니까요.

처음 컨셉을 정립하고 시장에 내어놓을 때 그 컨셉은 분명하고 선명할 것입니다. 리바이스는 청춘의 상징이었습니다. 청바지 브랜드로서 리바이스의 입지는 막강했죠. 그러나 신규 시장을 창출하기 위해 브랜드 확장을 꾀했습니다. 양복 라인을 런칭했지만 결과는 당연히 참패였습니다. 청바지와 양복은 상충하는 개념이었기 때문에 젊음과 청춘을 상징하는 청바지 시장에서의 성공이 매너와 사회적 지위를 상징하는 양복 시장에서 그대로 적용되기는 힘들었기 때문입니다. 리바이스는 양복 라인 실패를 발판 삼아 속옷 라인으로 진출했지만 소비자의 섹시함에 대한 니즈를 충족할지는 미지수입니다. 이러한 경우는 주변에서 쉽게 찾을 수 있습니다. 최고의 브랜드를 가진 기업은 브랜드 가치를 이용해 손쉽게 브랜드를 확장하고 변화시키고자 하기 때문입니다.

일관성을 유지하는 것은 비단 브랜드 확장의 문제만은 아닙니다. 크리에이티브 컨셉은 더욱 일관성의 위험을 많이 받는 단계입니다. 소비자 뇌리에 강력하게 기억시키기 위해서 과장된 스토리나 어색한 패키지를 적용하기도 합니다. 사회형 컨셉에서 살펴보았던 에비앙은 '롤러 베이비스'라는 광고를 했습니다. 약수가 가진 성능 중에서 미네랄이 젊어지는 기능을 한다는 것에 주목하여 아기들이 롤러를 타고 신나게 춤을 추며 에비앙을 마시는 유튜브 영상을 게시해서 엄청난 호응을 얻었습니다. 3B^{동물과 아기와 아름다운 여인}은 시선을 사로잡는 전통적인 요소입니다. 하지만 5,000만이 넘는 조회 수로 기네스북에 올랐던 광고의 성공과는 다르게 그해 에비앙 매출은 25%나 떨어졌습니다. 약수, 프리미엄 생수 컨셉과 아기는 소비자의 뇌에 따로 저장되어 구매로 이어지지 않았기 때문입니다.

4-06
에비앙의 롤러 베이비

우리는 좋은 컨셉이 무엇인지, 그리고 좋은 컨셉을 도출하기 위해 어떻게 해야 하는지, 좋은 컨셉에는 어떤 공통점들이 있는지 자세히 들여다보고 살펴봤습니다. 좋은 컨셉을 추출하고 나서 실수하지는 않았는지 좋은 컨셉 조건에 들어가는지를 다시 한 번 점검하기 위해 검토하는 과정을 거쳤습니다. 차별화를 가지고 단순하고 창의적인 이야기로 무장해 소비자에게 제품력으로 다가가서 성공해도 결국 초기의 선명했던 컨셉이 세월이 지나면서 무뎌지고 흐려진다면 일회성에 지나지 않는 컨셉이 되겠지요. 계속해서 승리하는 싸움은 없고 소비자에게 항상 통하는 컨셉도 없습니다. 세월이 흐르면서 수많은 경쟁자들의 도전에 대응해야 하는 것이 브랜드의 운명이고 숙명입니다. 하지만 그에 맞춰 차별화, 독특함, 고객 중심의 브랜드 본질을 놓치지 말기 바랍니다.

인터뷰

문제 해결을 위한 최고의 솔루션을 찾아라

침전되지 말고 새롭게 경험하라

고객이 지금 당장 필요(Needs)하고 원하는(Wants) 것을 잘 베껴라(Copy)

하나의 이미지이자 사운드를 구성하라

Find the best solution for solving the problem.

마케팅과 브랜드의 중요하고, 어렵고, 낯선 문제를 해결하라

'가장 좋은 해답'을 제시하는 제품과 서비스를 만들어라

아카이브처럼 쉽게 버리지 않고 보관하게 하라

문제 해결을 위한
최고의 솔루션을 찾아라

디자인 컨셉

서진수 _ 원더홀딩스 모바일사업부 서진수 CD(전 현대카드 디자인랩 부실장)

Q 현재 어떤 일을 하고 있나요?

Ⓐ 위메프의 지주회사 원더홀딩스 모바일 사업부에서 개발 중인 새로운 SNS 서비스를 위한 브랜드와 UX 디자인을 감독하고 있습니다.

Q 컨셉이란 무엇인가요?

Ⓐ 컨셉은 무언가를 생각하는 관점이라고 봅니다. 어떠한 문제가 주어지고, 그 문제가 무엇인지 규정하면 문제 해결이라는 목표를 향해 방법을 찾아나섭니다. 목표에 도달하는 방법은 수학이나 과학을 제외하고 그 답이 하나 이상인 경우가 대부분입니다. 이럴 때 컨셉, 즉 관점이 필요합니다. 여러 개의 경로 중에서 어떤 것이 문제 해결을 위한 최고의 해결 방법^{솔루션}인지 선택하는 것은 먼저 그 문제를 어떤 관점으로 볼 것인지 정한 다음 가능하기 때문입니다.

Q 컨셉이 필요한 이유는 무엇인가요?

Ⓐ 컨셉은 문제 해결의 기초입니다. 컨셉을 정하지 못하면 그 무엇을 시작할 수도, 끝낼 수도 없습니다. 또한 진행 과정에서 내려야 하는 수많은 결정의 판단 근거가 모호해집니다. 예를 들어, 컨셉이 자연주의라면 그것에 반하는 모든 것을 선택 목록에서 제외할 수 있습니다. 그다음 좀 더 명확하게 문제 해결 방안의 옳고 그름을 판단할 수 있죠. 물론 컨셉 자체는 답을 주지 못하지만 답을 찾아가는 과정을 명쾌하게 만들어 주는 길잡이가 됩니다. 컨셉을 어떻게 바라볼 것인지는 어떤 것들을 제외할 것인지를 결정하게 만드는 근거가 되기 때문입니다.

Q 이론적인 컨셉과 실무에서 사용하는 컨셉의 의미 혼용으로 힘들었던 점이 있었나요?

Ⓐ 컨셉이라는 용어는 여러 가지 의미로 다양하게 혹은 뭉뚱그려져서 사용됩니다. 아이디어, 개념, 또는 하나의 방안을 의미하기도 합니다. 그렇다고 해서 모든 사람이 같은 의미로 컨셉이라는 단어를 사용해야 한다고 생각하지는 않습니다. 단어의 의미는 계속해서 변화하며 때로는 사람 또는 상황에 따라 다르게 쓰이는 것이 적절한 경우도 있으니까요. 만약 컨셉의 의미가 누군가를 헷갈리게 하였다면 그건 그 사람과 내가 가진 컨셉 의미의 차이에서 오는 혼동 때문이 아니라, 내가 만든 제안이나 설명이 만족스럽지 않았기 때문이라고 생각합니다. 의미의 혼용이 사라진다고 만족스럽지 못한 제안이나 설명이 갑자기 만족스러워지는 일은 단연코 없을 것입니다.

Q 그 밖에도 컨셉을 만드는 작업을 하면서 힘든 일은 무엇인가요?

Ⓐ 모든 과정이 논리적인 흐름으로 이루어지지 않을 때가 가장 힘듭니다. 특히 디자인 분야에서는 모든 일이 순서대로 진행되지 않는 경우가 많습니다. 멋진 디자인이 먼저 나오고 그것을 설명하기 위해 컨셉을 만드는 일은 무척이나 고통스럽습니다. 반대로 멋진 컨셉이 떠올랐지만 시각화하는 과정에서 만족스러운 결과물이 나오지 않는 경우도 많습니다. 상업 디자인에서 논리와 컨셉은 작업의 적합성을 설득하는 데 무척 중요한 이론적 토대를 이룹니다. 때로는 그 모든 것을 무의미하게 만드는 강렬하고 멋진, 하지만 설명하기 어려운 디자인이 만들어지기도 합니다. 이런 상황을 겪을 때가 가장 당혹스럽지만 변수를 받아들일 줄도 알아야 합니다. 입을 다물지 못하는 멋진 디자인을 컨셉에 안 맞는다고 버릴 수는 없으니까요. 이렇듯 실무에서 때로는 거꾸로 가는 경우도 생깁니다.

Q 컨셉에 관한 실제 경험을 듣고 싶어요.

Ⓐ 현대카드 디자인 랩에 근무하던 시절 팬택과의 협업으로 전략 스마트폰 프로젝트를 진행한 적이 있습니다. 이미 정해진 전체 프로젝트의 컨셉과는 다르게 머릿속에는 라이카 카메라의 단순하고 기계적인 아름다움이 떠나질 않았습니다. 제품 디자인을 담당하는 디자이너에게 계속 그 이야기를 전달했고 그 생각에서 출발한 멋진 제

품 디자인을 만들었습니다. 함께 일하던 다른 디자이너들이 컨셉에 맞게 만든 다른 멋진 디자인도 많았지만, 결국 최종 결정된 디자인은 라이카 카메라가 연상되는 그 디자인이었습니다. 프로젝트 전체를 이끌기 위해 정한 컨셉은 훌륭했지만 선택된 결과물은 컨셉을 고스란히 반영한 디자인이 아니라 한순간 떠오른 영감이 반영된 디자인이었죠. 여러 가지 사정으로 해당 프로젝트는 끝내 세상밖에 나오지 못했지만 그 일을 통해 때로는 정해진 컨셉을 벗어날 줄도 알아야 한다는 것을 깨닫게 되었습니다.

Q 기억에 남거나 성공한 컨셉의 사례를 듣고 싶어요.

Ⓐ 현대카드 애뉴얼 리포트는 2012년부터 'With Numbers/Without Numbers'라는 컨셉으로 만들어지고 있습니다. 이것은 더 이상의 설명이 필요 없는 훌륭한 컨셉이라고 생각합니다. 애석하게도 현대카드에서 근무했었음에도 저 컨셉을 디자인 외주사에서 만든 것인지 아니면 현대카드 AR 담당 부서에서 만든 것인지는 확인하지 못하였습니다. 숫자가 주인공인 점에서 금융사라는 기업의 성격을 매우 잘 드러내고, 숫자로서 보여줄 수 있는 회사 실적과 숫자 이외의 것으로 보여줄 수 있는 실적을 구분해서 설명하겠다는 것을 제목에서부터 명확히 드러내고 있습니다. 애뉴얼 리포트를 보는 사람들이 원하는 정보를 직관적으로 구분해서 볼 수 있도록 하며 그 제목이 디자인으로도 자연스럽게 연결되어 녹아 있습니다. 단연코 제가 본 가장 훌륭한 애뉴얼 리포트 컨셉이라고 생각합니다.

Q 좋은 컨셉의 조건에는 어떤 것이 있나요?

Ⓐ 좋은 컨셉은 쉬워야 합니다. 이해하기 어려워서는 안 됩니다. 그러므로 좋은 컨셉은 듣기만 해도 결과가 머릿속에 그려지며 반대로 결과물을 봤을 때 컨셉이 무엇인지 바로 알아챌 수 있어야 합니다. 컨셉에서 은유 Metaphor 나 비유 Analogy 가 효과적인 이유가 바로 그것입니다. 누구나 알고 있는 것을 지금 사용하는 곳이 아닌 다른 곳에 빗대어 적용해서 이해하기 쉽게 만들기 때문입니다.

일본의 프리미엄 전자 제품 회사 '발뮤다'의 가습기 '레인'은 자연에 가까운 기화 방식을 사용하며 물동이 모양의 제품 디자인으로 상단에 바로 물을 부어 사용하는 방법을 통해 컨셉을 자연스럽게 드러냅니다. 어렵지 않습니다. 이해하기 쉽습니다. 그리고 모든 것이 자연스럽게 연결되기 때문에 말이 필요 없는 좋은 컨셉입니다.

Q 컨셉의 영감(아이디어)은 주로 어디에서 얻나요?

Ⓐ 관련 없는 책을 읽거나 계획 없는 인터넷 서핑이 종종 좋은 아이디어를 제공해 줍니다. 가끔은 운전하면서 꼬리에 꼬리를 무는 공상 끝에 좋은 아이디어가 떠오르기도 하지만 운전 중이라 메모를 못 해서 떠오른 아이디어를 잊어버린 적도 많습니다. 그리고 의미 없이 끄적거리는 낙서도 좋은 방법입니다. 문제 자체에 집중하기보다는 그 주위나 관련 없는 곳을 맴도는 것이 새롭고 혁신적인 생각을 떠오르게 하는 것은 확실합니다.

Q 앞으로의 계획은 어떻게 되나요?

Ⓐ 개인 프로젝트로 작지만 의미 있는 브랜드를 만들어보려고 합니다. 상품이나 서비스 종류에 제한을 두는 것이 아닌 브랜드 자체 성격이 중요한 브랜드를 기획하고 있습니다. 매스를 목표로 삼지 않고 철학을 공유하는 것을 목적으로 삼으려고 합니다.

Q 마지막으로 후배들에게 하고 싶은 말은 무엇인가요?

Ⓐ 알려진 방법론만 빠져들기보다 자신만의 기준과 방법을 만드는 것이 중요합니다. 학습을 통해서 얻은 것은 나만 아는 것이 아닌, 모두가 아는 것이지요. 물론 모두가 아는 것을 잘 이해하고 사용하는 것도 중요하지만 나만 아는 것 또는 나만의 방법을 갖는 것이 그 무엇보다 가치 있는 일이라고 생각합니다. 널리 알려진 성공한 사람들이 누구나 다 아는 길을 걸어온 것은 본 적 없습니다. 그들은 남들이 가지 않은 길을 선택했거나 남들과는 다른 방법으로 길을 걸어간 사람들입니다. 그러므로 자신의 길을, 그러므로 자신만의 방법으로 걷는 사람이 되기 바랍니다.

마케팅과 브랜드의 중요하고, 어렵고, 낯선 문제를 해결하라

마케팅 컨셉

김기석 _ WK 마케팅 그룹 컨설팅 본부장(전무) / ㈜디지털 엑스 대표

Q 현재 어떤 일을 하고 있나요?

Ⓐ WK 마케팅 그룹에서 컨설팅 본부장[전무]과 계열 회사인 (주)디지털 엑스의 대표를 맡고 있습니다. WK 마케팅 그룹은 마케팅과 브랜드의 중요하고, 어렵고, 낯선 문제를 해결하는 전략가 그룹입니다. 대한민국 실전 마케팅의 No. 1으로서 고객에게 최고의 마케팅 해법을 제공하고 있습니다. 사내에는 마케팅 컨설팅, 브랜드 컨설팅, 교육, 디지털 마케팅 연구소, 브랜드 전략 연구소를 두고 있습니다.

디지털 엑스는 커뮤니케이션을 위한 전략 컨설팅, 디지털 커뮤니케이션 기획 및 실행, 벨류업 상품화, 디지털 매장 운영[피플 파이] 등을 원스톱으로 수행하는 디지털 기반 마케팅 전략 수립 및 실행 회사입니다.

Q 컨셉이란 무엇인가요?

Ⓐ 컨셉이란 제품이나 서비스가 '활자화' 또는 '형상화'된 것으로 제품이나 서비스의 차별화된 효익[Benefit], 강점, 존재 이유를 전달하는 간결한 도구라 할 수 있습니다. 제품이나 서비스를 실체화하는 모든 과정의 청사진 역할과 구체적으로 상품화를 진행해도 될지를 판단하는 지표[Barometer] 역할을 하며 소비자의 미충족 니즈를 해결한다는 대체재 대비 차별화된 이유와 가치를 제공해야 합니다. 주로 패키지 디자인, 인터넷 세일즈 페이지, 광고, 팸플릿, 매장의 간판/인테리어/레이아웃/종업원 응대 등의 형태로 소비자와 커뮤니케이션합니다.

상품화를 진행하다 보면 "이 산인가? 아닌가?"라는 고민을 할 때가 있습니다. 또한 목표에 어떻게 도달할 것인가를 판단해야 하는 때도 있습니다. 평범해 보이는 스마트 워치 '페블워치'가 크라우드펀딩 플랫폼 '킥스타터'에서 121억 원을 모금하며 성공을 거둔 것은 갤럭시 기어와는 다른 산을 공략했기 때문입니다. 갤럭시 기어가 스마트 기기에 가깝게 보이도록 했다면, 페블워치는 경쟁 제품을 패션 시계인 '스와치'로 보았습니다. 패셔너블한 시계지만 더 스마트한 시계로 보이도록 한 것입니다. 이렇듯 어느 산을 공략할지 방향을 설정하는 것이 컨셉의 핵심이며, 시도 구매Trial Purchase력을 추정할 수 있는 중요한 수단이 됩니다.

Q 컨셉 도출 단계에서 가장 중요한 것은 무엇인가요?

Ⓐ 컨셉 개발 단계에서는 사실상 출시 후와 유사한 마케팅 계획이 세워져야 합니다. 예를 들어 대략적인 투자비, 광고비, 제품 개발비, 생산비, 프로모션 계획 및 비용, 유통 구역, 원가 계산 후 가격 책정 등의 계획이 필요하죠. 그렇지 않으면 아무리 시장 경쟁력 있는 컨셉이 개발되고 좋은 소비자 평가를 받더라도 실제 출시되는 경우 위와 같은 요소의 계획이 변경될 때 시장성을 과대 또는 과소평가하게 될 것입니다.

마케팅 계획으로는 먼저 잠재시장의 크기즉, 소비자 수나 가구 수가 정해져야 합니다. 물론 개발된 컨셉이 잠재시장의 소비자 니즈를 얼마나 잘 해결해 줄 것으로 기대하느냐가 잠재시장 크기를 결정하는 핵심입니다. 또한 잠재시장을 어디까지 보느냐에 따라 예상 매출, 가격, 유통 등이 크게 달라집니다. 이러한 맥락에서 핵심 타깃 수에 관한 계획도 필요합니다. 또한 정교한 수요 예측이 아니더라도 자사의 과거 실적이나 경험치 등을 활용하여 대략적인 예상 매출을 산출해야 합니다. 또한 광고, 판촉, 인지율, 유통 구역, 경쟁사 가격을 고려한 가격 책정 등에 관해 계획이 세워져야 합니다. 이러한 계획은 같은 신제품 개발 컨셉이라도 그 옵션에 따라 별도로 세워져야 합니다.

Q 성공적인 신제품 개발 방법에는 어떤 것이 있나요?

Ⓐ 신제품이 출시되면 시도 구매와 반복 구매Repeat Purchase 과정을 거치면서 성공하거나 실패하게 됩니다. 먼저 광고나 포장의 메시지, 소문이나 주변 사람들 권유 등의 영향으로 시도 구매가 일어납니다. 예를 들어 '꼬꼬면'은 미디어의 영향을 받아 소비자들

이 시도 구매를 하게 된 대표적인 예입니다. 이러한 시도 구매는 아직 제품을 사용해 보지 않은 상태에서 이루어지기 때문에^{샘플 사용의 경우는 제외} 상품의 컨셉력 즉, '상품을 구매하고 싶게 만드는 힘'이 큰 영향을 미칩니다. 따라서 이 메시지의 전달력이 약하거나 차별화되지 않거나 강하지 않을 때는 시도 구매자 수^{시장 침투율}가 느리게 올라갈 것입니다. 시도 구매 후 일정 시점이 지나면 구매자 중 꼬꼬면의 맛이 좋다고 생각한 소비자들은 다음에 또다시 꼬꼬면을 구매하게 됩니다. 이처럼 '상품을 다시 구매하고 싶게 하는 힘'을 반복 구매라고 합니다. 이 단계에서는 상품의 컨셉력보다 품질력이 더 큰 영향을 미칩니다. 결과적으로 시도 구매가 많아질수록 반복 구매도 많아지며, 시도 구매가 적으면 반복 구매도 적을 수밖에 없습니다. 일반적인 상품이나 서비스는 모두 이와 같은 유형을 따르며 상품의 구매 주기가 빈번한 소비재 상품이나 음식점, 카페 등 서비스업이 전형적인 사례입니다.

이 같은 신제품의 컨셉력과 제품력의 강약에 따라 다음과 같이 크게 네 가지로 분류한 다음 실전적인 대응 전략을 세워야 합니다.

첫째, 대기만성형 신제품으로 컨셉력은 약하지만 품질력이 좋은 경우입니다. 이 유형의 신제품은 컨셉력 즉, '상품을 처음으로 구매하게 하는 힘'이 약해서 시도 구매가 매우 천천히 일어납니다. 즉, 시도 구매의 누적 개념인 시장 침투율이 매우 천천히 높아집니다. 하지만 품질력이 좋아 일단 시도 구매만 이루어진다면 높은 비율의 소비자들이 재구매하기 때문에 장기적으로는 매출이 증가합니다. 하지만 목표 수준의 시장 침투율까지 얼마나 빨리 도달하느냐가 신제품의 성패를 좌우합니다. 어떤 경우에는 안정적인 매출에 이르기까지 몇 년이 소요될 수 있으므로 기업이 과연 손익 관점에서 버틸 수 있느냐가 관건이 됩니다. 그러므로 이러한 유형의 신제품은 제품력에 걸맞게 컨셉력을 보완해야 합니다.

둘째, 성공형 신제품으로 이 유형의 제품은 컨셉력이 좋아서 시도 구매도 빠른 속도로 높아지고 품질력도 좋아 시도 구매자 중 반복 구매를 하는 소비자가 많아져 매출이 지속해서 증가합니다.

셋째, 실패형 신제품은 컨셉력도 제품 품질력도 약해 매출이 매우 적고 증가 속도도 느려서 결과적으로 시장에 출시하지 말아야 하는 유형입니다.

넷째, 반짝형 신제품은 컨셉력이 좋아서 시도 구매는 빠르게 증가하지만 제품 품질력에 실망한 소비자들이 재구매하지 않기 때문에 매출이 빠르게 증가하다가 빠르게 감소하는 유형의 신제품입니다. 이러한 신제품은 컨셉력에 걸맞은 품질 개선이 시급합니다. 신제품을 성공시키려면 컨셉력과 품질력을 높이되 이들의 균형을 맞추는 것이 중요합니다. 또한 신제품 출시 전이나 출시 직후에 어떤 유형에 속하는지를 미리 파악하여 대응하는 것도 중요합니다. 결론적으로 히트 상품 개발이나 창업 아이템 개발을 위해서는 소비자 니즈에 부합하는 아이디어를 개발하거나, 이미 기획하고 있는 신제품이나 아이템을 두 가지 제품^{컨셉 제품, 시제품}으로 나누어서 개발하고 평가하고 이를 토대로 수정 및 보완하는 것이 성공 확률을 높입니다. 즉, 경쟁력 있는 신제품 컨셉을 개발하고 검증한 다음, 이 컨셉을 가장 잘 실현할 수 있는 제품이나 메뉴, 서비스를 개발하여 평가하는 과정을 거치는 것이 성공의 지름길이라고 할 수 있습니다.

Q 이론과 실제의 컨셉 개발 차이점은 무엇인가요?

A 컨셉 개발 시 최대한 현실적으로 접근하라고 조언하고 싶습니다. 컨셉의 문구는 제품이나 서비스가 시장에 진출하면 반드시 접하게 될 실제 환경을 고려해야 합니다. 만일 고려하고 있는 신제품이 네 가지 주요 효익을 가지고 있다면 실제 TV 광고에는 15초의 한계 상 한두 가지만의 효익을 전달할 수밖에 없는 것처럼 컨셉도 네 가지의 효익을 동일하게 노출하지 말아야 합니다. 즉, 네 가지 컨셉을 분리하여 작성하거나 돌출 수준을 조절해야 합니다. 또한 표현하려고 하는 효익이나 표현 문구가 법적인 문제가 있는지를 사전에 검토하고 문제가 있다면 시장성을 과대평가할 수 있기 때문에 제외해야 합니다.

컨셉 개발과 평가 단계에서는 통제된 상황에서 소비자들에게 주의력이 집중된 환경이 제공되지만, 제품 출시 후에는 수많은 광고와 짧은 광고 시간, 소비자들의 낮은 주의력 등의 환경이 주어지므로 단일 메시지를 명료하게 표현할수록 좋습니다.

침전되지 말고
새롭게 경험하라

홍보 컨셉

김은수 _ 까르띠에 / 하이엔드 비즈니스 상무

Q 현재 어떤 일을 하고 있나요?

Ⓐ 프랑스 명품 브랜드에서 고객과의 끊임없는 소통인 '커뮤니케이션 업무'를 25년 정도 하였습니다. 랑콤에서 9년 동안 일했고, 리치몬드 그룹^{Compagnie Financière Richemont S.A.} 까르띠에에서 10년째 홍보 업무를 맡았습니다. 2016년부터는 새롭게 하이엔드 비즈니스 업무에 도전하고 있습니다. 하이엔드 비즈니스라는 용어가 다소 생소할 수 있는데, 기자를 대상으로 한 PR^{Rublic Relation}에서 좀 더 확대된 고객 접점의 마케팅 커뮤니케이션이라고 이해할 수 있습니다.

Q 컨셉이란 무엇인가요?

Ⓐ 분야마다 관점이 다르고 표현하려는 것들이 다르다 보니 컨셉이 불분명할 것으로 생각하지만 결국 하나의 중심입니다. 특히 꿈꾸게 하는 브랜드에서 제품 자체에 대해 잘 알아야 하지만 제품이 출시되기까지의 환경, 탄생 스토리, 브랜드가 주려는 감정적인 부분 등 모든 것을 알아야 합니다. 그것들을 명확하게 이해한 다음 얻어지는 하나의 결론이 컨셉입니다.

결국 컨셉을 이해한다는 것은 시작이 아니라 종착점이고, 사람들이 브랜드의 향기를 느끼도록 만드는 것인데, 이러한 부분을 중점적으로 담당하는 것이 제가 맡는 PR, 영업 등 커뮤니케이션 단계라고 생각합니다.

Q 컨셉을 만드는 작업에서 가장 힘든 일은 무엇인가요?

🅐 어려움은 어디에나 존재합니다. 하지만 브랜드를 위해 일하는 여러 파트에서 하나의 목소리를 내는 것이 가장 어렵습니다. 제 역할은 파트 간 커뮤니케이션이 잘 이루어지게 하는 것이므로 소집하여 지속해서 소통하려고 합니다. 한 번의 소통으로는 일원화될 수 없기 때문에 반복해서 여러 번의 미팅을 하죠.

Q 시간이 지나면서 컨셉은 흐려지거나 변하는 경우가 많습니다. 하지만 프리미엄 브랜드 까르띠에는 컨셉이 명확한 몇 안 되는 명품 브랜드인데요. 컨셉을 유지하는 방법은 무엇인가요?

🅐 까르띠에는 170년 가까이 이어지고 있는 브랜드입니다. 시간이 지나면 사람들의 생활 방식도, 가치도 바뀌죠. 백 년 전의 컨셉 워드와 오늘날의 컨셉 워드는 다릅니다. 그 고유 가치는 변하지 않되 컨셉 워드가 가지는 의미 자체는 시대를 반영해야 합니다.

실제로 1970년에 탄생한 까르띠에의 러브 팔찌는 중세 시대 유럽 전쟁에 참여하기 위해 원정을 떠나던 남편이 아내에게 채운 정조대에서 아이디어를 얻었습니다. 러브 팔찌는 일단 팔에 끼운 후 특수 제작된 스크루 드라이버로 나사를 조여서 착용하는 방식입니다. 이 팔찌는 혼자서는 착용할 수 없고 풀 수도 없어서 결합, 사랑의 맹세, 아름다운 구속을 의미하는 '러브'라는 컨셉을 가졌죠. 그 당시 사랑의 의미는 둘이 함께하는 것이었지만 오늘날은 다릅니다. 사랑의 의미에는 '나를 사랑하는 것'이 추가되었죠. 누군가에게 사랑받는 것보다 먼저 자기 자신을 사랑하고 남을 사랑하는 것으로 개념이 바뀌었습니다. 따라서 러브 팔찌 또한 남녀 간의 사랑에서 나를 위한 선물이라는 개념으로 확대되었습니다. 100년, 200년간 브랜드 아이덴티티를 이어올 수 있었던 것은 가치 보존 때문이지 고정된 컨셉 때문만은 아니라고 생각합니다. 이처럼 컨셉은 변할 수 있습니다.

Q 까르띠에 브랜드의 성공 요인은 무엇인가요?

A 브랜드가 오랜 세월 그 매력을 유지하려면 정체성을 유지하면서도 변화무쌍한 모습을 보여줘야 합니다. 까르띠에는 까르띠에 현대 미술재단 Cartier pour l`art contemporain 을 통해 다양한 예술 사업을 지원하고 추진해왔습니다. 소비자들이 좀 더 쉽고 편하게 브랜드의 문화적인 색깔을 경험하도록 '까르띠에 아트'라는 정기간행물을 발행하고 있습니다. '욕조 시계 이름: Baignoire', 아트 잡지의 주제로는 Red, 기절하다보다는 놀라움, 경이로움: 불어로는 Etourdissant 등 항상 파격적인 주제를 보여주는 이 잡지는 문화와 예술을 좋아하는 사람들을 위해 파리에서는 15유로에 판매되고 홈페이지에서도 콘텐츠 목록을 볼 수 있습니다. 까르띠에가 예술에서 영감의 원천을 길어 올린 역사는 창업주까지 거슬러 올라갑니다. 세공기술자인 루이 프랑스 까르띠에 Louis- Francois Cartier 는 자신의 성姓을 따 '메종 까르띠에 Maison Cartier'라는 보석 상점을 시작합니다. 섬세한 세공을 바탕으로 화려한 주얼리 라인을 선보여 프랑스 사교계에서 인기를 얻었고, 이후 가업을 물려받은 까르띠에 가 형제들이 적극적으로 세계 시장에 진출해 브랜드 인지도를 넓혔습니다. 첫째 루이 까르띠에에게는 프랑스 본사 관리를 맡겼고, 둘째 아들인 피에르 까르띠에는 러시아의 유명 보석 세공사에게 보내 세계 시장 진출의 기회를 가졌죠. 막내인 자끄 까르띠에는 영국으로 보내 런던 지사의 경영을 맡겼습니다. 이 기업가들은 여행을 통해 세계 각지의 예술을 접했고 그것들로부터 영감을 받았다고 합니다.

'까르띠에 아트'지의 편집장인 프랑코 콜로니는 "고대 로마인들은 사람의 운명은 그 이름에 있다고 믿었다. Cartier의 철자에 포함된 art는 운명이 아니다."라고 하였습니다. 까르띠에 현대 미술재단은 여러 채널을 통해 빠르게 변하는 창조 분야에서 앞서고 있습니다. 시대를 초월하는 가치를 지녔음에도 불구하고 변화무쌍한 모습을 가지는 예술, 그것이 까르띠에의 지향점입니다.

Q 컨셉의 영감(아이디어)은 주로 어디에서 얻나요?

A 낯뛰가 중요합니다. 나에게 집전되지 않는 것. 직장에 연결되지 않는 문화 활동을 하는 편입니다. 서점에서 책을 읽는 것부터 블루칩 아티스트의 작품 감상, 갤러리를 찾는 것까지 경복궁을 거닐거나 훌쩍 여행을 떠나기도 합니다. 이처럼 보는 것보다 경험하는 것이 더 중요하다고 생각합니다.

Q 여성으로서 하나의 브랜드를 책임지는 자리까지 오르는 것은 정말 대단한 일인 것 같습니다. 유리 천장을 깬 본인만의 강점은 무엇인가요?

Ⓐ 저는 저의 일을 사랑하고, 즐기고 있어요. 어떤 모임에 가더라도, 어떤 것을 보더라도 모두 제가 하는 일과 연결됩니다. 저의 퍼스널 컨셉은 '열정'이라고 할 수 있죠. 특히 팀원들과 소통을 통해 하나의 목표를 향해서 전진하는 프로젝트를 할 때 물론 과정이야 힘들겠지만 열정이 가장 잘 발휘되고 만족도도 높습니다. 그래서 팀으로 인한 성과를 이뤘을 때 가장 행복합니다. 혼자만의 성공보다 함께 하는 팀 단위 프로젝트들로 이룬 성공들이 기억에 남고 소중합니다. 같은 곳을 향해 노력하고 성공 효과를 함께 나눌 수 있는 것이 팀 프로젝트의 장점이라고 생각합니다. 팀원들과 잘 소통할 수 있도록 커뮤니케이션하는 자리를 자주 만들고 있어요.

Q 마지막으로 후배들에게 하고 싶은 말은 무엇인가요?

Ⓐ 첫째, 질문을 많이 해야 합니다. 질문은 호기심에서 나오고 호기심은 경청과 관찰에서 나옵니다. 항상 깨어 있어야 좋은 질문을 할 수 있고 그로 인한 답도 구할 수 있습니다. 전 직장생활이 즐겁고 항상 오늘은 무슨 일이 일어날까를 생각합니다. 호기심이죠. 사회생활에서 소통이 중요하다고들 하는데 그 소통도 호기심에서 나옵니다. 서로에 대한 관심, 상대가 생각하는 것에 대한 궁금증, 질문 등 그런 자세를 가지고 좋은 질문을 하는 사람이 되었으면 합니다.

둘째, 자기만의 컨셉을 만드는 것이 중요합니다. 이는 단시간에 이루어지지 않죠. 오래도록 즐겁게 일하기 위해 끊임없이 자기다움을 찾기를 게을리하지 않기 바랍니다.

'가장 좋은 해답'을 제시하는 제품과 서비스를 만들어라

스타트업 컨셉

VCNC 박재욱 대표 _ 비트윈 앱 창업자

Q 스타트업을 시작하게 된 계기가 궁금해요.

Ⓐ IT 제품이나 서비스를 통해 삶의 질을 높이는 것이 꿈이었습니다. 창업은 하고 싶은 일을 더욱 직접적으로 할 수 있었기 때문에 시작하였습니다. 대학 시절 공동 창업자를 모아 스터디 그룹을 운영한 것이 현재 회사 VCNC[Value Creators & Company]의 전신이며 졸업과 동시에 회사를 만들었습니다. 창업 당시 세 가지 아이템을 가지고 있었는데 그중 두 가지는 실패하였고, 마지막 아이템이 바로 '비트윈'이었습니다.

Q 비트윈 앱에 대한 간략한 소개 부탁드려요.

Ⓐ 비트윈은 커플을 위한 모바일 애플리케이션입니다. 커플끼리 채팅 및 사진을 공유하고 데이트 일정 조율을 도와주는 프라이빗 소셜 네트워크 서비스[Private Social Network Services]이죠. 운영한 지 4년이 넘었고 국내뿐만 아니라 일본, 대만, 싱가포르, 홍콩, 말레이시아, 태국을 주요 국가로 설정해 비즈니스를 운영하고 있습니다.

Q 컨셉이란 다른 것과 차별되는 가치를 점차 키워가는 것을 말하죠. 창업할 때도 이런 컨셉이 필요한가요?

Ⓐ 창업을 시작할 때는 '어떤 컨셉으로 잡을까?' '실제로 시장에서 이 컨셉이 통할까?'에 관한 판단이 중요하였습니다. 실제 서비스를 런칭하고 성장시키는 과정에서는 '컨셉을 유지하면서 어떻게 성장시켜나가는 것이 좋을까?'에 대해 끊임없이 고민하고 컨셉을 갈고 닦는 게 중요하다는 것을 알았습니다. 그것이 곧 스타트업을 경영하는 과정이었으니까요.

커플들은 오프라인에서 연인 관계를 증명하거나 관계를 더욱 돈독하게 하려고 커플링을 착용합니다. 비트윈이 추구하고자 했던 컨셉 역시 디지털로 커플링을 대체하는 것이었죠. 이러한 컨셉으로 실제 서비스를 런칭하였고 여성들에게 어필하였을 때 반응이 매우 좋았어서 마케팅 비용을 많이 쓰지 않고 바이럴만으로도 성장할 수 있었습니다.

Q '디지털 커플링'이라는 명쾌한 비트윈만의 컨셉을 가지고 있음에도 불구하고, 이러한 컨셉을 유지하기 위해 힘든 점도 있었나요?

Ⓐ 사실 컨셉을 유지하기 위해 힘든 점보다 비즈니스 모델을 구축하는 과정이 힘들었습니다. 비트윈 앱의 가치는 서비스를 통해서 연인들의 오프라인 관계성을 증진시키는 것입니다. 실제 회사를 운영하기 위해서는 수익을 생각하지 않을 수 없죠. 추구하는 가치를 꾸준히 지켜나가면서 수익적인 부분과 관계성에서 부딪히는 면들이 있습니다. 사용자들은 기본적으로 인터넷이나 모바일 서비스를 무료라고 생각합니다. 따라서 무료로 서비스를 사용하게끔 하려면 다른 방식으로 수익을 창출해야 하는데, 네이버나 카카오처럼 광고로 돈을 벌 수밖에 없죠. 하지만 사용자들이 자신만의 공간에 광고가 침투했다는 느낌을 받는다고 생각하는 부분을 설득해나가는 과정이 어려웠습니다. 그래서 광고를 하나의 정보처럼 보이고, 실제로 사용자들에게 혜택을 줄 만큼의 무언가를 제공하는 광고주들과 함께 일하려고 합니다. 이처럼 회사가 지속해서 성장할 만큼의 이익을 얻으며 오프라인 관계성을 좋게 만드는 핵심 가치 사이에서 균형을 맞추기 위해 많은 노력을 하고 있습니다.

Q 비트윈의 컨셉이 자칫 회사의 컨셉처럼 느껴질 수 있을 것 같은데요. 그렇다면 회사의 경영 컨셉은 무엇인가요?

Ⓐ 추구하는 가치처럼 지속해서 사람들의 '오프라인 관계성을 좋게 실현하는 모바일 서비스'를 만드는 것입니다. 이것은 앞으로도 회사의 아이덴티티이자 컨셉이 될 것 같습니다. 작년에 런칭한 '비트윈 데이트'라는 서비스는 실제로 데이트 장소를 쉽게 찾을 수 있도록 도와주고 오프라인에서 커플들이 '오늘 뭐 하지?'에 관한 스트레스를 줄여주는 서비스입니다. 커플들의 고민을 해결하여 서로 간의 관계에 좀 더 집중할 수 있는 시간을 가질 것으로 생각하며 앞으로도 관계성에 맞닿은 방향으로 나아갈 것 같습니다.

Q 벤치마킹했거나 본받고 싶은 창업 컨셉이 있다면 무엇이었나요?

Ⓐ IT 회사 중에서 '페이스북'을 좋아합니다. 대학생들을 연결하는 소셜 네트워크 서비스로 시작해 전 세계 사람들을 연결했기 때문입니다. 실제로 페이스북을 런칭하고 확대하는 과정에서 무대별로 명확한 컨셉을 가지고 있습니다. 처음에는 하버드 학생들이 사용하는 소셜 네트워크에서 시작했다가 아이비리그가 사용하는 소셜 네트워크로 발전하여 거기에서 고등학생들이 대학생이 되면 가장 쓰고 싶은 SNS로 포지셔닝한 다음에 고등학생들에게 서비스를 제공하는 등 페이스북이 취했던 포지션이나 컨셉은 명확하였습니다. 이제는 전 세계 사람들을 연결하는 유틸리티로 발전하고 있는데 회사에 컨셉을 담는 과정이나 IT 회사로 발전하는 과정에서 배울 점이 많습니다.

Q 중요하게 생각하는 컨셉의 조건이 있나요?

Ⓐ 당연한 말 같지만 경험보다는 실제 시장에서 원하는 제품 판매를 시도하다가 비트윈이 탄생하였습니다. 2011년 처음으로 비트윈 서비스가 출시되었을 때 페이스북이나 트위터, 카카오톡 등의 서비스는 굉장히 빠르게 성장하던 시점이었습니다. 점점 개방되어 가는 SNS에서도 분명히 프라이버시에 대한 니즈를 느낄 것으로 판단했고 실제로 커플들이 그러하였습니다. 카카오톡을 친구와 사용한다면 틱톡, 마이피플과 같은 메신저는 남자친구 또는 여자친구와 사용하는 것을 주변에서 많이 봐왔기 때문이죠. 이렇게 숨겨진 니즈를 기획하여 시장에 내놓으면 충분히 사용자들이 원하는 제품이 될 것으로 생각하였습니다. 결국 뛰어난 컨셉의 조건은 '시장성'이며, 컨셉이란 시장에서 드러난 문제점을 해결하기 위해 '가장 좋은 해답'을 제시하는 제품과 서비스를 만드는 것으로 생각합니다.

Q 창업 후 보람을 느끼는 순간은 언제였나요?

Ⓐ 일본의 어느 대학 교수님과 함께 비트윈을 쓰는 커플과 그렇지 않은 커플들의 비교를 통해 얼마나 관계성 증진에 효과가 있는지 조사와 연구를 시행하였습니다. 결과적으로 비트윈을 사용하는 커플의 관계성이 높았습니다. 이처럼 학문적으로 실제 정량적 수치에 의해 명확하게 증명되었을 때나 사용자들에게 우여곡절 끝에 비트윈이라는 매개체가 있어 결혼하는 데 많은 도움이 되었다는 메시지를 받을 때 가장 큰 보람을 느끼고 있습니다.

Q 지금도 꾸준히 성장하고 있지만 앞으로의 계획이 더욱 궁금해요.

Ⓐ 커플들의 모든 시간 또는 장소에서 발생하는 비용[Transaction]을 저희 플랫폼 에서 실행하는 것을 목표로 하고 있습니다. 커플들이 서로 소통하고 추억을 저장하며 직접 만나 여행, 공연을 보는 데이트의 여러 가지 흐름을 비트윈이라는 플랫폼 위에서 모두 이루어지도록 만드는 것입니다.

또한 더 많은 국가로의 도약을 통해 가치를 실현하고 싶습니다. 현재 일본이나 대만의 연애 스타일은 한국과 잘 맞아 떨어져 충분한 사용자 수를 보유하고 있습니다. 국내에서 만들어 내는 비즈니스 모델이나 전략이 증명되는 즉시, 아시아 시장 전체에 빠르게 확산시키면 앞으로 세계 시장에서도 좋은 결과가 있을 것으로 판단됩니다.

Q 자신만의 혁신(Innovation)을 꿈꾸는 청년들이 많습니다. 스타트업을 준비하는 사람들에게 조언해 주세요.

Ⓐ '정답은 존재하지 않는다.'

많은 사람이 조언하고 이야기할 때 경험을 기반으로 이야기하는데, 실제로 각각의 회사나 기업이 처한 환경 또는 상황이 모두 다르기 때문에 각자에게 맞는 해법을 찾아 나가는 데 오랜 시간이 걸립니다. 그래서 남의 말을 무조건 쫓기보다 자신만이 성공할 수 있는 방정식을 찾아가야 해요. 결국 모든 회사와 모든 기업가는 정답 없는 싸움을 하고 있으므로 스스로 질문에 대한 답을 찾고 나아가기 위해 고민하는 것이 중요합니다.

고객이 지금 당장 필요(Needs)하고 원하는(Wants) 것을 잘 베껴라(Copy)

카피라이터 컨셉

박상훈 _ 경기대학교 문예창작과 겸임교수

Q 카피라이터의 주요 업무에 관해 소개 부탁드려요.

Ⓐ 산업화 시대의 카피라이터는 광고회사 제작 파트의 광고 문안 작성자로 요약할 수 있습니다. 정보화 시대를 거치고 감성을 중시하는 이야기 시대로 전환되면서 카피라이터는 제품과 서비스의 강점, 특징, 효능, 효과 등의 강력한 문안을 작성하는 사람이 아닌 새로운 시대의 발견, 새로운 고객의 발견, 그리고 다가올 미래에 대해 새로운 생각을 하는 아이디어맨으로서의 역할까지 범위가 넓어졌습니다.

따라서 현대 카피라이터의 주된 업무는 '새로운 이야기를 발견하는 사람'으로 정의할 수 있습니다. 광고회사에서는 광고 문안 작성자를 넘어 '발상꾼'이 되는 것이고, 커뮤니케이션의 모든 영역에서 문제를 해결하는 주인공이자 마케팅의 모든 영역에서 팔리는 이야기를 발견하고 브랜딩 영역에서 팔리는 이야기를 발견하는 주인공이므로 사실 주된 업무는 직책과 상관없이 새로운 이야기를 발견하는 사람입니다.

Q '새로운 이야기를 발견하는 사람'이라는 접근 또한 새롭게 느껴져요. 카피라이터에게 컨셉이란 무엇을 의미하나요?

Ⓐ 컨셉에 대한 정의와 이해는 천차만별입니다. 그러나 한 가지 분명한 것은 팔리는 이야기임은 분명합니다. 그러므로 고객과 제품 또는 서비스를 잇는 가장 강력한 테마와도 같습니다. 다시 말해 고객과 판매하려는 이야기 중 고객 공감이 가장 크고 감동까지 불러일으키는 이야기를 찾는 것이겠죠.

Q 카피라이터에게 컨셉이 필요한 이유는 무엇인가요?

Ⓐ 광고회사에서 제품에 관한 프레젠테이션을 할 때 가장 많이 고심하는 것 중 하나는 컨셉입니다. 때로는 컨셉과 방향, 아이디어, 테마 등이 어우러져 회의가 진행되지만 카피라이터들에게 공통분모로 적용되는 컨셉의 이해는 어떻게 이야기할 것인가에 선행되는, 무엇을 이야기할 것인가를 분명히 하는 일입니다.

즉, 'What to Say=무엇을 말할 것인가?'를 견고히 해야 전략 전체가 단단해지고 차별화 또한 선명해져 프레젠테이션에서 성공할 수 있습니다.

Q 이론적인 컨셉과 실무에서 사용하는 컨셉의 의미 혼용으로 힘들었던 적이 있나요?

Ⓐ 광고기획자, 즉 AE가 컨셉을 정해주면 그로부터 제작파트에서 크리에이티브를 창안합니다. 컨셉은 간단명료한 핵심으로 전파되어 누구나 잘 알지만 그만큼 구속시키기도 하였습니다. 이것은 컨셉이 짧은 어휘나 문장으로 오랫동안 이해되어 빠른 이해를 돕는 측면도 있지만 상상력을 제한하는 형태로 나타났습니다. 컨셉은 짧게 정리된 말이나 문장이라는 오해에서 벗어나 '새로운 이야기의 발견'이라고 생각하면 정의하는 재미 또한 달라질 것입니다.

Q 컨셉을 유지하면서 힘든 점에는 어떤 것이 있나요?

Ⓐ 때때로 많은 사람은 한번 정해진 컨셉을 불변의 진리라고 생각하기도 합니다. 그러나 호흡이 길고 생명력이 출중한 장편적인 컨셉이 있는가 하면, 트렌드에 편승하거나 이슈를 강타한 단편적인 것도 많습니다. 문제는 계속 공감이 유효한지의 여부입니다. 상위 개념으로 마케팅 목표 또는 브랜딩 목표 등에 따라 리포지셔닝 Repositioning, Reconstruction 과정이 있다면 커뮤니케이션 컨셉 또는 광고 컨셉 등도 바뀌므로 새로운 고민이 따르고 그때마다 광고회사들은 경쟁 프레젠테이션을 요구받습니다.

Q 컨셉을 유지하면서 보람을 느끼는 부분은 어떤 것인가요?

Ⓐ 피로회복제 박카스 광고 컨셉 중 '젊음은 나약하지 않다'가 있었습니다. 이 광고 컨셉을 바탕으로 공익적인 테마로 탄생한 카피가 '지킬 것은 지킨다' 시리즈였습니다. 무려 3년여 정도의 캠페인 기간에 젊음이 가진 아름다운 에너지를 다양하게 이야

기하였습니다. 청년의 열정을 사회의 공익적인 가치로 연결하여 젊은 세대도 박카스를 즐겨 마실 만큼 매출 성과도 높았습니다. 일관된 컨셉과 함께 새로운 시대상을 노래하여 소비자의 공감을 얻을 수 있었습니다.

Q 기억에 남는 프로젝트나 성공한 카피 컨셉의 사례를 듣고 싶어요.

Ⓐ 한때 MBC 문화방송의 로고송은 '만나면 좋은 친구'였습니다. 로고송과 함께 MBC는 시청자들에게 드라마, 쇼 등 엔터테인먼트에 강한 방송 이미지를 심었습니다. 새로운 시대에 새로운 방송으로 거듭나 뉴스와 시사 다큐멘터리에서도 일등이 되고자 MBC는 로고송을 바꾸었습니다. '엄마 세상은 참 따뜻한 거죠, 우리 문화방송'이 멜로디와 함께 캠페인된 이후 여러 조사에서 문화방송은 국민의 따뜻한 방송 이미지로 거듭났습니다. 이처럼 좋은 카피 컨셉은 문제를 해결하는 결정적인 역할을 합니다.

Q 뛰어난 카피라이터의 조건에는 무엇이 있나요?

Ⓐ 늘 세상을 두리번거리고 살펴 예감 능력을 키워야 합니다. 모든 제품과 서비스, 인물, 정책할 것 없이 잘 팔고 그것들과 특별한 관계를 맺기 위해서는 '고객의 가장 중요한 문제인데도 아직 아무도 발견하지 못한 것을 먼저 발견'하는 촉수가 필요하기 때문입니다.

예감 능력은 세상일에 관한 '관찰 → 관심 → 관계'의 학습에서 비롯됩니다. 그래서 제 취미는 '두리번거리기'와 '기웃거리기'입니다. 결국 시대, 인간, 미래에 관한 호기심이 많아야 하는 것이죠.

Q 카피라이터를 꿈꾸는 사람에게 들려주고 싶은 이야기가 있다면 무엇인가요?

Ⓐ 카피를 베끼세요. 무엇을 베끼느냐 하면 고객의 마음을 베끼는^{Copy} 것입니다. 고객이 지금 당장 필요^{Needs}하고 원하는^{Wants} 것을 잘 베끼면 그것이 카피가 되고, 광고 컨셉이 되며, 마케팅 컨셉이 됩니다. 하지만 많은 사람이 책상에 앉아 쓰려고^{Writing}만 합니다. 카피의 발견은 많은 사람을 만나고, 직접 시장에 가 보고, 많은 경험을 했을 때 비로소 화두를 열어 줍니다.

카피는 쓰는 게 아닌, 발견하는 것입니다. 좋은 발견은 곧 위대한 컨셉이 되고 발견하면 명 카피는 저절로 탄생합니다.

아카이브처럼 쉽게 버리지 않고 보관하게 하라

출판 컨셉

권민 _ ㈜모라비안 유티나스 편집장

Q '유니타스 브랜드 매거북'에 대한 간단한 소개 부탁드려요.

Ⓐ 유니타스 브랜드 매거진은 국내에는 유일한 브랜드 전문 잡지입니다. 학생들과 작업하기보다 브랜드 분야에서 10년 이상 일했던 리더, 전문가들이 브랜드에 관한 정보를 공유하고 현장에서 놓칠 수 있었던 개념, 철학, 트렌드 등을 바탕으로 브랜딩의 모든 것을 다룬 전공 서적입니다.

Q 유니타스 브랜드의 출판 컨셉은 무엇인가요?

Ⓐ 출발 시점부터 지금까지 유지되어 온 컨셉은 필드 매뉴얼FM: Field Manual입니다. 대부분 학자의 이야기보다 주로 현장의 소리를 싣고 있으며, 매출이나 성공담보다 일하게 된 이유나 가치를 더 많이 담으려고 노력합니다. 매출은 환경이나 상황에 따라 잦은 변화가 있지만, 유·무형의 제품이나 서비스를 처음 만들었을 때 기준이나 비전은 변하지 않기 때문입니다.

Q 현재까지 40권의 책을 펴내는 과정에서 유니타스 브랜드만의 컨셉을 유지하며 힘들거나 보람 있었던 점은 무엇인가요?

Ⓐ 창간과 동시에 10년에 걸친 목차를 선정해 놓고 시작하였습니다. 흔히 찾아볼 수 있는 주제는 다루지 않고 기존 지식으로 해석 또는 적용할 수 없는 것을 중심으로 책을 써 보자는 의도였습니다. 그래서 세상밖에 없는 개념들로 10년 치 목차를 뽑았습니다. 초기 방향과 목적은 좋았지만 이러한 것들을 대변할 수 있는 대표적인 브랜드

가 없었습니다. 예를 들어, 헤리티지^{Heritage}를 논할 만한 브랜드가 국내에는 없었던 것이죠. 전문성을 유지하기 위해 현장 전문가들이 영속 가능한 지식으로 이야기를 풀어 가야 하는데 관련된 사람을 찾기가 쉽지 않았습니다. 기껏 해도 해외 브랜드인데 해외 브랜드는 설명만 들었지 직접 참여하지 못했기 때문에 이러한 점들이 애매하고 가장 어려웠습니다.

반대로 책에 담긴 브랜드 가치나 진심을 알아보고 직접 오셔서 상담하는 분들이 많습니다. 영세한 골목 브랜드 대표님들부터 대기업까지 모두 저희 책의 독자들이었습니다. 그들이 어떻게 돈을 벌어야 하는지에 대한 고민보다 어떻게 가치 있는 브랜드를 만들 것인지에 대한 고민으로 도움을 요청하고 최종적으로 결과가 좋을 때 일에 대한 자부심을 느낍니다.

Q 매번 새로운 기획으로 매거진에서 다양한 주제와 관점을 다루는데요, 가장 기억에 남거나 성공한 호는 무엇이며 해당 호의 기획은 무엇이었나요?

Ⓐ 인문학을 주제로 '브랜드 인문학', '인문학적 브랜드'라는 2권의 책을 만들었습니다. 이 책의 구성이나 인터뷰를 위해 인문학자들과 많은 이야기를 나누었습니다. 처음에 그들은 브랜드는 단지 기호와 상징에 불과하다며 브랜드에 대해 호의적이지 않았고 공통점이 없다고 생각했죠. 하지만 우리의 생각과 가치를 공유하면서 하나로 관통하는 이야기를 나누었습니다. 결국 인문학도, 브랜드도 사람에 관한 연구라는 것을 느꼈죠. 그때의 기억이 가장 오래 남습니다.

Q 출간하기 전 컨셉의 영감(아이디어)은 주로 어디에서 얻나요?

Ⓐ 현상은 있지만 이론은 없다는 것이 우리의 주제입니다. 예를 들어 '사람들은 왜 애플에 미쳐 가지?' '왜 무조건 현대자동차를 싫어할까?'와 같은 마니아들의 움직임, 브랜드쉽처럼 현상은 있는데 이론이 없는 것들을 주제로 연구하고 있습니다. 또한 각각 너무나도 다른 브랜드를 다루는 기업인데 이들의 기업 문화나 가치가 같은 사례를 통해 인과관계보다는 연관관계를 분석하며 더 많은 영감을 얻고 있습니다.

Q 뛰어난 출판 컨셉의 조건에는 어떤 것이 있다고 생각하나요?

🅐 유니타스 브랜드 매거북을 만들기 시작할 때 이 책이 그저 가볍게 읽고 버려지지 않기를 바랐습니다. 잡지라고 하면 잡학한 주제를 다루기 때문에 미용실이나 은행에서 한번 보고 나면 버리는 것이 대부분이었죠. 그런데 1만 부의 책을 찍기 위해서는 나무 600그루가 필요하다고 들었습니다. 우리가 1만 부를 찍어야지만 광고비를 받을 수 있는데, 기껏해야 얼마 되지 않는 광고비를 받기 위해 산림을 훼손해야 한다는 것이 과연 가치 있는 일인지 많은 고민을 하게 되었죠. 그래서 볼륨 1, 2권까지 잡지 형태로 나갔던 것을 매거북^{매거진 북} 형태로 변형하였습니다. 매뉴얼에 가까운 잡지 형태를 가지고 있는 단행본이라는 의미에서 '매거북'이라고 불렀으며 아카이브처럼 쉽게 버리지 않고 보관하는 잡지를 만들고자 하였습니다. 결과적으로 2007년도에 출간했던 서적이 지금까지도 시장에서 팔리고 있습니다.

Q 유니타스 브랜드 매거북을 통해 최종적으로 이루려는 목표는 무엇인가요?

🅐 대학 교재로 사용되는 것입니다. 4번의 시즌에 40권의 책으로 이루어진 시즌 1~4가 1~4학년이 읽기 적합한 책으로 구성되어 있고 마지막 작업은 9년 동안의 작업을 압축시켜 매뉴얼로 만들고 있습니다. 최종 목적지는 브랜드 대학을 설립하는 것이고, 주로 책에서 다뤘던 내용을 강의 주제로 활용하여 교육을 위해 전문 강사를 육성하고 있습니다. 유니타스 브랜드 사이트에서도 찾아볼 수 있으며 곧 오픈 예정입니다.

하나의 이미지이자 사운드를 구성하라

영상 컨셉

콴 감독 _ 이솝 비쥬얼텔러 프로덕션 대표

Q 현재 어떤 일을 하고 있나요?

Ⓐ CF 및 뮤직비디오 감독으로 이솝 비쥬얼텔러 프로덕션의 대표를 맡고 있습니다. 요기요, LG U+, 현대카드, G마켓 등 다양한 CF를 감독하고, 백지영의 '내 귀에 캔디', 손담비의 'Queen/Can't U See', G-Dragon의 'G-market' 등의 뮤직비디오를 촬영했으며 몇몇 단편영화를 통해 각종 영화제에 진출 및 초청받은 경험이 있습니다.

Q 영상에서의 컨셉이란 무엇인가요?

Ⓐ 컨셉이란 모든 것을 총괄하는 하나의 이미지이자 사운드라고 생각합니다. 특히 CF에서는 15~30초 동안 제품에 관한 정보나 전하고 싶은 이미지를 임팩트 있게 전달해야 하므로 컨셉은 전체 영상을 위한 가장 중요한 핵심이자 방향이죠.
컨셉을 정하지 않은 채 시작한 제작물들은 하나로 뭉쳐지지 않고 뿔뿔이 흩어집니다. 보통 어떤 영상이든 흐름은 기승전결을 이루는데 우리는 그것을 하나의 컨셉으로 기억하지요. 예를 들어, 영화 타이타닉에서 가장 먼저 떠올리는 컨셉은 주인공인 레오나르도 디카프리오와 케이트 윈슬렛이 타이타닉호 갑판에 서서 키스하는 장면일 것입니다. 이 영화는 타이타닉호의 침몰을 기초로 만들어졌지만 영화의 컨셉은 '사랑'이므로 영화를 떠올릴 때 '남녀 간의 사랑'을 생각하죠. 이렇듯 모든 영상에서 컨셉은 하나의 강력한 화면을 구성하는 데 필요합니다.

Q 컨셉에 관한 실제 경험을 듣고 싶어요.

🅐 Key Idea와 컨셉은 같으면서도 다른 이야기입니다. Key Idea 중에서도 가장 적합한 것을 하나의 컨셉으로 발전시켜 세트장, 소품, 의상, 촬영 로케이션 등을 정하고 진행하죠.

몇 년 전 제품 촬영을 위해 광고주, 크리에이티브 디렉터와 모여 다양한 이야기 끝에 뚜렷한 컨셉 없이 Key Idea만을 가지고 어렵게 촬영에 임하였습니다. 럭셔리한 스타일로 모델 또한 럭셔리 전문 모델과 함께 촬영하였지만 뚜렷한 컨셉이 없었던 터라 사전에 생각했던 다양한 아이디어를 촬영 중간중간 접목시켜나가기 시작했죠. 순간적으로 떠오르는 영감과 저만의 해석으로 차별화된 광고를 만들어나가다 보니 결과적으로는 의도하는 방향과 다르게 엽기적이고 코믹하게 표현되었습니다. 처음과는 완전히 다른 콘티가 되어버린 것이죠. 광고가 방영된 후 광고주는 뜻밖에 생각보다 재미있다고 좋아했지만, 영상은 큰 빛을 발하지 못하고 사라졌습니다. 소재나 아이디어는 다양하고 재미있었지만 뚜렷한 컨셉이 없는 결과물로 명확한 메시지를 전달하지 못한 탓이었죠. 아이디어의 추상적인 속성을 상징적인 큰 줄기의 컨셉으로 진행하는 과정이 얼마나 중요한지를 바로 보여주는 예였습니다.

Q 성공한 컨셉이라고 생각하는 사례가 있다면 듣고 싶어요.

🅐 영상 컨셉을 통해 Key Idea, Visual, Sound가 딱 맞아 떨어지면 어마어마한 파급력이 생깁니다. 좋은 컨셉의 조건이기도 하지요. 최근 이 세 가지가 맞아 떨어진 재미있는 광고를 발견하였습니다. 바로 신세계 백화점의 통합 쇼핑 사이트인 'SSG' 광고인데요, SSG를 해석하면 'ㅅ, ㅅ, ㄱ'이며 자음으로 '쓱'이라고 읽을 수 있습니다. '쓱'을 컨셉으로 '물건을 쓱 구매한다.' '마음에 쓱 든다.'라는 재치 있는 크리에이티브를 표현하였습니다. 이 광고의 독특한 이미지는 에드워드 호퍼라는 작가 작품에서 영감을 받아 모티브로 활용하였는데요. 신세계 백화점의 고급스러움까지도 잘 담아낸 듯합니다. SSG 광고는 2주 만에 유튜브 조회 수 67만 건, SSG 앱 다운로드 및 가입자 수가 70만 명을 돌파하고 자체적인 바이럴로 꾸준한 관심을 받고 있습니다. 이것이 바로 성공한 컨셉이죠.

에드워드 호퍼 작품

SSG 광고

Q CF 감독을 위해 특별히 갖추어야 할 자질에는 무엇이 있을까요?

Ⓐ 아무래도 미적인 감각으로 남들과 다른 사물에 관한 해석 능력이 중요합니다. 콘티가 나와 있어도 감독은 자신만의 색깔과 능력으로 상황, 사람, 사물을 해석하고 하나의 메시지로 담아내야 하므로 모든 사물을 자신만의 것으로 해석하는 습관을 지니는 것이 중요합니다. 그러다 보면 분명 자신만의 개성도 찾을 수 있을 것입니다.

Q 앞으로의 계획은 어떻게 되나요?

Ⓐ 인생 계획도 컨셉을 어떻게 세우는지에 따라 달라지는 것 같습니다. 현재 운영 중인 회사를 잘 키우고 나아가 연출가로서 다양한 종류의 뮤직비디오, 영화, CF, 드라마까지 경험하고 싶습니다. 하지만 모두 잘할 수 없기 때문에 우선 CF에서 가장 잘 표현할 수 있는 코믹과 스타일리시한 방향을 살려서 그쪽으로 더욱 정진할 것입니다.

Q 마지막으로 후배들에게 하고 싶은 말은 무엇인가요?

Ⓐ 가고자 하는 길의 목적과 방향을 잘 생각하여 그리면서 나아가길 바랍니다. 내가 가는 길이 나에게 어떤 의미를 주는지, 어떤 삶을 살아갈 수 있도록 허락하는지에 대한 생각 없이 '그냥 나도 모르게 조감독이 되었어요.' '나도 모르게 감독이 되었어요.' 라고 말하지 않길 바랍니다. 창조하는 일에서는 '그냥'이라는 말이 얼마나 가치 없는지 모릅니다. 창조적인 일 중 그냥 이루어지는 건 아무것도 없습니다. 무언가를 할 때는 목적이 있고 그 목적을 달성하려면 어떻게 해야 하는지 목표와 방향을 세워야 합니다. 그 힘의 원천이 바로 컨셉에서 나오는 것입니다.

|도판 목록|

2-33	(위쪽) http://www.usfsp.edu/blog/tag/anthropology/
	(아래쪽) https://headhuntrevisited.wordpress.com
2-34	다우니　　　http://downy.com/en-us
2-35	http://inhabitat.com/this-amazing-bangladeshi-air-cooler-is-made-from-plastic-bottles-and-uses-no-electricity/
2-36	(위쪽) https://www.lego.com/ko-kr
	(아래쪽) http://www.okja.org/miju_world/23960
2-37	http://www.dwml.co.kr
2-38	http://watsdascoop.com/ads/entry/Barnes-Noble-Medical
2-39	http://servicedesignplatform.com/archives/331
2-40	https://www.youtube.com/watch?v=W6Ra94SzMBs
2-41	https://nichallam78.files.wordpress.com/2015/07/dsc_2135_s.jpg
2-42	https://christinabeard.wordpress.com/author/christinabeard/page/2/
2-43	현대자동차　　　www.hyundai.com
2-44	kr.louisvuitton.com/
2-45	https://namu.wiki/w/%EC%83%88%EC%9A%B0%EA%B9%A1
2-46	현대카드　　　www.hyundaicard.com
2-47~48	칼스주니어　　　http://www.carlsjr.co.nz/
2-49	삼성전자　　　www.samsung.com
2-50	롯데칠성
2-51	http://www.zrinski.org/group/projects/news/second-training-and-project-meeting-tempus-project-sofia/
2-52	http://www.coolhunting.com/design/interview-vinay-venkatraman
2-53~54	https://olioboard.com/boards/81888-mh-manchester-arms-concept-board
2-55	http://hankookilbo.com/v/8cc47d1d1bf94077b3f184667a3af7ba
2-56	http://i-docs.org/2013/04/06/research-stay-at-harvard-metalab-nfbhighrise-ryerson-and-york-university-iii/
2-57	https://creativemarket.com/
2-58	제일제당, 청정원
2-59	옥시　　　www.oxy.co.kr
2-60~61	롯데칠성음료 광고주/롯데칠성음료, 대행사/대홍기획, 디자이너/김정화
2-62~63	http://benesse-artsite.jp/
2-64	http://www.ykbrand.co.kr/huggies
2-65	www.nivea.co.kr/

2-66   http://www.naotofukasawa.com/

2-67   http://www.cheil.com/web/index.jsp?sub=Portfolio&detail=2&pg=Portfolio_view&no=242&lang=ko

2-68   http://awakenlight.org/embracing-your-inner-child

2-69   매일유업 http://www2.maeil.com

2-70   https://get.google.com/albumarchive/101467484125666733729/album/AF1QipM53vlO1qfTz6N-u_veoLPlFwZahMTWM3ZJD6jv

2-71   BMW   http://www.bmw.com/com/en/

2-72   www.lotteconf.co.kr

2-73   http://www.archdaily.com/594947/ribbon-chapel-nap-architects

2-74   http://www.rolighetsteorin.se/en/

2-75   Advertising Agency: Serviceplan, Munich, Germany   http://www.faber-castell.com

2-76   http://www.cheil.com/web/index.jsp?sub=Portfolio&detail=2&pg=Portfolio_view&no=243&lang=ko 제일기획 / 클라이언트 CJ

2-77   http://www.arne-jacobsen.com/en/arne-jacobsen

2-78   광고주: 이코노미스트/ 대행사: BBDO www.economist.com/

2-79   http://www.gadoo.com.br/entretenimento/20-das-mais-surpreendentes-e-criativas-embalagens/

2-80   http://www.bintang.com/lifestyle/read/2282999/kemasan-unik-bikin-mata-melirik-produk-produk-ini

2-81   https://www.omax.com/

3-01   www.forbes.com

3-02   General Mill

3-03~07 www.lotteconf.co.kr

3-08~13 Gillette http://gillette.com/en-us www.gillette.co.kr

3-14~17 CJ http://www.cj.co.kr/cj-kr/

3-18   hansbrinker.com/

3-19~24 http://www.eatsleepbank.com/

3-25~27 Singapore Airlines   www.singaporeair.com/

3-28~33 하이네켄   http://www.heineken.com

3-34~36, 3-40~41 Evian www.evian.com

3-37   http://www.dailymail.co.uk/tvshowbiz/article-2605596/Chantelle-Houghton-mini-daughter-Dolly-side.html

3-40~49 Club Med, All Inclusive Family Resorts & Vacations Packages,   www.clubmed.com

3-50~54 프라이탁   www.freitag.ch/

3-55   http://www.notcot.com/archives/2011/04/freitag-roadkill.php

3-56~57 NIVEA   www.nivea.com

3-58   http://www.baekdal.com/insights/gaps-failure-wasnt-the-logo

3-59~61 http://99designs.com/logo-design

3-62, 3-66~69   Burberry www.burberry.com

3-63   (위쪽) http://filmmakeriq.com/quizzes/casablanca-quiz/
         (아래쪽) https://girlsdofilm.files.wordpress.com/2012/02/casablanca-filming.jpg

3-64   (위쪽) http://www.elementsofstyleblog.com/2013/03/fashion-friday-in-the-trenches.html
         (아래쪽) http://www.huffingtonpost.com/2011/11/04/prince-charles-princess-diana_
         n_1075807.html

3-65   http://alchetron.com/Rose-Marie-Bravo-194967-W

3-70   https://www.thinkwithgoogle.com/intl/en-gb/campaigns/burberry-kisses.html

3-71   http://www.huffingtonpost.co.uk/2015/03/03/suki-waterhouse-bares-all-for-burberry-
         kisses-campaign_n_7315986.html

3-72   https://press.kia.com/eu/press/awards/11_07_22_kia%20wins%204%20design%20brand%20
         awards/

3-73   BMW automobiles   www.bmw.com

3-74~75 http://www.kia.com/kr/main.html

3-76~79 http://www.absolut.com/en/

3-80~84 www.bang-olufsen.com/

3-85   http://www.ilovemethod.com/index.jsp

4-01   https://www.southwest.com

4-02   www.brandwatch.com   kitchenfurnitureau.blogspot.com

4-03   https://www.yahoo.com/

4-04   https://www.google.com/

4-05   http://wallpapercave.com/free-full-hd-wallpapers-of-2015-zippo-lighters

4-06   Evian Roller Babies international version   www.evian.com

| Index |